广告仪式传播

高丽华　著

中国传媒大学出版社

序

我们正处在一个社会、经济、文化快速发展与变革的时代，广告业也不例外。一方面，中国广告业在过去的30多年取得了举世瞩目的成果，年营业额突破5000亿元并位居全球第二大广告市场；另一方面，数字技术尤其是移动互联网的发展改变了广告业的生态，从传播模式、作业流程到经营运作都发生了颠覆式的变革。这些变化，给广告学研究带来了更多、更新鲜的课题。众所周知，对广告功能与价值的界定和拓展是广告学领域的重要课题之一。纵观广告学研究历史，大体经历了经济主导、艺术主导和符号主导等不同阶段，每个阶段的研究重心和主要问题不尽相同。例如，经济主导阶段注重如何更好吸引消费者、打动消费者的基本定位，艺术主导阶段则主张广告创意的价值研究，而符号主导阶段研究者将符号和意义运用于广告功能和价值的分析中，并取得了一系列的研究成果。

诚然，广告学的研究经历了较多的发展阶段，出现了丰富的研究视角，形成了厚实的研究成果。但这并不阻碍后来的研究者从其他视角探究广告学领域的一个共性话题——即对广告功能与价值的再界定和再拓展。

在过往历史中，广告不只是一种单纯的商业传播行为，在更宏观的层面看，广告也是一种文化行为和意义塑造的过程，具有很强的“影响”力量。正如美国文化学者李尔斯所言，“当代广告业与其说是唯物主义的前锋代表，不如说是一种努力使人类从物质世界中解脱出来的文化力量”。

这在仪式理论视角下有其相似性：仪式理论视角下的传播是一种象征性的符号体系，一种具有审美价值的文化路演；同时又注重传播对现实社会的表征和对文化世界的建构。本质上来看，广告是一种仪式。作为传播的一种表现形式，广告不仅仅是广而告之的信息传递，也是选择和建构一种适应人类社会发展的有序、有意义的文化世界。消费者接受广告信息的过程是一个仪式参与过程，广告仪式传播提升了广告价值，通过仪式群集促进消费群体团结，塑造仪式情境构建消费者生活，创造仪式脚本规范仪式程序，实现情感汇聚与共享信仰。在数字化背景下，场景营销、情感能量和符号资本作为广告仪式传播的关键要素，在重构传播模式与提高传播效果方面发挥着至关重要的作用。

可以说，从仪式的视角重新探讨广告功能与价值体系，所涉及的重要命题和关键问题令人期待，高丽华这本著作正是基于这种研究取向的积极尝试。为聚焦研究的对象，作者选取社会学家柯林斯互动仪式论，强调互动仪式追求结果与传播目标的一致性，并尝试回答互动仪式观照下的广告学问题：广告在何种条件下形成互动仪式？广告互动仪式的传播要素是什么？如何形成互动的广告仪式传播？基于移动互联网环境的广告互动仪式传播模式与基于传统大众媒体的广告传播模式有何异同等，使本书更有价值也更有可参考性。

高丽华是我指导的博士，她长期追踪中国广告业的发展，关注广告产业的创新实践，并尝试从社会和文化的角度研究广告，发表了一系列质量较高的成果。《广告仪式传播》是她最新的思考和探索，虽仍有有待完善的地方，但我相信，本书的创新性思考一定能够引起亲身经历中国广告学和广告业发展的老一辈研究者的共鸣，也一定能在有志于投身广告学和广告业发展的年轻人中间产生反响。我乐于向学界和业界推荐她的这本著作，也希望她继续努力，向学界和业界呈现更多更好的作品。

是为序。

石义彬

武汉大学新闻与传播学院院长、教授、博士生导师

目　　录

第一章　绪论

第一节　研究缘起与背景

一、研究背景

自从人类开始最初的商品生产和商品交换，就产生了广告。现代社会，广告全面而深入地渗透并改变着社会的经济、政治、文化形态和人们的生活方式。正如法国广告评论家罗贝尔·格兰所说："我们呼吸着的空气，由氧气、氮气和广告组成。"

广告具有经济和文化双重属性。从经济的层面来看，广告是社会经济发展的强大驱动力和润滑剂。"广告是经济的晴雨表"，广告业的发展水平，已经成为衡量一个国家或地区市场经济状况、科技进步水平以及综合经济实力的重要标志。以中国为例，在2012年，中国广告营业额达到4698亿元，比上年增长1572亿元，涨幅高达50.32%，占GDP比重首次突破0.9%。而在改革开放初期的1981年，中国广告营业额仅为1.18亿元，占GDP的比重仅为0.01%。2013年，我国广告营业额首次突破5000亿元大关，达到5019.75亿元，比2012年增长6.84%。从1979年到2013年，全国广告营业额年均增长率超过30%，中国已发展成为世界第二大广告市场。

经过30多年的发展，广告业已成为反映中国经济腾飞的一面镜子，见证了中国改革开放建设的成果。在宏观方面，广告业在经济体系中占据了越来越重要的地位，广告业引导消费、扩大内需、拉动经济增长的作用日益明显；在微观方面，广告是塑造品牌、开拓市场、增强自主创新能力的有力工具。从产业的角度来看，广告业是信息服务业的重要组成部分，根据国家相关产业政策，加快发展现代服务业是转变经济发展方式的战略选择。"十二五"规划纲要明确提出了促进广告业健康发展的设想。2011年，国家《产业结构调整指导目录》将广告创意、广告策划、广告设计、广告制作列为鼓励类产业加以支持。毫无疑问，广告业是蕴藏着无限机会的蓝海市场。从文化创意的角度来看，广告是创意经济的核心，是传媒产业的支柱，在文化产业中具有举足轻重的地位。随着中国经济的持续发展,广告业在国家发展战略中的地位越发重要。

从文化层面看,广告直接或间接的反映着国家和地区的社会文化质量。丹尼尔·贝尔曾经说过:“广告,是在文明的门面上打上‘烙印’”[①]。它是货物的标记、新的生活方式展示新价值观的预告,大众媒介的内容因它而呈现特定的结构,它似乎是建构性别以及身份认同的重要因素。广告影响并刺激市场需求,消费借助于表面事物而得以存在。在政治运动中,广告也大力发挥指导策略的功能。在有关环境与种族等方面,广告俨然是强有力的代言人……20世纪甚至被称作“广告代理店和娱乐公园的世纪”[②]。广告透视出一个国家和地区的文化特征与价值观。20世纪末,这些“丰裕的寓言”——尤其是那些国际企业出资赞助的广告,已经成为最具活力、最刺激感官的文化价值观的代表[③]。正如英国小说家道格拉斯所言:“透过广告,你可以发现一个国家的理想。”

进入新世纪,在整合营销传播以及数字技术与网络传播的双重背景下,广告业遭遇了前所未有的生存危机。传统广告公司不断受到营销咨询集团的兼并、收购,面临业务经营和运作模式的转型,“公关第一,广告第二”“广告消亡”等观点此起彼伏。媒介数字化、三网融合改变了广告的生存形态和传播方式,媒介广告形式得以创新,广告表现更加多样化,广告内容愈发丰富。数字新媒体迅速兴起,重构广告市场格局,传统媒体风光不再,新媒体广告异军突起且逐年增长。与此同时,技术变革推动了营销创新,新型营销工具不断被开发,消费者的碎片化颠覆了原有的营销理论,推动营销与传播进一步整合,数字化传播给广告业带来新挑战,由此带来的变化是面对新的营销传播环境,广告的内涵与外延被重新定义和改写,传统的市场营销理论所强调的广告最基本的告知、说服、诱导等营销功能亟待转型与延伸。

综上,广告是对社会有着强烈影响的经济行为,随着现代广告专业化的发展,广告的定义和功能不断发生演变。在经济全球化的背景下、整合营销与数字网络技术的新型传播环境下,如何看待广告的定义与广告功能的变迁?面对广告泛资讯化和平台化的变革,广告的传播模式发生了哪些转变?广告传播手段面临着哪些挑战?这些都是学界和业界亟待解决的课题。本书试图从社会学、人类学以及传播学的交叉视角,从仪式传播的角度对相关问题做出阐释。

仪式是人类最古老、最普遍的一种社会文化现象。人类生活在各种仪式过程中,仪式是人类社会生活的主要特征。早在春秋时期,中国的思想家孔子即开始了有关仪式的社会学思考,他认为礼仪对社会秩序至关重要,人类本性的根本是善和道义,而仪式对于形成道德来说必不可少[④]。仪式在英文中翻译为“Ritual”和“Rite”,前者指“仪轨”,强调规范、秩序,后者为“礼俗”强调具体实践。“仪式”一词源于宗教领域,早期的仪式研究旨

---

① 〔美〕丹尼尔·贝尔著:《资本主义文化矛盾》,赵一凡等译,三联书店出版社1989年版,第116页。

② 〔日〕堤清二著:《消费社会批判》,朱绍文等译,经济科学出版社1998年版,第17页。

③ 〔美〕杰克逊·李尔斯著:《丰裕的寓言——美国广告文化史》,任海龙译,上海人民出版社2005年版,前言第1页。

④ 〔美〕兰德尔·柯林斯著:《互动仪式链》,林聚任、王鹏、宋丽君译,商务印书馆2009年版,第13页。

在探寻仪式与宗教、神话之间的关系，涂尔干曾提出："宗教包含两个基本范畴：仪式和信仰[①]。仪式属于信仰的物质形式和行为模式；信仰则属于主张和见解。"后来仪式研究转入人类学、社会学和历史学等学科范畴，并因其丰富的内涵、广阔的外延及与社会、文化的紧密联系，成为人类学研究的一大支柱。随着社会的发展，人类生活愈发世俗化，仪式呈现泛化的趋势，仪式的运用范围越来越大。从日常生活中的交往到政治仪式，从私人仪式到国家庆典，仪式深入到社会生活、文化历史的各个方面。仪式的普遍性与重要性广泛体现在政治、经济、文化等各个领域。作为人类社会普遍存在的社会文化现象，仪式既是社会文化人类学的重要研究领域，又是传播学关注的对象。

从本质上看，仪式与传播都是人类最基本的行为，仪式与传播属于同一家族，具有密切的逻辑联系和同一性特征。传播是人类生存的基本方式，也是社会组织的基本构成；仪式与传播同属"巨大的话语系统"，仪式功能的发挥有赖于传播的效果，仪式与传播都是为了表达某种观念而运用符号开展的人类社会交流活动。对此，埃里克·罗兰布勒总结道："传播即仪式，反之亦然，仪式即传播"。

本书从仪式的角度研究广告，源于詹姆斯·凯瑞传播仪式观的启发，也是对整合营销与数字化传播环境下广告功能的重新审视，以及与广告学研究的重新思考。

1.重新审视的广告本质属性

1975年，美国传播学者詹姆斯·凯瑞在整合社会学家约翰·杜威的传播思想以及人类学家克利福德·格尔茨文化理论研究的基础上，将仪式概念引入传播学研究，创造性地提出了传播的仪式观，并将传播划分为两种模式：传递模式和仪式模式。凯瑞的仪式传播思想对于传播学研究具有划时代的意义，为传播学研究注入了崭新的内容，开拓了传播学研究的新视野。

在《传播的文化研究取向》一文中，凯瑞论证了传播的仪式性并分别界定了传播的传递观和传播的仪式观。传递观源自地理和运输的隐喻，指信号或信息从一端传送至另一端，信息在空间传递和发布的过程中达到对距离和人的控制[②]；传播被看作过程和技术，是为了达到控制空间和人的目的，更远、更快地扩散（spread）、传送（transmit）、散播（disseminate）知识、思想和信息，传播被看作是传授（imparting）、发送（sending）、传送（transmitting）或"把信息传给他人"（giving information to others）。仪式观并非信号在空间的扩散，而是在时间上对一个社会的维系；它不是强调分享"信息"，而是共享信仰的表征；不是为了履行功能，而是为了表明一个正在进行的、易逝的社会过程[③]。

凯瑞认为，从仪式的角度看，传播与"共性"（commonness）、"共有"（communion）、"共享"（community）具有共同的词根，传播一词的意义与"分享"、"参与"、"团体"以及"共

---

① 〔法〕爱弥尔·涂尔干著：《宗教生活的基本形式》，渠东、汲喆译，上海人民出版社2006年版，第31页。

② 〔美〕詹姆斯·凯瑞著：《作为文化的传播》，丁未译，华夏出版社2005年版，第4页。

③ 同上，第8页。

同信仰”等相关。因此，传播实质上是“一种现实得以生产、维系、修正和转变的符号过程，以团体或共同身份把人们吸引到一起的神圣典礼”[①]，其目的是为了“建构并维系一个有秩序、有意义、能够用来支配和容纳人类行为的文化世界”。

根据凯瑞的解释，所有的传播行为和传播活动都在传递观和仪式观之列。广告最初的解释“广而告之”就是传播传递观的直接体现。根据传递观，广告被解读为“为了达到控制消费者的目的，把商业信息由广告主传送给消费者，以更远、更快的方式实现信息扩散、传送和散播的过程”。这也是广告一直被看作向消费者传达商品信息并诱导、劝服其购买的传播行为的深层原因，如同拉扎斯菲尔德和莫顿在《大众传播、大众鉴赏力和有组织的社会行动》一文中所描述的：“所谓广告，其主要特征是能够诱导已存在的行动方式和态度向一定方向发展”。根据线性传播模式，人们将广告传播过程中的要素：信源－（编码）－讯息－渠道－（解码）－受者等，分别替换为广告主－广告信息－媒介－消费者等，这种单向的线性广告传播模式体现的正是传播的传递观。

传播的仪式观为广告研究提供了崭新的视角和研究路径。凯瑞提倡传播的文化研究视角并提出了“作为文化的传播”这一命题，“文化研究的目标远比其他研究传统来得平实……文化研究不是试图预测人类的行为，而是诊断人类的意义”。[②] 仪式视角下的传播，是一个由符号和意义相互交织形成的系统，传播过程则是各种有意义的符号形态被创造、理解或使用的社会过程，在这个过程中，现实得以生产、维系、修正和转变，由此形成意义分享的文化仪式。广告是一种商业传播行为，同时也是一种文化形态。正如美国文化学者李尔斯所言：“当代广告业与其说是唯物主义的前锋代表，不如说是一种努力使人类从物质世界中解脱出来的文化力量”。[③] 广告是文化创造的成果、人类智慧的结晶，具有深深的文化烙印。广告是人类所创造的物质文化、精神文化的反映，广告作品的内容及广告表现中蕴含的各种知识、文化与观念，对消费者的价值取向和行为方式产生直接或间接的影响。因此，广告应视为共享意义的文化仪式。消费者接受广告信息的过程，是一个仪式参与过程，对于消费者来说，关注的最重要的不是能否得到新的东西，而是通过规则化的仪式程序和传播的仪式性行为，使特定的价值观和世界观得到描述和强化。广告并非只限于传输信息和说服诱导消费者，它也在建构现实的仪式性。

正如威廉斯所说，当反思我们赖以生存的社会时，除了从政治秩序的角度（视社会为权力关系、行政、决策与控制）和经济秩序的角度（视社会为财产、生产与商贸）之外，也应该包括“仪式秩序”的视角——审美经验、宗教观念、个人价值与情感、知识概念的分享。本书借鉴詹姆斯·凯瑞的传播仪式观，从文化人类学、社会学的角度开展广告仪式传播研究，对仪式视域下的广告传播模式与运作机制做一个初步的探讨。

根据仪式传播思想，广告作为一种信息传播活动，一方面是传递行为，即广告主的产

---

① 〔美〕詹姆斯·凯瑞著：《作为文化的传播》，丁未译，华夏出版社 2005 年版，第 7 页。

② 同上，第 37 页。

③ 〔美〕杰克逊·李尔斯著：《丰裕的寓言——美国广告文化史》，任海龙译，上海人民出版社 2005 年版，前言第 3 页。

品、服务或品牌信息在空间的扩散，广告主与消费者之间的信息分享；另一方面，也是更主要的，广告是广告主、媒体、广告受众（消费者）等广告仪式参与者共享信仰的表征。广告传播的最高目标，不是广而告之的信息传递过程，而在于清晰、明确地选择和提供一种适应人类社会发展的有秩序、有意义的文化世界。这一秩序因具体的广告信息能动性的介入而显得愈加生动、稳定。

综上，本书提出如下问题：传递观与仪式观视角下的广告有何不同？广告仪式传播的内涵如何？如何理解广告起源于仪式并成为一种“世俗的”传播仪式？广告作为一种仪式，其传播价值有哪些体现？在仪式过程中，广告如何实现意义转移和意义生产？从传统大众媒体到社会化媒体平台，广告的仪式传播模式是如何演进与升级的？

2.广告功能的另一种理解与阐释

古典理论所理解的“功能”乃是存在本质的空间构造和时间描述的先验表征。结构功能主义认为，功能乃是叙述并揭示社会系统（或子系统）存在的理解范式，正如帕森斯在其著名的平衡理论中的定义：“功能乃是结构整体对外部环境的适应作用”。广告作为社会系统的构成，其功能集中体现在它所处的社会情境中对于环境输出性的作用和能力，广告的功能综合体现在对经济、传播、营销与社会等诸多方面的影响。为此，广告的功能通常被解读为两个方面：一是广告的工具性功能，即广告作为促进销售的工具，围绕广告本质功能的历史流变以及与此对应的、为实现目标而顺应环境变迁所衍生出的一系列广告观念与行为；二是广告的社会功能，即广告在整个社会系统之中与其他子系统之间的互动关系。①

广告的工具性功能围绕着营销和传播而设定，经历了从广而告之到整合营销的变迁。起初，广告被定义为“广而告之”的信息告白，强调广告的信息传播功能，即广告是将产品信息传递给消费者。20 世纪 30 年代以来，随着现代广告专业化水平的提高和服务的不断成熟，市场营销活动在企业经营管理中确定了重要地位，广告逐渐成为市场营销的有力工具。广告在社会经济中的作用得到了充分的肯定，“广告推动了新产品与新技术的开发与进步，增加了就业机会，为消费者和商家提供了更多的选择余地，促进了大众生产，降低了物价，刺激了生产厂商之间的健康竞争，使买主受益。”②由此，广告从“印在纸上的推销术”发展到“独特的销售主题”（USP 理论），从为产品树立形象到形成一种定位，从以消费者为中心的营销传播转变为整合营销传播，广告的经济与营销功能得以扩大。美国市场营销协会（AMA）将广告定义为“广告是由明确的广告主，在付费的基础上，采用非人际传播方式对其观念、商品或服务进行的介绍、宣传活动”，鲜明地指出了广告的工具性功能。

随着广告对于社会、经济、文化的影响力日益增强，国内外学者越来越认识到，广告

① 张金海：《20 世纪广告传播理论研究》，武汉大学出版社 2002 年版，第 161 页。
② 〔美〕威廉·阿伦斯著：《当代广告学》（第 8 版），丁俊杰等译，华夏出版社 2006 年版，第 57 页。

不仅仅是推销商品的工具和手段，它还承担着推动社会生产、生活以及沟通人类一切社会活动的职能。广告研究不能仅停留在“营销”和“传播”两个层面，广告是一种综合性的经济、社会、文化现象，应从多学科、多角度对其进行考察，同时从宏观和微观层面开展研究。为此，学者们提出，广告学研究“应自觉导入人文科学学科理论，利用相关学科的知识，确立分析问题、解决问题的视角”[①]。

3.仪式理论对广告学研究的观照

广告学诞生于20世纪初期，50年代后，得益于传播学、市场营销、心理学等相关学科理论的发展与支撑，广告学理论体系不断扩展与完善，广告研究逐渐形成了广告与社会、广告自系统两个研究层面，分别对应宏观层面和微观层面的研究。宏观层面研究将广告置于社会大系统背景下，研究广告与社会、经济、政治、科技和文化的关系及其互动性，探析复杂的社会背景下广告的市场状况、发展态势、法制进程以及历史演变等。[②] 长期以来，广告的工具性分析取向形成了以微观层面的自系统研究为主的广告学研究取向，这一特点在广告业发达的国家尤为突出。

以日本为例，日本广告学会出版的《广告科学》杂志，在1975－2009年期间共发表821篇文献，其中宏观层面的广告研究仅占21.92%（180篇），微观层面的广告研究达到641篇，占总文献的78.08%。从研究主题来看，涉及广告与社会文化、广告法规与管理、广告历史、广告理论、市场营销与广告经营、广告策略、广告媒体、广告费用与预算、广告心理、广告与消费者行为、广告效果、广告教育、品牌与企业形象、公关与传播等14项（见表1—1）。这些研究多数专注于探讨广告系统自身的本质、原理、构成要素和运行方式，较少从广告与社会关系的宏观层面开展研究。

表1—1　广告学研究问题与研究视角

<table>
<tr><th colspan="2">研究层面</th><th>研究问题</th><th>研究视角</th></tr>
<tr><td rowspan="2">宏观</td><td rowspan="2">第一层面：
广告与社会</td><td>（1）研究广告在社会大系统的背景之下与社会、政治、经济、文化和科技的关系及其相互作用</td><td rowspan="2">研究主要涉及广告系统与社会的互动问题，从社会学、人类学、宏观经济学、政治经济学、文化研究、法律等宏观的理论视角探讨这一层面的问题</td></tr>
<tr><td>（2）研究问题包括：广告法规与管理、广告与社会文化、广告历史、广告理论等</td></tr>
<tr><td rowspan="2">微观</td><td rowspan="2">第二层面：
广告自系统</td><td>（1）主要关注于广告自系统本身，探讨广告系统自身的本质、原理、构成要素和运行方式</td><td rowspan="2">主要涉及广告经营运作和实践操作等问题，研究者更多从微观经济学、管理学、市场营销学、组织行为学、传播学等获取有益的研究视角</td></tr>
<tr><td>（2）研究问题包括：市场营销与广告经营、广告策略、广告媒体、广告效果、广告费用与预算、广告心理、广告与消费者行为、广告教育、品牌与企业形象、公关与传播等</td></tr>
</table>

① 姚曦、李明亮：《中国大陆广告学论文研究现状定量分析》，《新闻与传播评论》，武汉大学出版社2004年版。

② 唐乐：《广告学的核心研究问题和研究视角》，《新闻与传播研究》2009年第5期，第98页。

从研究视角来看，广告学研究经历了经济主导、艺术主导和符号主导等不同阶段。20 世纪初期广告学诞生之初，广告学研究即形成了经济主导的思想。研究者将广告看作一种经济活动。20 世纪 50 年代至 70 年代，广告界先后产生了三种立足于经济属性的经典广告理论：50 年代初，罗瑟・瑞夫斯（Rosser Reeves）提出“独特的销售主张”（USP 理论）；60 年代，大卫・奥格威提出“品牌形象论”；70 年代，杰・特劳特和艾尔・里斯提出“定位”理论。这些理论从营销的角度出发，研究广告对促进商品销售的作用机制。20 世纪 70 年代以后，随着西方国家经济的发展和商品市场的极大丰富，广告仅凭对商品信息的宣传已经难以从激烈的市场竞争中胜出，无论是 USP 理论、品牌形象理论还是定位理论都受到市场的挑战。如何更好地吸引消费者、打动消费者成为广告研究的新主题。

20 世纪 60 年代开始，广告进入艺术主导阶段，广告创意的价值在业界得到重视。这一时期颇具影响力的广告理论是李奥・贝纳的创意观，他认为每一件商品都具有“与生俱来的戏剧性”，广告创意就是发掘商品的戏剧性并加以利用，这样才能引起人们对产品的兴趣。广告表现应当借助艺术的形式展现戏剧性。针对克劳德・霍普金斯提出“科学的广告观”①，著名广告人威廉・伯恩巴克提出了广告的“艺术观”，倡导精美巧妙、具有说服力和创意的广告。伯恩巴克与大卫・奥格威和罗瑟・瑞夫斯同为美国“创意革命时代”的代表人物，然而与后者倡导“科学的广告观”不同，伯恩巴克认为，做定量研究会消磨广告人的创造力，导致单一和平庸的广告作品。“我奉劝你一句，切勿相信广告是科学……广告在基本上是说服……而说服的发生并不是科学而是艺术。”伯恩巴克强调广告的艺术性，关注广告的创意和表现，甚至把广告当成一种艺术。然而，广告始终要实现经济利益，广告的根本目的是引起购买而非艺术创作。因此，这种将广告视为艺术的理论和观点，并不能全面反映广告的内涵，将广告视为艺术的研究视角过于狭窄。

20 世纪 70 年代，为摆脱单一化研究视角的局限，符号与意义开始进入广告研究的领域。罗兰・巴特开创了分析和解读广告文本的符号学方法，波德里亚论述了符号之于消费社会的影响。消费者消费的不仅是商品的使用价值，更多的是商品的意义。商品意义通过符号去传达，符号是意义世界中浓缩而成的产物，它来源于文化社会并在受众解读的过程中产生出新的意义。符号研究开创了广告研究的新视角，但是研究者过分强调符号的主体性，没有看到符号的产生、意义的生成与社会和文化之间的关联性。

综上，过度强调微观层面的研究，或者单纯将广告视为经济活动、艺术行为和符号体系的研究视角均存在不足，广告研究迫切需要一种更全面的、综合性的研究视角。

笔者认为，仪式理论视角下的传播是一种象征性的符号体系、一种具有审美价值的文化表演，同时又注重传播对现实社会的表征和对文化世界的建构，符合广告学的研究视角。根据兰德尔・柯林斯的互动仪式理论，仪式具有强化符号资本、增强群体成员身份感和提高仪式参与者的情感能量的功能。互动仪式所追求的结果与传播的目标是一

① 克劳德・霍普金斯，现代广告奠基人之一，科学广告理论的创始人，主张广告的硬销售原则。

致的，互动仪式是实现传播目标的重要手段，人们融入微观社会并通过与他人互动实现身份认证。

由此，本书提出如下问题：广告在何种条件下形成互动仪式？广告互动仪式的传播要素是什么？如何形成有效的广告互动仪式传播？广告互动仪式传播模式与传统的传播模式有哪些不同？针对上述问题，本书尝试以仪式理论视野观照广告学研究，对研究内容到研究方法进行一次探索，为丰富和深化广告学研究提供一种新的思路。

二、研究意义

(一)研究的理论价值

广告互动仪式传播研究的核心问题，是将广告看作一种仪式性传播活动，综合社会学、文化人类学和传播学的仪式理论视角重新审视广告的本质属性和功能价值，依据仪式理论框架，构建基于社会化媒体传播平台的广告仪式传播模式，以仪式传播统合广告活动。

1.拓展、延伸广告学研究的多元路径

1903 年，美国学者瓦尔特·狄尔·斯柯特出版《广告原理》，标志着广告学的初步形成。广告学理论的形成与经济环境、心理学的发展以及学科分化紧密相关。20 世纪 50 年代以来，广告学在社会学、传播学、心理学、营销学、美学等相关社会理论的支撑下，逐渐成熟并形成一门学科。广告学将新闻、传播、营销和心理学的相关概念，综合、抽象和分离后形成新的结构组合，构建出独立的广告学理论体系。广告既是市场营销的推广方式，又是社会传播形态，市场营销学与传播学一直是广告学研究的两大理论基石。

新世纪以来，数字新媒体改变了广告传播格局，广告业的巨变为广告研究带来全新的课题，广告学面临知识重构和学科体系重建的问题，采取交叉学科的视角开展广告研究不失为一种有效的路径。

广告学自产生以来取得了丰富的学术研究成果，其自身理论体系的建构不断完善。学术界通常将广告学分为理论广告学、实务广告学和历史广告学三个层面。理论广告学主要从宏观上探讨广告学的基本性质、功能、类别及广告运行的程序、规律和原则等问题。实务广告学探讨的是广告理论、技术和方法在广告实践中的具体运用。而历史广告学主要针对人类广告活动的产生、发展、演变的历史进程及发展趋势、发展规律等问题进行研究和总结。

然而，当前在广告理论取向以及体系建构上仍存在一些问题，主要表现在：重经验而忽略学理，重应用而忽略基础理论，重营销而忽略传播，重本体而忽略系统。① 缺乏广告

---

① 张金海：《20 世纪广告传播理论研究》，武汉大学出版社 2002 年版，第 166 页。

理论自觉导入的研究导向，在很大程度上制约了广告学理论的发展，成为广告理论体系建构与完善的障碍。作为一门实践性很强的学科，广告学研究真正由“术”走向“学”，必须强化学理分析与研究，引入社会学、心理学、市场学、传播学、文化学等多种学术理论为指引，为广告传播理论注入学理的活力与生命力，提升其学术地位和学术价值。因此，广告学研究有必要聚合各学科知识的优势，从社会学、人类学与传播学交融的角度，开启广告学研究的新视角。这种研究方式，对于广告学研究所存在的问题有一定的纠偏作用，对广告学的理论建构能够提供一些有价值的启示。

本书从文化人类学、社会学和传播学的交叉理论视角，借鉴詹姆斯·凯瑞传播仪式观，综合运用仪式、互动仪式以及广告学相关理论，探讨广告仪式传播的产生、构成与发展演变，揭示数字化背景下广告传播模式的变迁，同时对广告的本质属性和功能进行全新的审视。本研究对于广告学研究，无论宏观层面的广告与社会互动，还是微观层面广告自系统的研究都具有一定的理论意义。

2.探索数字化背景下广告仪式传播模式

根据仪式理论和詹姆斯·凯瑞的传播仪式观，广告被视为“世俗的仪式”。广告仪式传播可以被解读为三个层面的内容：第一，广告对仪式的呈现。广告由各种仪式符号构成；第二，广告的仪式化传播，广告传播具有显著的仪式性特征，广告仪式传播提升了广告价值，遵循程序化、重复性、规范化和象征性等规则，广告仪式化传播的核心是意义的流动与转移，其中符号是意义的载体；第三，广告本身成为仪式，广告起源于仪式，消费者接受广告信息的过程是一个仪式参与过程。广告仪式传播在现实中普遍存在，在实际的广告传播活动中常常得到应用，因此，在学理上理应受到相应的理论观照。本书依据社会学、人类学的仪式概念以及传播仪式观、媒介仪式等理论观点，界定广告仪式传播的论域和内涵，论证广告作为一种“世俗的仪式”理论依据，从而构建广告仪式传播研究的理论框架。运用案例分析、文本分析、内容分析等方法，对广告仪式类型、广告仪式表现手法等进行阐释性研究。

数字化媒体环境为广告仪式传播升级提供了技术支持，社会化媒体促成广告互动仪式的生成。本书以欧文·戈夫曼、兰德尔·柯林斯等社会学家在互动仪式研究方面的创新成果为基础，根据互动仪式理论框架和运作机制，探析基于社会化媒体传播平台的广告互动仪式构成要素、广告互动仪式生成以及广告互动仪式传播要素。从广告传播模式的变迁延伸到广告互动仪式的渐变轨迹，探讨基于符号资本与情感能量两大核心要素的广告互动仪式传播模式，以及形成高度的相互关注和高度情感能量的互动仪式传播原则。

3.检视仪式理论在广告传播领域的应用

以往关于仪式的研究主要集中于社会学和人类学的研究范畴，极少应用于广告研究。凯瑞的传播仪式观，为传播学提供了一个仪式研究的崭新理论视角和文化研究取向，启发后来的许多学者从仪式观的视域开展研究。然而凯瑞的仪式观并没有构建完整的理论体系，也没有提出仪式传播的具体应用方法。后来的许多学者在仪式观的启发下，对仪式传播的具体活动展开分析，并将仪式观应用到传播实践中，取得了一些成果。仪式观视角下的传播，是一种传播活动的泛化仪式，是对传播的仪式化隐喻，这种研究缺少对传播活动中仪式的具体构成分析，存在着“仪式”自身的缺位。

凯瑞之后的一些传播学者，如丹尼尔·戴扬和伊莱休·卡茨对于媒介事件的研究，尼克·寇德瑞对于媒介仪式的研究，继承了传播仪式观的核心思想，但是上述研究对于媒介仪式性以及媒介事件的研究主要基于电视媒介，仪式传播研究缺少网络数字媒体的内容，导致媒介仪式和媒介事件的研究缺少互动性和多向交互性。由于电视媒介在仪式进程中完全处于被动状态，传播活动受制于仪式本身，电视观众并非仪式进程的亲身参与者，造成电视媒介仪式与现实仪式事件的分离、电视观众与仪式现场参与群体的割裂。

数字化技术提供了新型在线互动仪式与传统媒介仪式协同传播的可能性，搭建了社会化媒体在线互动仪式平台，同时实现了与传统媒介仪式的组合。根据柯林斯的互动仪式理论，广告互动仪式是一种具有现实性实践的在线仪式，并非仪式对在线传播活动的隐喻。仪式本身通过社会化媒体传播平台生成，并非单纯地运用媒介播放或传递仪式。广告互动仪式通过网络数字媒体参与和生成，必须符合网络数字媒体的特性，尤其要符合社会化媒体传播特征。从广告仪式互动的构成条件、核心要素者等多个角度展开研究，是对仪式理论的补充，也是对仪式理论在应用层面的检视与验证。

(二)研究的实践意义

1.重新发现仪式传播的价值

前文已经论述过，广告具有天然的经济属性，导致广告实际运作多从工具性功能出发，广告主在传播中极力主张信息的传递，重视信息的“位移”和对消费者的控制，而对于仪式传播的功能如社会群体的整合、文化记忆与文化传承、象征性功能缺乏重视，这种仪式传播观念的缺位导致广告创意与传播策略以硬销售、功能性、促销性、实效性的广告居多，而体现品牌形象、文化价值观的广告稀少，无法满足中国成为品牌强国以及品牌传播国际化的发展要求，亟须得到改善。

本书从跨学科的视角探析广告仪式传播问题，重新审视广告的功能，提出一种新的功能观：广告的仪式功能。从社会化媒体引发传播变革的视角，研究互动仪式传播模式的形成。其中涉及传统广告主与消费者的转变，从信息的传受关系到同为传播主体、同为仪式参与者；此外，广告仪式传播的实施，应针对不同广告的仪式类型采取差异化的仪式符号、仪式文本与修辞创作手法，以及广告运作与传播的仪式化等相关策略的运用。本书对于发挥广告仪式的传播价值，促进广告文化发展，实现广告从营销功能、传播功能向仪式功能的转变具有重要的现实意义。

2.推进广告主传播观念变革与提高广告运作水平

随着媒介融合的不断深入，数字媒体改变了传媒广告的市场格局，广告的生存形态和传播模式面临着全面的颠覆和改变。随着网络交互式传播平台的构建，传统的广告运作方式、广告组织机构以及广告管理都需要进行全面调整，以适应数字化变革带来的挑战与机遇。从仪式的视角探索广告传播的方式具有重要的实践意义。一直以来，广告被看作是一种线性的信息传递，广告是由广告主、媒体和广告经营者控制的单向传播行为，基于传递观的广告往往以传播者，即广告主的意志开展传播活动，并不顾及消费者的感受。广告运作重视控制功能和广告主题的表达。这种基于传递模式的广告往往忽视了消费者对于参与广告活动的感受，单纯强调传者的作用，与数字化背景下传受双方共同参与、密切互动的传播模式相背离。在数字技术背景下，社会化媒体创造了互动仪式的受众共在空间，为广告互动仪式的生成与传播功能的实现提供了强大的传播平台和技术手段。社会化媒体的参与性、交流性、互动性、共享性、连通性等传播特征，为广告仪式的形成提供了重要的媒介保障。

本书从传播学、社会学和广告学的交叉视野，对广告仪式的产生、发展和作用机制进行系统研究，关注广告互动仪式对于传播的影响和变化，对于建构数字化背景下广告传播模式，改进广告主的传播观念，提高广告运作水平具有重要的现实意义。

第二节　广告仪式传播研究的概况

从广义上说，所有由传统习俗发展而来，被人们普遍接受并按某种既定程序所进行的活动与行为都称为仪式①。作为人类学的重要研究课题，有关仪式的研究成果卓著。然而从传播学的角度探讨仪式以及互动仪式形成和发生的机制，无论国内还是国外，成果并不多见，对于广告实践活动的具体研究则更加零散和缺乏体系，这方面的研究仍处于起步阶段。

一、国外相关研究现状

仪式一直处于人类学研究的重心位置。涂尔干在《宗教生活的基本形式》中写道：宗教明显是社会性的。宗教表现是表达集体实在的集体表现；仪式是在集合群体之中产生的行为方式，它们必定要激发、维持或重塑群体中的某些心理状态。② 也就是说，宗教通过对群体心态的建构达到对人的灵魂的作用，而这种功能的实现需要借助仪式的进行。

---

① 吴晓群：《古代希腊仪式文化研究》，上海社会科学院出版社2000年版，第2—3页。

② 〔法〕爱弥尔·涂尔干著：《宗教生活的基本形式》，渠东、汲喆译，上海人民出版社2006年版，第8页。

早期的仪式研究旨在探寻仪式与宗教、神话之间的关系，后仪式研究转入人类学、社会学和历史学等学科范畴，并因其丰富的内涵、广阔的外延及与社会、文化的紧密联系，成为人类学研究的一大支柱。

传播学自20世纪40年代在美国勃兴，在社会学、心理学、人类学等多个学科的支撑下，经历了学科建构、理论完善与实践应用的阶段，越来越受到现代社会的广泛关注。然而将仪式与传播两个文化体系的内容整合起来开展研究仍处于起步阶段。目前关于仪式传播的研究主要集中于三个方面：

第一，詹姆斯·凯瑞传播仪式观的提出。凯瑞并非是最早提出仪式传播思想的学者，早在1959年，爱德华·霍尔即提出传播的文化研究取向，对仪式传播思想做了相关论述。凯瑞的仪式传播思想还受到约书亚·梅罗维茨、沃尔特·翁等学者的启发，在总结学者们研究的基础上，凯瑞在《传播的文化研究转向》一文中将传播归纳为传递观和仪式观。凯瑞仪式传播思想的形成建立在众多传播学者研究的基础上。凯瑞仪式传播思想的贡献主要体现在运用跨学科交叉研究的方法，主张传播学的文化研究取向，通过对传播观念的划分，提出了仪式传播的思想。这一观点的提出，拓展了传播学研究的视野，启发了传播学者对传播学研究的反思，对于展开文化视角下的传播学研究具有重要的学术贡献。传播的仪式观解释了传播现象背后更为本质的内涵，成为美国传播学文化研究取向的代表。凯瑞对于两种传播观念的划分，对于20世纪七八十年代美国媒介和传播理论研究具有重大意义，并给后来学者开展仪式传播的实践研究以极大启发。

第二，媒介事件研究。20世纪中期以后，媒介事件开始进入学者的研究范畴。根据施拉姆的定义，将制造出来供传媒做报道的事件称为媒介事件。[①] 20世纪60年代，美国历史学家丹尼尔·布尔斯廷在其著作《形象》中提出"伪事件"一词，这个称谓被看作"媒介事件"术语的来源，不过当时的概念界定更多强调新闻事件的人为策划因素，并没有从文化人类学或传播仪式观的角度进行研究。1992年，美国传播学者丹尼尔·戴扬和伊莱休·卡茨在著名的电视传播著作《媒介事件——历史的现场直播》中，针对媒介事件的概念、类型、特性、表现和效果以及所引发的相关理论与实际问题展开系统研究。作者将"那些令国人乃至世人屏息驻足的电视直播历史事件——主要是国家级的事件"称为媒介事件，媒介事件不是重大新闻事件而是仪式事件，是具有突出仪式性特征的传播活动。媒介事件的"脚本"和"范畴"决定着电视的播出方式及内容和角色的安排，在媒介事件的仪式化过程中，观众被邀请或强制进来，自愿接受某种"意识形态"。

正如康纳德所说：我们把媒介事件看作是假日——它使某些核心价值或集体记忆的某些方面醒目起来。这种事件往往描绘理想化的社会形态，向社会唤起的是希冀而不是现实，[②]换言之，媒介事件是一种仪式性行为，人们观看、参与事件的过程是一种神圣价值

---

① 〔美〕威尔伯·施拉姆著：《传播学概论》，陈亮等译，新华出版社1984年版，第272页。

② 〔美〕保罗·康纳顿著：《社会如何记忆》，纳日碧力戈译，上海人民出版社2000年版，第65—69页。

中心的体验，参与者充满了对仪式的崇敬。戴扬和卡茨并没有提到詹姆斯·凯瑞的仪式观，但是他们的研究是仪式传播思想在电视媒体的应用和实践，对于后来英国学者尼克·寇德瑞的媒介仪式理论的形成具有重要的启发。

尼克·寇德瑞提出了"媒介仪式"的概念，所谓媒介仪式，是指"围绕与媒体相关的关键类别和边界组织起来的、形式化的行为，该行为的实施能够架构或意味着其与更广泛的、与媒介有关的价值之间的关系。"[①]寇德瑞对于媒介仪式的研究从人类学的仪式理论框架入手，借鉴涂尔干关于仪式的界定、仪式的结构与功能理论框架，揭示了媒介仪式的传播规律，媒介在社会秩序建构中的作用以及与仪式参与者的关系，该研究从文化和仪式的角度研究传播活动，从人类学与传播学的学科交叉视角，对仪式传播理论框架的形成、仪式传播在媒介的实践应用，提供了重要的研究思路。

第三，仪式传播理论研究的整合成果。美国学者埃里克·罗兰布勒出版了《仪式传播：从日常会话到媒介化仪式》(2003)，从仪式与传播的结合探讨仪式传播理论体系与实际应用。该书分两个部分，第一部分系统阐述仪式传播的理论来源与理论构成，第二部分则基于实际运作，从日常生活、文化、政治、媒介等多重角度研究分析仪式传播的形式、内容与手段。罗兰布勒对于仪式传播的研究，综合了人类学的研究成果和詹姆斯·凯瑞传播仪式观的主要观点，是仪式传播研究的系统化和综合性成果，书中归纳仪式传播的15个特征为后来众多学者开展实证研究提供了理论框架。

第四，仪式传播理论在传播活动中的应用研究。20世纪80年代以后，受詹姆斯·凯瑞和罗兰布勒仪式传播理论的启发，学术界从应用层面探讨新闻、广告以及组织传播等传播模式和传播效果，运用阐释、文本以及内容分析等方法研究传播现象，产生了丰富的研究成果。Cele Otnes, Linda M.Scott(1996)研究了广告对于仪式的影响，以及广告如何利用仪式在不符合产品和服务用途的场合创造文化意义。论文从修辞学的角度探讨广告使用的不同修辞手法及作用，论述了广告与仪式之间的相互作用：广告能够通过一些手段来定义、展现和改变特定仪式及仪式符号系统，而典型的仪式符号也能够对广告产生影响[②]。Richard Cavell借鉴麦克卢汉的观点，在大量历史和理论资料的基础上进行研究，探讨作为大众媒介的电视如何起到仪式的作用。论文提出大众媒介是一种仪式，人们生活在媒介塑造的梦想世界中，这种梦境吞噬真实的情况在广告中表现得特别明显。当人们身处电子媒介创造的口语文化中时，仪式将注意力从"个人阅读"转移到"公众阅读"，这种转变称为"重新部落化"[③]。Mark Ritson和Richard Elliott的论文揭示了一系列与社会相关的广告受众新的行为，广告的意义是与社会相关的文本应用，包括经

---

① Nick Couldry, *Media Rituals: A Critical Approach*, Routledge, 2002: p.29

② Cele Otnes, Linda M.Scott. *Something Old, Something New: Exploring the Interaction Between Ritual and Advertising*. The Journal of Advertising, Volume XXV, Number 1, Spring 1996.

③ Casey, Cheryl. *Symbol and Ritual Online: Case Studies in the Structure of Online Religious Rituals*, National Communication Association; 2008.

验、解释、评价、仪式以及隐喻，作者根据麦克拉肯提出的意义转移模式，重构广告仪式传播与隐喻形成关系的模型。[①]

媒介与仪式之间的互动关系，研究成果颇为丰富。Casey，Cheryl（2008）对新媒体下的仪式传播模式进行探索，从在线网络仪式的人类生态学、网络环境中宗教仪式的特性，包括作为特殊时段的宗教仪式和作为集体体验的宗教仪式在特殊空间中的宗教仪式方面，针对网络空间中的仪式对象，仪式角色，思想中的仪式（符号、认知结构、仪式行为）等内容进行研究[②]。John Rosenbaum 根据罗兰布勒的仪式传播理论框架，发现科纳马拉社区电台的传播模式符合罗兰布勒提出的 10 个仪式传播特征，仪式传播在取得成功的科纳马拉社区电台扮演着重要的角色。

二、国内相关研究现状

国内对于仪式传播的研究近年呈现蓬勃发展的趋势。

一是由于传播学研究取向的多学科交叉趋势，以功能主义导向的传播效果研究、传播批判研究以及传播文化研究呈现多头并进的趋势，尤其是凯瑞提出了两种传播观的划分，倡导文化研究取向和阐释的研究方法等，引起了学界的关注和兴趣。

二是由于仪式本身的内涵早已超越宗教行为的范畴，通过仪式研究呈现出的社会与文化的差异成为一个重要的研究方向，传播学与仪式理论的结合实现了学科交叉和理论融合，扩大了研究视野，丰富了各自的研究成果。

第一类成果围绕詹姆斯·凯瑞的仪式观，探讨仪式传播的理论溯源、研究意义和研究方法等。

车森洁（2011）梳理了凯瑞传播仪式观的理论溯源，凯瑞的传播仪式观以杜威的共享观为理论立足点，整合了杜威的观点："传播创建符号和社会""传播是一种社会实践""传播和意义共生共存"，同时参考格尔茨的"社会即文化"、"研究文化就是研究社会行动"以及"意义与社会行动紧密联系"等观点，提出了传播的仪式观并沿用了格尔茨的阐释研究方法。[③] 王晶（2010）以凯瑞本人的论文集和格尔茨、伊尼斯等人的相关著作作为研究参照，提出传播仪式观研究的支点和路径：一是对人类行为本身的研究，应该从人类学、文学等其他学科中开辟更多新的研究视角；二是仪式观强调运用阐释的研究方法；三是引介西方的文化研究视角来观照中国的传播过程，摆脱对西方的模仿并结合中国的语境；四是阐释的研究方法只作为一种尝试而非传播仪式观研究的唯一参照。[④] 闫伊默和刘玉

① Mark Ritson. *The Social Uses of Advertising: An Ethnographic Study of Adolescent Advertising Audiences*, Journal of consumer research Vol.26 December, 1999.

② John Rosenbaum, *Ritual Communication at Connemara Community Radio*, International communication association conference papers, 2007.

③ 车森洁、杜威：《格尔茨对凯瑞传播仪式观的影响——解读作为文化的传播》，《东南传播》2011 年第 10 期。

④ 王晶：《传播仪式观研究的支点与路径——基于我国传播仪式观研究现状的探讨》，《当代传播》2010 年第 3 期。

(2009)提出:仪式传播建基于凯瑞的仪式观之上,是文化研究的一个切入点,从领域和方法上都秉承和实践着文化研究的本质取向。仪式传播的论域根据意识形态可分为“仪式的传播”和“仪式化的传播”,仪式传播研究的主导性方法是格尔茨的文化阐释方法[①]。樊水科(2011)认为:仪式传播与传播的仪式观不能等同,仪式传播强调一种方式和手段,将仪式作为传播手段理解;传播的仪式观从“仪式”的角度理解传播,强调一种视角和概念。前者通过仪式表达象征意义和传递信息的传播活动;“传播的仪式观”是把传播看作是创造、修改和转变一个共享文化的过程来进行研究。[②] 这一观点为仪式传播的研究范畴、仪式传播模式研究等提供了思路。

第二类成果在仪式理论、仪式传播的作用与建立机制、互动仪式传播理论的应用方面开展研究。

李育红,杨永燕(2008)列举了不同学者在仪式界定、分类和功能上的研究成果(概念、分类和功能的文献综述):在仪式的界定上,学者们分别选取象征、信仰、行为等角度;在仪式的分类上,学者们的依据分别有宗教仪式、日常仪式、时间以及人的社会角色等;在仪式的功能上,学者们认为仪式有社会整合、社会控制以及稳定社会等功能。仪式存在于人类文明中并不断演化和发展,仪式变迁是社会变迁的影像。[③] 张兵娟(2007)提出了仪式与社会文化的联系及仪式与传播共同的功能:仪式作为最能体现人类本质特征的行为方式与符号表述,在人类生活中占据着重要的位置;仪式是表现和参与社会文化变迁的重要变量;仪式和传播具有社会整合、秩序重建、文化传承的作用。仪式为人们提供了各种社会生活模式,从而定义了人们活动的空间和在这一空间扮演的角色,使人们在此活动中确认了社会关系和秩序,确认了与其他人共享的观念和信仰,由此社会得以整合,秩序得以重建,文化得以传承。[④] 张孝翠(2009)从传播参与者主体性的角度,阐述了仪式传播的特征和社会、经济功能。[⑤] 刘慧(2012)阐述了人际传播和大众传播中仪式对于群体归属感的建立作用。人际传播仪式通过将个体经验构成集体记忆和个体与群体的互动来建立群体归属感;以媒介事件为代表的大众传播仪式通过调动个体参与,形成群体共同的记忆空间;强化群体的文化认同,增强群体的向心力;发挥纪念功能,巩固强化群体归属感;缓解群体压力,医治社会创伤来建立群体归属感。[⑥] 陈权(2012)认为,当前传播研究“缺乏对人的关注”,互动仪式链理论在传播研究中富有前景[⑦],并提出 SNS 等虚拟社交网络用户使用媒介的目的是获得情感能量。马向阳(2012)根据戈夫曼的互动仪式理论提出,互动仪式的关键要素是关注流、情感流和符号流,以微博为代表的社会

---

① 闫伊默、刘玉:《仪式传播:传播研究的文化视角》,《湖北经济学院学报》2009 年第 2 期。

② 樊水科:《从传播的仪式观到仪式传播:詹姆斯·凯瑞如何被误读》,《国际新闻界》2011 年第 11 期。

③ 李育红、杨永燕:《文化独特的外现形式——仪式》,《广西社会科学》2008 年第 5 期。

④ 张兵娟:《仪式 传播 文化》,《中国广播电视学刊》2007 年第 3 期。

⑤ 张孝翠:《论仪式传播与参与主体性》,《国际新闻界》2009 年第 4 期。

⑥ 刘慧:《传播中的仪式对于群体归属感建立的作用分析》,《编辑之友》2012 年第 6 期。

⑦ 陈权:《互动仪式链理论在传播研究中的应用》,《新闻世界》2012 年第 10 期。

化媒体和传播媒体报纸在互动仪式建构中存在巨大的差异[①]。

第三类成果是仪式传播理论在广告的实践应用。

传播学理论始终是广告学研究的支撑和框架，凯瑞传播仪式观的提出给广告学研究提供了重要的启发。郑亚灵(2008)的论文借用传播仪式观的研究路径，将分析对象房地产广告作为一种仪式，从仪式情境、角色、道具、色彩、生活方式等五个方面考察其如何通过意义共享实现社会现实的表征和维系。广告通过仪式参与者之间意义的共享，达成对社会现实的建构。[②] 魏昀(2011)借用传播仪式观的研究路径，从广告中的色彩、元素符号、人物角色、生活方式几方面对中国房地产广告的仪式传播进行解读。[③] 文军，钟书库(2009)提出消费仪式的构建过程和广告符号所起的重要作用。广告符号在消费仪式的建构过程中承担了将产品变成象征物、唤起或强化消费者角色扮演的欲望、提供仪式脚本、吸引观众并将仪式固定化等职责。[④] 杨莎莎(2010)通过分析仪式角色、仪式道具、仪式环境在广告活动和广告作品中的仪式化特征，提出了广告具有"阶层划分"和构建各个群体消费生活方式的功能，尊重群体价值观、预先制定广告活动流程有助于提高广告效果。[⑤] 高瑜(2010)以传播仪式观的视角对汽车广告中的人物形象、品牌、车系、使用情景等维度进行解读。

综上，从早期宗教领域的仪式研究，到涂尔干开启的社会学仪式研究，再到凯瑞提出传播仪式观，罗兰布勒对于传播与仪式的综合研究，仪式的内涵早已超越宗教行为的范畴，仪式研究也不再局限于"偏重结构功能和稳定整合的仪式分析"，呈现社会与文化的差异已成为一个重要的仪式研究方向。[⑥] 在上述研究的基础上，本研究尝试就广告与仪式研究问题进行探讨，希望对广告传播与仪式传播研究有所贡献。

第三节　广告仪式传播的研究框架

一、研究内容

本书基于传播仪式观与互动仪式的理论框架，对仪式传播在广告中的具体应用问题做进一步探索，为广告仪式传播理论研究和实践提供材料积淀。

1.主要内容

本书主要从以下三个方面展开研究：

① 马向阳：《微博互动中的关注流、情感流和符号流》，《新闻与写作》2012 年第 5 期。

② 郑亚灵：《传播仪式观视域下的西安房地产广告研究》，2008 年西北大学硕士论文。

③ 魏昀：《传播仪式观视域下的中国房地产广告解读》，《广告大观(理论版)》2011 年第 2 期。

④ 文军、钟书库：《广告符号对消费仪式的构建》，《中州大学学报》2009 年第 5 期。

⑤ 杨莎莎：《仪式理论视角下的广告文化探究》，2010 年湖南师范大学硕士论文。

⑥ 高瑜：《汽车广告研究——一种传播仪式观的视角》，2011 年西北大学硕士论文。

(1)从宏观的角度阐释广告仪式传播理念

广告是一种文化视角下的综合性符号系统，具有仪式性、长期性和神圣性。广告扮演着文化的角色，创造了多种文化类别，与许多神圣的、长期的文化形式和文化体系相关联。目前从传播学角度研究的仪式多停留在概念解读和理论阐释方面，对于仪式传播的实践应用研究还不够丰富。

以传播仪式观的视角开展广告研究的文献并不鲜见，然而多数研究是从广告仪式的构成、仪式要素以及仪式进程等视角出发，仅将广告传播看作一种仪式性行为，对于广告仪式传播的内涵尚未有明确界定，将互动仪式理论从社会学的角度延伸到广告传播领域的研究尚未展开。广告仪式传播的研究，多数是从传播仪式观的角度对广告作品或广告现象进行静态分析和描述性研究，缺乏针对广告仪式传播理论的深入阐释；对于社会化媒体环境下广告仪式的传播升级与动态变化缺乏关注。本书提出，广告传播不仅基于传递观的层面，还应从仪式观的角度，重新审视广告的功能，探讨广告仪式传播的模式，尤其是研究在社会化媒体环境下广告如何通过互动仪式实现文化的建构以及意义的共享。

(2)从广告传播模式的演进探析仪式传播的变迁

新媒体引发了广告传播模式的嬗变。传统的广告传播模式是一种“信息邂逅式”，信息传播表现为广告主的刻意传播与消费者的偶然邂逅。消费者对于广告信息处于无意识接受与主体意识参与不足、没有仪式参与感的状态，从传播模式上表现为传递(AIDMA)模式，即注重信息强制性传递的特征。互联网的飞速发展以及 web2.0 时代带来的技术转变，重构了广告市场与仪式空间。广告传播趋向平台化，媒介从传播工具与中介转向信息交流与沟通的平台。以往针对消费者的“轰炸式”传播演化为“尊重需求的吸引”模式。这种“搜索满足式”广告传播模式，可看作传递与仪式的组合(AISAS)模式。随着社会化媒体的迅猛发展，广告传播向高度的仪式参与模式转型。广告主全面控制信息的主体地位开始动摇，消费者通过搜索技术获取信息并通过信息分享获得的满足感大幅增加，在信息传递功能衰减的同时也体现出仪式参与的递增。社会化媒体为广告互动仪式的生成提供了先决条件，为互动仪式的发生提供了空间，也为互动仪式的受众提供了共在的时间，广告传播进入受众高度参与仪式传播模式。

(3)从微观层面解析广告仪式传播原则

本书在探讨广告与仪式、仪式与广告互动关系的基础上，阐释广告何以成为一种仪式，广告仪式传播的价值，以及广告仪式传播实现意义转移的方式与过程。根据仪式理论研究框架，探讨社会化媒体中广告互动仪式的生成条件、构成要素与传播模式的演变。从微观层面探讨广告仪式的参与者如何通过高度的相互关注与高度的情感能量实现瞬间共有的实在，从而使消费者形成群体团结和群体成员身份的符号，并在互动仪式中使情感能量得到加强。本书从广告互动仪式传播的核心要素——符号资本和情感能量入手，探讨实现广告互动仪式传播的原则。

2.研究框架

第一章,绪论部分。本章主要阐述研究的缘起,系统梳理国内外关于仪式、仪式传播与广告仪式的研究成果,对研究意义、理论视角、研究方法和研究内容作出交代和阐释。

第二章,仪式研究的多种视角。传播仪式观与互动仪式理论是广告仪式传播的两大核心原理。本章从人类学、社会学等有关仪式起源、仪式研究的发展脉络入手,提出仪式与传播都是为了表达某种观念而运用符号开展的人类社会交流活动,仪式与传播具有密切的逻辑联系和同一性特征。根据传播仪式观,广告传播的最高目标,不是广而告之地信息传递,而是清晰、明确地选择和提供一种适应人类社会发展的有秩序、有意义的文化世界。本章对仪式的特征、功能、类别进行阐述,对传播仪式观进行深入解读,提出仪式研究的视角综合了人类学、社会学和传播学的学科知识优势,对于广告传播研究具有重要的理论价值。

第三章,广告作为仪式。本章根据仪式、传播仪式观以及媒介仪式等相关理论,阐明广告仪式传播的内涵,将广告仪式界定为"通过具有象征意义的符号塑造仪式化的情境,使消费者借助媒介得以共同参与仪式,从而形成一种象征性的文化实践的广告活动。"广告仪式传播包括三个方面:广告对仪式的呈现;广告的仪式化传播;广告本身是一种仪式。广告起源于仪式,广告与仪式具有高度的同一性,广告应发挥仪式传播的价值。本章以具有代表性的婚礼仪式广告为例,分析广告通过仪式文本和意义转移产生象征意义的过程。本章运用象征人类学的仪式过程理论分析广告仪式传播的过程,并对仪式传播的三个阶段进行解读。

第四章,香水广告案例。本章重点探讨香水作为一种仪式性商品,如何实现广告仪式的意义生产与文化表征。通过对2009—2013年间《瑞丽服饰美容》杂志刊载的所有香水广告共计168幅作品所做的内容分析、文本分析,研究香水广告作为一种文化的仪式,其核心象征符号的构成及其作用机制,分析广告中心诉求方式、文化价值观以及社会性别,如何通过意义转移建构特定的社会性别关系、体现西方文化以及现代消费主义的拜物思潮。

第五章,社会化媒体下广告仪式传播升级。本章重点探讨社会化媒体带动广告向高度互动仪式的升级,促进广告传播从无仪式感的信息传递到高度仪式参与的渐变过程。本章分析社会化媒体传播特征,指出广告互动仪式基于社会化媒体传播平台的优势以及新型媒介仪式空间的构建。通过对广告互动仪式的参与者:广告主、广告媒体、广告经营者以及消费者在仪式传播中的作用和地位进行评估,提出广告互动仪式传播的两大核心要素:符号资本和情感能量。广告中的符号资本体现为品牌形象,情感能量源于消费者需求的满足。

第六章,广告互动仪式传播模式。本章深入探讨广告互动仪式传播模式的形成以及构建仪式共享模式的路径。针对移动互联时代场景营销的新趋势,提出场景构建的重要性。指出广告互动仪式传播效果的实现，应在仪式共享模式的基础上，从情境建构唤醒情感、仪式传播情感共享以及借助符号资本实现品牌形象管理等三个关键领域入手。

第七章，广告仪式传播的目标。本章以腾讯公司“弹指间三部曲”系列广告作为研究对象，运用深度访谈、量化分析等研究方法，深入剖析腾讯品牌借助传统电视媒体和社会化新媒体，通过在线互动仪式和电视广告仪式传播协同运作的方式，强化腾讯的品牌符号，实现了消费者情感能量流动的构想。

二、广告仪式传播研究的理论观照

詹姆斯·凯瑞在《作为文化的传播》中提出研究方法和理论视角的重要性，“你必须慎重选择你所采用的理论，因为我们有变成我们所研究内容的倾向”。“学术研究的起点往往决定重点，传播的基本立足点在很大程度上决定了分析路径”[①]。可见，厘清理论来源与选择研究理论视角对于学术研究具有非常重要的意义。

本书涉及的理论主要有：

第一，文化人类学的仪式理论。之所以借鉴文化人类学理论，是因为有研究显示，广告传播工作与人类学研究具有众多相似特征[②]。

首先，二者在工作性质方面相似。广告从业人员和人类学家都在试图做一些可能不会立即产生重大意义，却可以将他们所理解的内容传递给他人的工作，广告人被称为“民间的人类学家”。在研究某个领域之前，二者都需要了解和调查研究对象。广告传播机构制定客户市场战略、了解问题和营销目标的过程类似于人类学家在实地考察前针对特定主题的文献阅读。这两个专业团体均着力于通过观察事实与理论推理形成的新事实修正理论或者运用新理论印证事实，并将预先制定的模式和规则运用于研究的事例上。

其次，工作方式相似。广告传播机构和人类学家拥有各自的职业传统，工作以撰写研究成果或研究报告为主，分别由企业客户或学术同行审查其成果。这两个专业团体通常以事实区隔不同的公众，如广告经营者所区隔的不同消费群体均有自己的假设、行为规则和语言，如简单的术语、行话等。二者都倾向于投入更多时间与专业领域内的人士如细分的消费者，而不是作为“代表”的广大市民进行交流和互动。

再次，二者的工作程序相似。广告客户经理通过提案与广告主沟通，人类学家则以书面报告与研究基金会和其他投资机构合作，两者都以“比稿”成功的方式使课题得以延续。人类学家和广告人都会关注理想的“文化”、人们的社会交往、信念和价值观。广告活动的重点在于研究消费者在狭小的市场空间基于何种动机和需求使用某种产品；人类

① 〔美〕詹姆斯·凯瑞著：《作为文化的传播》，丁未译，华夏出版社 2005 年版，第 10 页。

② Timothy deWaal Malefyt, *Brian Moeran*, *Advertising cultures*, 2003.

学家研究相同的产品如何能广泛地符合社会组织及价值观的认同。综上可见，广告传播活动与人类学研究的近似性，使得广告传播研究理应受到人类学研究的理论观照。同为人类传播活动，广告与仪式有着天然的共性。近半个世纪以来，仪式广泛地进入社会各个领域和学术研究的视野，关于仪式的功能性、物质化、技术化、符号化等均有丰富的学术成果，为本书的研究提供了重要的理论支持。

第二，社会学符号互动论与互动仪式理论。

兰德尔·柯林斯在《互动仪式链》一书中提出，互动仪式的核心机制是相互关注和情感连带。互动仪式包括这样几个基本要素：互动群体至少由两个人构成；他们关注共同的目标或行动；他们具有共同的情绪或情感；彼此形成共同关注，并将共享的情绪加以强化；有阻止外来者的屏障。互动仪式能够产生积极的传播效果：形成群体归属感或团结性、强化符号资本和情感能量以及社会道义感。互动仪式是一个资源交换的过程，互动市场中存在两种重要资源：符号资本、情感能量，这两种资源构成了广告互动仪式传播的核心要素。本书基于移动互联网背景与社会化媒体提供的仪式传播平台，运用互动仪式理论阐述广告互动仪式的演变与生成机制，分析广告互动仪式要素，并在此基础上构建广告互动仪式的传播模式。

第三，仪式传播相关理论。仪式传播是一个新兴的课题，目前国内针对仪式传播的研究多始于凯瑞的研究，集中传播仪式观念的探讨、传播仪式观的理论来源探析、传播仪式观研究方法与路径等。本研究关于广告仪式传播的内涵和广告仪式理论框架的确定主要依据前人的研究成果。

三、研究方法与创新点

1.研究方法

研究方法主要运用文献研究、实证研究、定性与定量研究相结合等方法。

(1)文献研究。文献研究是通过对与选题相关的各类文献资料进行查阅、梳理，以间接的方式获取研究对象的相关信息。本项研究需要多个学科的理论成果支撑，文献研究是主要方法之一。作者通过搜集整理国内外仪式与互动仪式研究、传播仪式观、广告研究等成果，梳理仪式研究的理论脉络和研究现状，对仪式特征、仪式功能、互动仪式形成条件、社会化媒体传播等内容做出文献综述，为研究提供严谨的理论基础。

(2)案例研究和深度访谈。案例研究和深度访谈法是本研究的重要方法。深度访谈常用于定性研究，通过深度访谈为案例研究收集信息。本书选取腾讯品牌广告"弹指间三部曲"作为案例分析的对象，访问了电视广告片的创作方——北京精信广告有限公司执行创意总监和创作团队，访谈问题主要涉及广告创意主题、广告情感诉求、广告片中的仪式情境、仪式道具、仪式过程等内容。通过案例研究和深度访谈法获得了最新、最真实的一手资料，对研究内容进行了补充，为理论研究提供论据支撑。

(3)文本分析。文本是由一定符号组成、采用不同表现形态的信息结构体。对文本进行分析就是对文本的表示及其特征项进行选取,发掘文本的深层意义。常用的文本分析方法有叙述学分析法和符号学分析法两种。叙述学分析法探讨的是故事如何通过叙述被组织起来,包括叙述主体、叙述方式和叙述进程,意在了解文本的结构;符号学分析法是对文本中的各类符号的能指和所指进行分析,以把握符号象征的意义以及作者的意图。

(4)定性分析与定量研究。采取定性分析的方式,运用互动仪式和广告学理论范式,剖析广告仪式的内涵,构建广告仪式传播的意义转移模式,探讨广告互动仪式的传播模式。为了解腾讯在线互动仪式的传播效果,采取深度访谈方式对腾讯品牌进行案例分析,同时收集腾讯社会化媒体传播效果的数据用作对定性研究结果的有效支撑。

2.创新点

当前仪式传播的理论范式尚未大量应用于广告这一具体传播实践的研究当中,广告仪式传播研究多数停留在对理论适用性的探讨方面,广告对受众主观世界的介入、广告与文化和社会现实之间的关系还有待进一步发掘。本书力图在以下几个方面有所创新:

(1) 本研究以仪式理论为框架,对广告的仪式传播做一个规范的阐释性研究。当前关于广告与仪式的研究,多涉及广告对消费者仪式的影响和消费仪式的建构等方面,研究停留于描述性层面。个别研究涉及广告与仪式的互动关系,但是对于广告仪式传播理论缺乏深入的阐释,本书力求突破原有研究范式的局限。

(2)本研究明确了广告仪式传播的内涵,重新审视广告的功能,探讨广告仪式传播的模式与实施原则。广告仪式传播内涵包含广告中的仪式、广告的仪式化传播以及广告自身作为一种仪式。以往研究更注重广告仪式的传播,即传递观的广告传播研究,如从微观的角度针对仪式的要素,包括仪式的时间、地点、物品、人物、声响、结构、场景以及仪式展演等开展研究,缺乏从仪式观的角度阐释广告。凯瑞认为,“仪式观源自宗教观,仪式看重的不是布道、说教和教诲的作用,而是强调祷告者、圣歌及典礼的重要性。”[①]因此,研究传播就是为了考察,创造、理解和使用各种符号形态的社会过程。本书力求从仪式观,即广告的仪式化传播角度,重新审视广告传播观念的转变以及广告传播功能的实现、探讨广告仪式传播模式与运作机制。广告仪式传播研究具有较强的理论意义和实践价值,是对广告研究的丰富和深化。

(3)本研究将互动仪式的传播要素引入数字化背景下的广告传播研究。数字化时代已经来临,信息技术向人类社会、经济、生活的各个领域全面推进。数字化带来了广告传播的互动性、实时性、跨越时间和地域限制等新特点,也为广告向参与程度更高的互动仪式升级提供了必要的技术与场景条件。根据柯林斯的观点,互动仪式体现为高度的相互

① 〔美〕詹姆斯·凯瑞著:《作为文化的传播》,丁未译,华夏出版社2005年版,第7页。

关注与高度的情感连带，互动仪式导致与认知符号相关联的成员身份感的形成；同时，互动仪式还为每个仪式参与者带来了情感能量，使他们以高度的信心、热情和愿望从事他们所认为的道德上容许的事情。本书以此为理论框架，将互动仪式市场概念引进广告仪式中，探讨互动仪式要素：符号资本、情感能量等对于广告仪式传播效果的影响，提出基于社会化媒体传播平台的广告互动仪式传播模式。

第二章　理论溯源:仪式研究的多种视角

第一节　多学科视野下的仪式

长期以来,仪式是西方人类学、民俗学、社会学、文化学等研究的重要领域,在西方学术界,爱弥尔·涂尔干、拉德克利夫一布朗、罗纳德·格雷姆斯、克利福德·格尔兹、范·杰内普、维克多·特纳等学者为仪式研究做出了卓越贡献,他们从仪式的起源、本质、特征、过程、功能、类型等方面进行了卓有成效的探讨。

一、仪式:最古老的文化社会现象

"仪式"一词译自 ritual,与其近乎同义词的还有 rite/ritus。ritual 通常有两层含义:一是指宗教意义上的礼俗和仪式,二是指日常生活中的仪轨或程序。早期西方学术著作中多用 rite/ritus 来表述。仪式作为分析性的专门术语出现在 19 世纪,将宗教领域的术语运用于欧洲文化、一种宗教与其他宗教和文化的对比研究。

作为最古老的社会现象之一,仪式一直是西方学术界热衷探讨的经典话题。关于仪式的概念,长期以来人类学学者不断对其进行界定,但是却很难对于仪式的确切含义达成一致的意见。20 世纪中后期以来,学术界对于仪式的解释层出不穷,分别从不同角度对仪式加以界定,见表 2—1。

表 2—1　仪式的定义

来源	定义	角度
简明不列颠百科全书	仪式:礼之秩序形式等,礼节规范。仪式由传统习惯发展而来,是一种普遍为人们所接受的行为方式,其基本作用是使人们互相理解。就此而言,仪式与语言有相同之处	普遍性
涂尔干	仪式是行为规则,这些规则规定了一个人在那些神圣的对象面前应该如何表现自己	规范性

续表

来源	定义	角度
利奇	仪式是那种社会都能够接受的，个人与群体之间恰当的关系体系①	文化性
维克多・特纳	用于特定场合的一套规定好了的正式行为，仪式尽管没有放弃技术惯例，但是对于神秘的（或非经验的）存在或力量的信仰，这些存在或力量被看作所有结果中第一位的或终极的原因②	规范化
坦姆比亚	仪式是一种文化建构起来的象征交流的系统。它由一系列模式和序列化的言语和行为组成，往往是借助多重媒介表现出来，在内容和排列特征上不同程度地表现了礼仪性的（ 习俗），具有立体的特性（ 刚性），凝聚的（融合） 和累赘的（ 重复） 特征③	文化性 重复性 模式化 象征性
戈夫曼	仪式这类活动，尽管是非正式和世俗的，却代表了一种个体必须守卫和设计的其行动的符号意义的方式，同时直接呈现对其有特别价值的对象	象征性
勃贝・亚历山大	仪式是按计划进行的或者即兴创作的一种表演，通过这种表演通常能够形成一种转换，将日常生活转变成为另外一种关联。在这种关联中，日常的东西被改变了④	表演性 可转换
郭于华	仪式，通常是指具有象征性、表演性特征，由文化传统所规定的一整套行为方式。它可以是神圣的，也可以是凡俗的活动⑤	象征性 表演性 规范化
文化人类学词典	仪式是按一定的文化传统，把一系列的、具有象征意义的行为或活动集中起来的安排或程序⑥	象征性 程序化

上述定义对仪式内涵、仪式行为和仪式特征进行了界定，分别从象征性、表演性、规范化、重复性和模式化等角度对仪式的特点进行了概括。

二、超越神圣与凡俗：仪式的泛化研究

19 世纪以来，仪式研究受到学术界的广泛关注，人类学和社会学都围绕这一主题展开了大量讨论。学者们梳理人类学仪式研究的脉络，认为仪式研究可分为两个方向：一是以早期"神话－仪式"研究为代表，主要依据人类学的古典进化论对古典神话和仪式进行诠释⑦。进化论学派将仪式放在文化的原初形态，以建立一个历史性文化时态的建构

---

① 〔英〕布林・莫利斯著：《宗教人类学》，周国黎译，今日中国出版社 1992 年版，第 328 页。

② Victor Witter Turner.From Ritual to Theater and Back：*the Human Seriousness of play*.Performing Arts Journal Publications，1982.p.79.

③ 〔英〕菲奥纳・鲍伊著：《宗教人类学》，金泽、何其敏译，中国人民大学出版社 2004 年版，第 178 页。

④ Alexander.Bobby C.Ritual and current of ritual：*overview.In Stephen D.Glazier(ed)*，*Anthropology of Religion：a Handbook*.Westport，CT：Greenwood Press，1997，p.139.

⑤ 郭于华：《仪式与社会变迁》，社会科学文献出版社 2000 年版，第 1 页。

⑥ 陈国强：《简明文化人类学词典》，浙江人民出版社 1990 年版，第 135 页。

⑦ 彭兆荣：《人类学仪式研究评述》，《民族研究》2002 年第 2 期。

机制,代表学者是在神话—仪式研究形成重要著述的泰勒、斯宾塞、弗雷泽等。二是对仪式的宗教溯源和社会行为的社会文化人类学探讨。

与纯粹的宗教学研究不同,文化人类学将仪式看作是特定的宗教行为和社会实践,考察仪式在社会结构中的作用和地位,涂尔干、莫斯、特纳、道格拉斯等人类学家均在这一研究领域形成了丰富的成果。近半个世纪以来,仪式研究进入更加广阔的社会文化背景,随着仪式行为的"泛化",仪式早已超出"神圣与凡俗"的范畴,突破了"宗教与非宗教"限制,成为与人类信仰、习俗、政治和经济生活密切相连的行为,仪式与象征在现代社会大量存在并发挥着巨大的作用。

20 世纪 20 年代以来,人类学研究主要形成了神话—仪式、现象学、心理分析、社会结构—功能、象征文化主义、实践表演等代表性理论学派①(见表 2—2),分别采取不同的视角和研究方法,从不同侧重点对仪式展开研究。以马林诺夫斯基和博厄斯为代表的功能学派和历史学派注重研究仪式的功能性、物质化、技术化、符号化等,以特纳、格尔茨为代表的象

表 2—2　20 世纪西方人类学仪式研究脉络

理论学派	研究视角	研究内容	代表人物	方法
神话—仪式	仪式是宗教与文化的源头,理论核心是进化论	宗教的信仰问题,人类用以解释所见世界的观念问题	泰勒和弗雷泽	罗列世界各地宗教现象,非实地考察
心理分析	心理学的角度	强调宗教起源,从个体心理成分阐释宗教	缪勒、泰勒、弗洛伊德	进化论或历史研究方法
现象学	从宗教现象本身的神圣性来加以理解,通过象征或神话加以表述	强调神话和象征的意义高于仪式	米恰尔·伊利亚德	比较的方法
社会结构—功能	关注仪式的功能性,强调仪式对于社会的整合意义	仪式构建与维护建立人类社区的社会纽带 通过共同价值观、知识、经验范畴的潜意识运作,促成个体的社会化 舒缓和解决社会争端,巩固群体的团结 对支撑社区生活的社会和观念结构开展周期性的复兴或改革	涂尔干 马林诺夫斯基 拉德克利夫—布朗 麦克斯—格拉克曼 范·杰内普 特纳	反对进化论,结构主义、功能主义方法
象征(文化)	从社会象征向文化象征转移	强调文化系统的独立性、与语言相似的特质,以及象征意义的交流和传递	特纳、利奇、马丽—道格拉斯、格尔茨	阐释(深描)、文本分析、话语分析
实践、表演	特纳"社会戏剧"理论和布尔迪厄"实践理论"	强调仪式参与者的积极而非消极作用,参与者对于象征的理解、阐释和修订	特纳、戈夫曼 柯林斯	批判研究,跨文化研究

① 彭文斌、郭建勋:《人类学仪式研究的理论学派述论》,《民族研究》2010 年第 2 期。

征文化学派注重仪式的象征性和文化意义，突出仪式的表现形式和象征符号的构成，以戈夫曼和柯林斯为代表的实践表演学派注重仪式参与者的作用，突出仪式主体之间的互动性，强调人类行为是形塑文化和历史的关键，仪式是人类创制历史过程中的一种中心活动。随着仪式研究越来越广泛地进入社会各个领域和学术研究的交叉视野，仪式研究成为理解人类社会基本构成的关键所在。

三、仪式功能的多维度体现

仪式功能无论在个人层面，还是在群体或社会层面均有所体现。仪式被看作“一种将社会的强制性标准转换为个人的愿望、创造社会化情绪、引起角色转换、提供治疗效应、制定社会行为的神话宪章、重新整合对立社群的工具来加以分析”①。学者们将仪式功能归纳为社会整合、体现象征性、文化传承和文化展演等几个方面。

1.实现社会整合与维系社会秩序

仪式经常被看作实现特定群体或文化中沟通、过渡、强化秩序及整合社会的方式。涂尔干在经典著作《宗教生活的初级形式》中，将人类宗教看作是反映及维持社会制度结构的一种有效方式或手段，认为宗教的核心不是教义而是仪式，“在仪式中人们尊崇社会自身，因为宇宙秩序是在社会秩序的基础上建构的。仪式有助于确认参与者心中的秩序”，强调仪式的“强化”功能——仪式的功能在于使共同体继续维持下去，重新加强社会成员个人从属于社会集体的观念，使人们保持信仰和信心。因此，仪式是一种手段，社会集体通过这一手段定期重新肯定自身②。

“仪式的功能在于提供共同体验的瞬间，激发、增强或重塑个体成员的集体意识和认同，促使其在信仰、情感和意愿上高度的一致，从而将个体整合到社会全体之中，维持并强化既有的社会秩序”③。结构功能主义学者布朗认为，仪式具有增强集体情绪的作用和社会整合的功能。“人类当中的一种有秩序的生活，依赖于社会成员们的某种感情，这种源自精神上的情感控制了人们之间的行为。仪式由此显示出其所具备的特殊社会作用。仪式调整、维持并延续性地遗传着这种感情，社会的章法就是依赖于这种感情”。④

维克多·特纳指出，仪式是一个充斥着象征符号的自在的意义体系，社会结构通过仪式得到强化。克利福德·格尔茨认为，仪式通过创造民族集体感、社群归属感和群体认同感而实现社会整合的功能，仪式是一个社会互动形式，仪式也可能造成文化的不确定性……导致社会冲突，也就是说，仪式是社会秩序的某种象征⑤，反过来仪式又影响和

---

① 转引自薛艺兵：《对仪式现象的人类学解释》（下），《广西民族研究》2003 年第 3 期。

② 吕大吉：《西方宗教学说史》，中国社会科学出版社 1994 年版。

③ 〔法〕爱弥尔·涂尔干著：《宗教生活的基本形式》，渠东，汲喆译，上海人民出版社 2006 年版，第 8 页。

④ 〔英〕阿兰·巴纳德著：《人类学历史与理论》，王建民、刘源、许丹译，华夏出版社 2006 年版。

⑤ 夏建中：《文化人类学理论学派——文化研究的历史》，中国人民大学出版社 1997 年版。

改变着社会秩序,正如以色列人类学家唐·汉德尔曼在《仪式/壮观场面》中所言,仪式与社会秩序之间是一种相互形塑的关系,仪式由文化秩序塑造,反过来又塑造着产生它们的社会秩序。

2.作为符号聚合体传达象征意义

仪式象征是文化人类学的重要主题。最早对仪式象征性做出描述的是泰勒,他将宗教领域内的仪式和信仰看作古代的遗留物,"文明进步全过程的路标,充满着意义,其象征性可以被译解"。对于仪式的象征性本质,涂尔干在宗教仪式的探讨中明确指出:土著居民在氏族集会产生的社会潮流中,只能借助"象征"来表达自己的仪式。在维克多·特纳看来,仪式行为过程是一个情感升华的过程:仪式中的范式具有一种促成欲望的功能,既可以促使人们去思考,又可以驱使他们去行为。人类与动物的仪式化之所以不同,即在于人类仪式的原理是象征性的,通过仪式中的象征符号对类似语言进行组合和重组[①]。

仪式的象征功能通过象征符号、象征意义和象征方式得以实现。现代符号学奠基人之一皮尔斯将符号归纳为"类像"(icon)符号、"标志"(index)符号和"象征"(symbol)符号,分别表达出符号的相似性、关联性和规定性特征。究其本质来说,无论何种符号形式在仪式中都体现为象征性的符号,仪式就是各类象征符号的聚集体。仪式符号可以是语言形式符号(口语、文字或文本)、物件形式符号(道具 、服饰、乐器等)、行为形式符号(姿势、手势、舞蹈等)、声音形式符号(呼叫、歌声、音乐)等。仪式通过语言、物件、行为、声音等各种符号形式组成聚合体。

仪式符号的价值在于将抽象的意义用可感知的形式加以表现,这些抽象的意义,即符号所表现的意义和符号的意指作用都是人为赋予的。符号的象征意义传达着仪式的象征意义。仪式象征功能的实现还需运用特定的象征方式,发挥象征符号在仪式中的意指作用。

3.体现文化记忆与身份认同

文化人类学家克利福德·格尔茨[②]将文化看作是一种意义体系,同时也是符号象征体系,文化的实体就是社会的形态。文化有效地作用于社会组织并与社会层面构成整体。20世纪90年代,德国学者扬·阿斯曼提出,文化传承决定着文明的发展规律,文化发展取决于一个国家或民族的集体记忆能力,即文化记忆能力,而文化记忆的载体是文字和仪式。在古代社会,文化记忆以仪式为主,文字为辅;封建社会的文化记忆则以仪式为辅,文字为主;到了现代社会,霍布斯鲍姆在《传统的发明》中描述现代社会的特征:以个人取代机构化的群体,以市场经济替代传统的人际关系,以阶层观念替代封建等级制度,以"大社会"替代"小社会"。在个体化、多元化的现代社会中,媒介的发展极大拓展了

---

① 〔美〕维克多·特纳著:《戏剧、场景及隐喻:人类社会的象征性行为》,王珩译,民族出版社2007年版。

② 克利福德·格尔茨(Clifford Geertz),美国文化人类学家、阐释人类学家。著有文化人类学研究论文的精选集《文化的阐释》。

仪式的公开性和公共性，仪式超越文字所特有的现场感、直接参与性和超时空优势得到了最大的发挥，仪式的文化记忆能力有增强的趋势。这也验证了格尔茨的观点：文化是一个以象征和意义为核心的体系，不易随政治经济秩序变动而变动，前者往往会决定后者的发展与形态变化。

麦奎尔将文化概括为思想、信仰，包括语言、艺术、信息、娱乐、习俗和仪式等各种符号的表达。可见，文化是反映社会生活方式的价值系统和象征系统，文化体现出不同国家和民族共同体的心理认同和意义结构。仪式是文化外在的表现形式，仪式是诸多文化现象的承载体，是表现和参与社会文化变迁的重要变量。仪式传递和表征的观念、价值、情感和态度，使得文化的内涵得以生动地表现。文化作为象征符号建构信仰、建构社会秩序，而仪式作为一种文化表演公开地进行信仰和秩序的建构。通过共享的文化符号，仪式提供了各种社会生活模式，确认了本民族共享的观念和信仰，实现了社会整合与秩序的重建，这一过程实现了不同民族建构文化身份和自我认同。

4.特定情境下的表演与文化展演

仪式在某种意义上是一种表演或文化戏剧，仪式的表演不仅是重复一个公认的脚本，更是一种行为模式。仪式行为是非实用、非常态的表现性行为，大多数仪式行为都带有表演成分。罗兰布勒曾这样概括："仪式就是一种表演，具有审美特性的表演，也是一种显著的传播方式。"[①]美国社会学家欧文·戈夫曼将日常生活的人际交往活动看作是个体进行"自我表演"的过程，这种表演并非是随意发挥和创造的行为，而是要遵循生活中人们已经内化了的显存的社会规范和规则，即仪式行为是在一定的仪式情境之中展开的一系列的表演组合。理查德·鲍曼对此做出更加深入的解释，"表演中，重要的问题并不是创造性、独特性和即时性等，而是在社会惯例、个人创造与既定事实之间的平衡关系，即人们彼此相遇、彼此发生互动的情境"[②]。除了戈夫曼和鲍曼所研究的日常生活中的个人表演，学者们还将表演的内涵拓展并提出"文化展演"的(culture performance)概念。例如，格尔茨将仪式看作是一种文化展演："任何宗教形式，无论它们是自发的还是习惯的，都要涉及生活准则和世界观的融合，它主要是某种更周密的、通常也是更公开的仪式……我们可以称这种完全公开的仪式为'文化展演'"[③]。无论仪式以何种形式"表演"，都未脱离戈夫曼所提出的表演"剧场"或情境，这也是戈夫曼和柯林斯提出的互动仪式存在的基本条件，即仪式是在特定情境下的表演。仪式的表演功能还强调了参与者的主动性，这为柯林斯阐述的互动仪式产生与作用的机制提供了基础。

随着社会的变迁，仪式的有些功能有所调整，一方面表现为随着全球化和现代化进程的加速，仪式的功能本身发生了变化；另一方面表现为仪式的功能未发生本质改变，但

---

① E.W.Rothenbuhler，Ritual communication：*From everyday conversation to mediated ceremony*，Sage Publications. 1998.p.8.

② 〔美〕理查德·鲍曼：《美国民俗学和人类学领域中的"表演"观》，杨利慧译，《民族文学研究》2005年第3期。

③ 〔美〕克利福德·格尔茨著：《文化的解释》，韩莉译，译林出版社2008年版，第120页。

是实现功能的形式出现了转变。

第二节　传播学视域下的仪式

一、作为一种传播模式的仪式

传播是人类产生伊始即客观存在的社会现象,有关传播的概念纷纭复杂,对于传播的本质也被概括为"共享说""关系说""信息说""影响说"等。运用模式描述和解释传播现象,是传播研究的一大特色。所谓模式,是采用图像形式对某一客观现象进行有意简化的描述……试图表明的是任何结构或过程的主要组成部分,以及这些部分之间的关系[①]。多伊奇曾将模式的功能概括为组织、启发、预测和测量四个方面。模式是一种选择和抽象的形式,能够通过一种符号的结构和操作的规则,将已经存在的结构或过程中的相关要点联系起来。因此,模式是一种必不可少的了解复杂的传播过程的方式。

拉斯韦尔首次提出表达传播过程的"5W"模式,指的是谁(who)、说什么(say what)、通过什么渠道(in which channel)、向谁说(to whom)和产生什么效果(with what effect)。拉斯韦尔的单向直线模式概括了传播过程的基本要素,具有广泛的应用价值,如图 2－1。然而该模式在阐述人类社会传播过程之际具有明显的缺陷。为弥补其不足,一些传播学者开发了其他类型的传播模式。

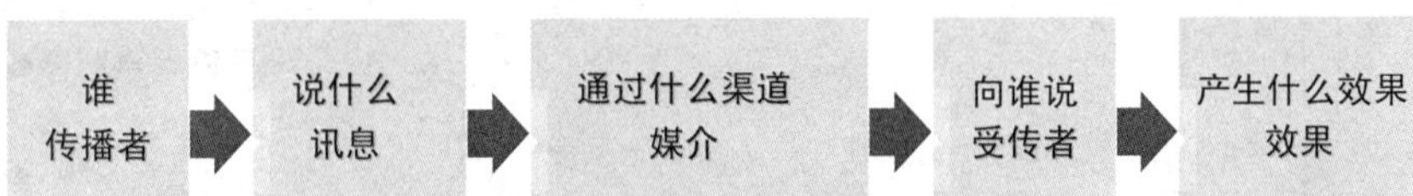

图 2－1　拉斯韦尔传播模式

1954 年,奥斯古德和施拉姆提出"循环模式"将传播双方都看作是传播行为的主体,强调社会传播的互动性,如图 2－2。

此外,施拉姆还提出一个大众传播过程模式。该模式中构成传播过程的双方分别是大众传媒和受众,两者之间存在着传达与反馈的关系。这个模式在一定程度上揭示了社会传播过程的相互联结性和交织性,如图 2－3。

在前人研究的基础上,麦奎尔将传播模式概括为传输模式、仪式或表达模式、注意力模式以及接受模式[②],见表 2－3。

---

① 〔荷〕丹尼斯·麦奎尔著:《大众传播模式论》,祝建华译,上海译文出版社 2008 年版。

② 〔荷〕丹尼斯·麦奎尔著:《大众传播传播理论》(第 5 版),崔保国译,清华大学出版社 2010 年版,第 56－58 页。

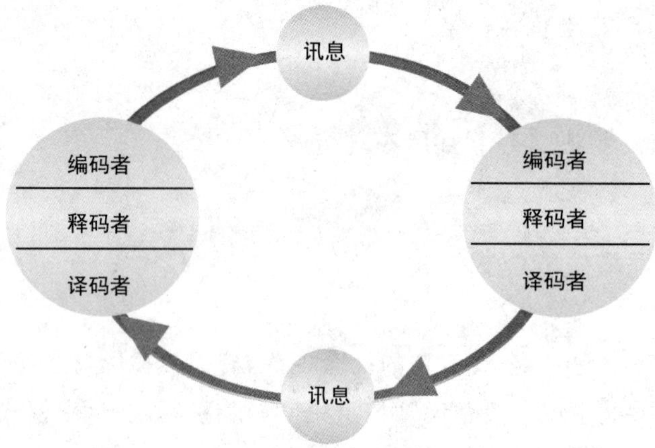

图 2—2 奥斯古德与施拉姆的循环模式

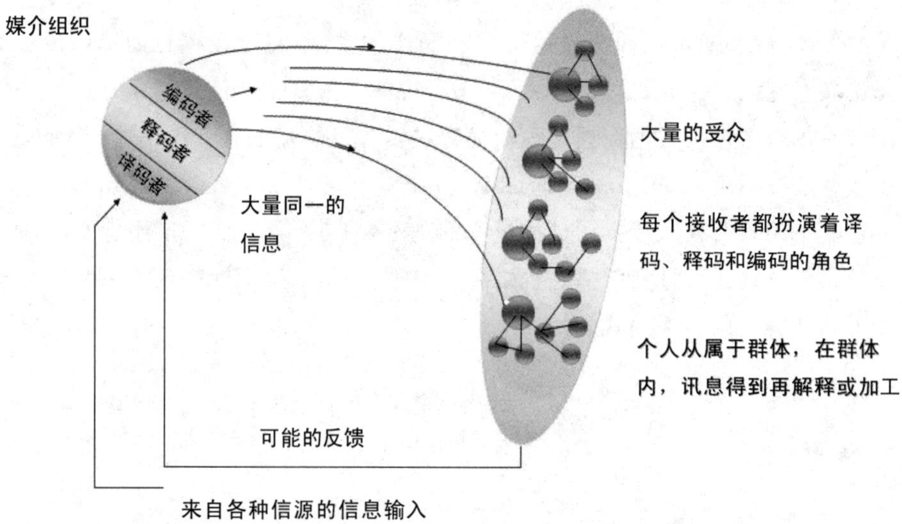

图 2—3 施拉姆大众传播过程模式

传输模式、仪式模式、注意力模式和受众模式等分别在信息传播顺序、传播过程、传播特点和适用类型等方面存在诸多差异，适用不同的传播行为。四种传播模式的划分，体现出传播学者所持有的传播研究取向、传播观念，并在此基础上形成不同的传播研究传统和理论学派。其中仪式模式强调传播不是出于工具性目的，而是为了实现传播者和接受者的内在满足，传播效果不是由仪式参与者选择的符号和联想做出决定，而是参与者基于共同的理解和情感从共享的文化中获得的。

表 2—3 麦奎尔四种传播模式

传播模式	传输模式	仪式或表达模式	注意力模式	接受模式
传播顺序	拉斯维尔 线性模式	传送者(或接收者)的内在满足,而非某种工具性的目的	从受众得到经济效益,以及将注意力卖给广告主获得的间接收益	霍尔 媒介话语的编码与解码
传播过程	社会中的事件; 渠道/传播者; 信息; 接受者	仪式担任着情感及行动统一动员的某种角色	将传播视为一种吸引和注意的过程	接受者在决定意义过程居于首要地位
传播特点	1.强调大众传播者选择扮演的角色 2.这种选择是受众根据兴趣做出的评估 3.媒介不以劝服、教育和告知为目的,以受众感兴趣为目的	1.以共同的理解与情感为基础 2.属于庆祝性、享受性以及装饰性,而非功利性的	1.大众媒介不是传送特定的信息,也不是通过文化、信念或价值的表达团结大众 2.大众媒介要吸引、保持视觉或听觉的注意力	1.传播者出于意识形态和机构的目的,有选择地对信息进行编码并操纵语言和媒介 2.接收者并不是被迫接受信息,而是根据经验或见解,透过不同或对立的诠释来抗拒意识形态的影响
主要观点	大众传播是由受众兴趣和需求所引导的自我控制的过程,以受众满意作为衡量的标准	仪式传播不是由参与者选择的符号和联想所决定的,而是从文化中获得的	1.竞争的、现实的、短暂的、客观的疏离的 2.价值中立,形式和技术比信息内容重要 3.在商业性的媒介机构表现明显	媒介信息总是开放且多义的,而信息的阐释要依据语境情况和接收者的文化
适用类型	制度性、信息性或宣传目的的媒介活动	在艺术、戏剧、娱乐及许多运用传播符号的元素上有突出优势	媒介的中心目标是吸引受众以获得收视率或收入	受众才是最终的裁判

二、仪式观:传播的文化研究视角

詹姆斯·凯瑞被誉为美国文化研究"最杰出的代表"。著名传播学者伊万特·罗杰斯曾这样评价凯瑞的学术影响:"人们提到'创新与扩散'时就会立刻想到罗杰斯,但提到凯瑞的时候,你必然会谈到许多东西,这正是一个真正学者的标志。"[①]凯瑞最为突出的贡献是提出了仪式传播思想,主张从文化的角度来研究传播问题。凯瑞仪式传播的核心思想可以概括为以下几个方面:

1.从信息传递到共享信仰

1975 年,在《传播的文化研究取向》一文中,凯瑞富有创造性地对两种传播观进行了划分:"为便于把思想做一归类,我们在描述中可以把传播的定义分为两大类:传播的传递观(a transmission view of communication 和传播的仪式观(a ritual view of communi-

① 周鸿雁:《仪式华盖下的传播——詹姆斯·凯瑞传播思想研究》,2010 年上海大学博士论文。

cation)”[①]。

根据杜威的解释“社会不仅因传递与传播而存在，更确切地说，它就存在于传递与传播中”，凯瑞通过这两个貌似矛盾的术语阐释了两种传播观的不同：“传递观源自地理和运输方面的隐喻，传播是为了控制的目的，把信号或讯息从一端传送至另一端。”传播的仪式观则源于更古老的意义，“仪式观并非指讯息在空中的扩散，而是指在时间上对一个社会的维系；不是为了分享信息，而是为了共享信仰的表征”[②]。凯瑞强调仪式观的宗教起源和基本的宗教隐喻，仪式看重的不是布道、说教和教诲，而是强调祷告者、圣歌及典礼的重要性。因此，传播的起源及最高境界“不是信息的传递，而是建构一个持续、有意义、能够用来支配和容纳人类行为的文化世界”。

针对两种不同的传播观，凯瑞从隐喻、角色、传播目的、符号功能、研究方法等进行了全面对比（见表2—4）[③]。

尽管仪式观也包含着某些传递观的内容，然而凯瑞的传播研究明显偏向传播仪式观：这两种对立的传播观无须被否定，仪式观并不排除信息传递或态度改变的过程[④]。传递观与仪式观的分歧体现的是研究者所持有的不同的理论范式、传播思想基础和研究取向。

表2—4　两种传播观的比较

	传递观	仪式观
描述	传授、发送、传送、“把信息传给他人”	分享、参与、团体、“拥有共同信仰”
隐喻	运物、运送	仪式、典礼
角色	发送者/接收者	参与者/旁观者
宗教观	看重布道、说教、教诲的作用	强调祷告者、圣歌及典礼的重要性
目的	对空间和人的控制，更远、更快地扩散、传送、散播知识	共享信仰、维系社会思想和信息
意蕴	发送与接收	生产与再生产
符号功能	传送信息、改变态度或思想、履行功能	确认、代表事物的基本秩序、表明正在进行的、易逝的社会过程
评估标准	接受者收到（传递的精确性）	分享经验（共同感）
研究方法	相对静态的、偏向技术的，实证	历史的、偏向文化的，一种经验的、阐释的和批判的研究模式
学术传统	效果和功能研究	文化研究

① 〔美〕詹姆斯·凯瑞著：《作为文化的传播》，丁未译，华夏出版社2005年版，第4页。

② 同上。

③ 郭建斌：《理解与表达——对凯利传播仪式观的解读》，2006年中国传播学论坛论文。

④ 同①，第10页。

凯瑞推崇的“仪式观”指向的是“以芝加哥学派为代表、以人文价值取向为动因、以理解人及由人的活动所建构的社会关系为目标的传播研究”[①]。当时在美国传播学界并非主流的芝加哥学派为凯瑞的研究提供了宽广的视域。芝加哥社会学派认为,人类社会分为两个面向:生物层面的“社区”和文化层面的“ 社会”,其中文化层面是基于生物层面而表现的,研究人类的文化就必须从人类生态空间的角度来揭示[②]。芝加哥学派倾向于将传播作为解决当时社会问题、解释社会本质的重要手段。从探索人类本性与社会形成入手去思考问题,形成了颇具创造性的传播研究框架。芝加哥学派强调社会理想和民主观念在于个人与社会运动的互动、协调与交往,二者在动态交往中相互依存、规定和发展。芝加哥学派倡导的哲学思辨与人文精神的研究路径带给凯瑞极大的启示。

然而,美国传播学公认起源的是“四大奠基人”——拉斯韦尔、拉扎斯菲尔德、勒温、霍夫兰, 以及“集大成者”施拉姆。在《传播学史》中,被罗杰斯赋予欧洲社会学思想“登陆点”重要地位的芝加哥学派并非学界主流,正如凯瑞所言:“传播的仪式观在美国学术界向来不是一个主旋律,美国人的思想和著作都与传播的传递观紧紧连在一起”。凯瑞在20世纪50年代进入传播学领域时,美国以实证研究、效果研究为代表的主流功能经验主义范式的传播学正处于学科危机之中,凯瑞传播仪式观的提出,正是为了拓展传播学的研究视角,恢复芝加哥学派研究传统的活力,避免“贝雷尔森式的绝望”。

2.传播仪式观视角下的文化与技术

凯瑞坚持认为,传播学界应认真地把传播当作文化来研究。此前,赖特·米尔斯、德怀特·麦克唐纳、保罗·拉扎斯菲尔德以及罗伯特·莫顿都从文化批判的角度探讨了大众社会组织与大众文化功能的互动。凯瑞没有否定或沿袭他们的研究方式,而是用文化研究的方式另辟蹊径,他借鉴了理查德·霍加特和雷蒙德·威廉姆斯的文化观念,将文化看作是整个生活方式。凯瑞写道:文化概念进入传播研究时,文化浮现出来的是需要维护的有机体或系统的环境,或者是控制主体的力量环境。他认为,粗糙的文化概念是“文化与人的活动范围分离”,细化的概念则是“文化是人创造的意义王国,文化就存在于人的行为里”。凯瑞对于文化的论述与丹尼斯·麦奎尔不谋而合:“文化”概念的层面,包括符号的再生产、我们使用的人造制品、日常社会生活以及社会当中的所有仪式。[③]

凯瑞关于仪式性传播无处不在的观点,有助于社会现实构建理论在学术界的日益普及。凯瑞之所以划出传递观与仪式观的分野,在于他告别了个人/集体哲学二元论的认识论,即继承自洛克、贝克莱和笛卡尔等哲学家的思想:个人在完成社会化之前就具有理性。因此,现实独立于社会交往、语言和观察者。凯瑞拓展了杜威的观点“社会在信息传输和信息交流的过程中而存在”,他写道“传播是一个符号交换过程,现实就是在这个过

① 潘忠党:《新闻与传播之别:解读凯里的〈新闻教育错在哪里〉》,《国际新闻界》2006年第4期。

② 吴飞:《传播学的反思要正视芝加哥学派的传统》,《当代传播》2008年第5期。

③ 〔荷〕丹尼斯·麦奎尔著:《大众传播传播理论(第5版)》,崔保国译,清华大学出版社2010年版,第108页。

程中产生、维护、修补和转化的”，用霍尔的编码－解码理论可以解释为“意义是文化生产者和受众互动的一个协商场所，受众可能接受生产者的意图，也可能修正生产者的意图，有时甚至可能颠倒生产者的意图”。

凯瑞认为“技术即文化”，因为技术从诞生之日起就成为文化的产物，并导致文化的后果。技术本身也是文化产品，且没有方法打破这种循环。凯瑞反对“技术决定论”观点，并对技术给人类社会带来的影响提出质疑：“技术深化和田园牧歌式的民间传说已经剥去了我们的道德外衣”[①]，知识分子对于电子革命应承担起职责，“去除电子至上论的神秘性”。凯瑞针对文化与技术关系的思考很大程度上来自于伊尼斯传播思想的启发，尤其是伊尼斯在《传播的偏向》和《帝国的传播》书中所提出的关于技术局限性、技术可能产生的知识垄断、技术对知识垄断的维护等批判性观点。伊尼斯认为，媒介技术的发展与文明兴衰密切相关。技术变革未必带来文明的兴盛，反而会由于媒介自身固有的偏向，造成文明内在的诸多元素退化或瓦解，最终导致文明的衰落。据此，凯瑞提出：技术对人类传播及文化的消极作用已日益凸显。技术并没有带来沟通的便利，反而增加了沟通的困难。媒介对于公民的知识和获取知识的技巧进行了集中和垄断，公民社会所依赖的更广泛、多样化的人类本能、技巧和知识被垄断机构所剥夺。技术进步并未给文化发展带来福音，反而增加了帝国主义文化转移的可能。[②]

凯瑞关于传播技术与文化发展关系的研究，与波斯曼的媒介批评思想不谋而合。波斯曼在论及技术与文化的关系时曾警告世人：美国正在进入技术支配文化的阶段，正面临失去传播、失去驾驭技术能力的危险。技术与人的关系是亦敌亦友的，人类对于技术的应用应避免对文化的伤害，而这种技术对人类支配和垄断的危害已经逐步成为现实，应引以为戒。波斯曼将人类技术发展与人类文化发展阶段一一对应，技术发展经历了工具使用、技术统治和技术垄断三个阶段，与之对应的三个文化时期分别为工具使用文化时代、技术统治文化时代和技术垄断文化时代。在工具使用文化阶段，技术从属于社会和文化，并为文化服务；在技术统治文化阶段，技术对文化发起攻击但尚未撼动文化；在技术垄断文化阶段，由于信息泛滥，传统世界观消失殆尽，文化彻底向技术投降。波斯曼提倡媒介研究的人文主义主张，提倡用批判的态度来审视技术发展与全球化，与凯瑞倡导传播的文化研究取向，主张现实关怀、人文关怀和道德关怀的观点相一致。

3.传播仪式观的核心论点

凯瑞从传播(Communication)的词源着手，发现它与“分享”(Sharing)、“参与”(Participation)、“联合”(Association)、“团体”(Fellowship)及“拥有共同信仰”(The Possession of a Common Faith)这一类词有关。据此，凯瑞提出：传播源于宗教，传播从根本上具有宗教属性。同时，凯瑞还对具体传播手段之一的电报进行了深入研究，从电报所

① 〔美〕詹姆斯·凯瑞著：《作为文化的传播》，丁未译，华夏出版社2005年版，第109页。
② 同上，第102页。

引起的社会变化中发现它能够实现对时间和空间的重新配置,并在意识形态和社会文化等方面产生巨大影响。据此认为:传播的技术和形式带有深刻的宗教意味,传播能够控制人的精神和思想,是一种现代的宗教仪式。传播仪式观的主要观点可以归纳为三个方面:

第一,传播仪式观强调符号的重要性。传播"通过符号形态的建构、理解与利用创造了现实,并使现实成为一种存在"①。凯瑞将符号看作传播活动中保留独特传播行为属性的最小单元,同时也是传播语境中具有独特结构的基本单元。

第二,传播中的符号"既是现实的表征(of),又为现实提供表征(for)"②。《牛津英语简明词典》中给出了表征的两个相关意义:"第一,表征某物即描绘或摹状它,通过描绘或想象而在头脑中想起它;在我们头脑和感官中将此物的一个相似物品摆在我们面前;第二,表征意味着象征、代表、做(什么的)标本或替代"③。简言之,表征是通过符号产生意义。首先,传播中的符号是现实的表征。因为每个符号的外在形式与其意义之间的对应关系在每一个社会和历史时期都是一种特殊社会文化的产物,所有意义都是在历史和社会之中生产出来的。其次,符号还能够为现实提供表征。符号的呈现(Presentation)和介入(Involvement)在建构受众的生活与时间中扮演着重要的角色。传播通过符号能够创造和改变现实,"它强调的是创造一个协调的世界,然后出于所有实用的目的,这被世界假定是存在的。它强调的是反噬的建构与维系,而不是实验(Experiments);强调的是假设,而不是命题;是框架,而不是图景。"④

第三,传播仪式观将传播看作是共享文化的过程。文化是"从历史上流下来的存在于符号中的意义模式,是以符号形式表达的前后相袭的概念系统,借此人们交流、保存和发展对生命的知识和态度"⑤。符号的表层意义和深层意义的关系并不是永远确定的,表层意义被历史性改变着的,它所指称的各种概念(深层意义)也被历史改变着的。符号的"每一次变动都改变着文化的概念结构图,在不同的历史时刻,引导各种文化用不同的方式区别和思考世界。"⑥传播是一种文化的仪式,然而"这些文化形式与社会秩序的关系、它们的历史性转型、它们对意义这一主观世界的介入、它们相互之间的关系、它们在创造整体文化(一种生活方式与一种意义模式)中的作用,都从来没有得到认真的对待"。⑦

三、传播仪式观的理论意义

詹姆斯·凯瑞两种传播观念的提出,尤其是关于传播仪式观的阐述与分析,为传播

---

① 〔美〕詹姆斯·凯瑞著:《作为文化的传播》,丁未译,华夏出版社 2005 年版,第 13 页。
② 同上,第 17 页。
③ 〔英〕斯图亚特·霍尔著:《表征》,徐亮、陆兴华译,商务印书馆 2013 年版,第 20 页。
④ 同①,第 63 页。
⑤ 〔美〕克利福德·格尔茨著:《文化的解释》,韩莉译,译林出版社 2008 年版,第 120 页。
⑥ 同③,第 45 页。
⑦ 同①,第 29 页。

学研究开辟了新的视角，对于传播学研究的重要意义集中在三个方面：

1.将传播看作人们交往的仪式

传播学界对于“传播”的最初定义是基于一种线性的思考，即传播是一种信息传递过程。因为“传播被看作是一种过程和一种技术，它为了达到控制空间和人的目的，更远、更快地扩散、传送、散播知识、信息和思想”[①]。凯瑞认为，从词源上来看，“传播”与“共性”(commonness)、“共有”(communion)、“共享”(community)在古语中具有共同的词根，“传播”一词的意义与“分享”、“参与”、“团体”以及“拥有共同信仰”等词相关。因此，传播是一种以团体或共同的身份把人们吸引到一起的神圣典礼而非讯息在空间的扩散，是在时间上对一个社会的维系，不是指分享信息的行为，而是共享信仰的表征(representation)[②]。因此，传播就是一种使现实得以生产、维系、修正和转变的符号过程。传播活动是人们交往的一种仪式，其作用在于通过符号的处理和创作，定义人们活动的空间和扮演的角色，人们在参与符号活动的过程中确认社会的关系和秩序，确认与他人共享的观念和信念。从这个意义上看，传播是一种仪式而非传递，是一种戏剧而非信息，是参与而不是消费，是意义而不是结果，是唤起情感而不是控制。

传播仪式观的提出，源于凯瑞对美国传播研究长期被滥用于政治、经济、心理治疗等领域，对现代社会的混乱却毫无裨益的忧虑，他呼吁传播研究应该重新追问自身本质所在，为修正混乱的社会现状、重塑文化、重建真实协调的人类关系作出贡献。传播仪式观重新定义和解读了传播活动，揭示了传播的本质，赋予传播以更加丰富的内涵。

2.实现传播学文化研究转向

20世纪初期诞生的传播学，经历了三四十年代的学术成长期，50年代施拉姆建立了美国首个传播学研究所，出版了第一批传播学专著:《大众传播学》(1949年)和《大众传播的过程和效果》(1954年)，逐渐形成了较为系统的理论和研究方法，专业研究人员的加盟和教育机构的成立，使得传播学成为一门成熟的学科。与此同时，以效果研究为主导的实证主义研究“主流范式”地位得以确立。所谓“主流范式”，是指运用典型的社会科学研究实务方法，尤其是社会调查法、社会心理学实验法以及统计分析法等开展传播研究。按照罗杰斯的说法，上述模式“是传播科学历史上最重要的转折点”，引导传播学沿袭线性和效果导向的研究取向，研究领域主要集中在传播效果，尤其是大众传播效果的“知识死角”。这种以效果研究为中心的主流范式，将传播视为信息的传递并用于控制的目的。

就在同一时期，贝雷尔森对以实证研究、功能主义为主导的美国传播学研究提出质疑，他认为传播研究面临着四位奠基人脱离传播领域、后继无人、新的研究课题扩展减缓

---

① 〔美〕詹姆斯·凯瑞著:《作为文化的传播》，丁未译，华夏出版社2005年版，第6页。

② 同上，第7页。

以及传播学重复式研究的学科困境,美国传播学陷入实证研究的"主流范式"危机。由于实证主义与效果研究注重数据的收集整理,研究只关注当下不去面对历史,从而缺乏完整的历史感,加上研究视野狭窄导致难以形成理论创新。用凯瑞的话说,美国传播学注重的行为性和结构性研究,已经成为经院式的东西,一再重复过去的研究,对明确无误的事加以验证,这种研究取向尽管能带来一些切实可见的学术成果,但是导致了学科发展的裹足不前。

在《大众传播与文化研究》一文中,凯瑞将传播学研究分为三种取向,第一种,把传播当作行为科学,目的在于阐明传播的规律;第二,把传播看作正规的科学,目的在于阐明传播的结构;第三,把传播看作是一种文化科学,目的在于阐明意义①。第一种以统计学为基础,基于行为科学的功能主义研究;第二种以语言学、系统论、控制论为基础的结构主义研究,第三种则是文化研究。凯瑞认为,只有把实证研究科学和意识形态及文化研究结合起来,才能摆脱美国传播学的学科危机。

凯瑞回顾了英国文化研究学派的理论成果,批评美国对于文化研究的抵制,倡导传播学的文化研究取向。凯瑞主张采取最广义的历史研究方法和跨学科的方法从事传播研究,他所倡导的文化研究"不是试图预测人类行为,而是试图诊断人类意义"。这种研究路径和研究方法的转向,正是基于两种传播方式的划分。从研究方法来看,传递观采取"科学"的路径和实证性、机械性的研究方法,仪式观采用文化研究的路径和"批判性、阐释性"的研究方法。从研究视角来看,仪式观采取历史研究的视角,传递观则关注当前的社会现象。仪式观主导的传播研究着眼于人们对传播活动的参与,以及参与过程对人类整体意义的建构和共享,采用人文的、批判研究方法揭示传播的深层内涵并具有明显的超越意义。这也印证了吉尔伯特·赖尔的观点,即思想是由有意义的符号的交流构成,即由人们赋予其意义的经验中的对象(仪式与工具;姿态,标记、图像与声音)的交流构成,文化研究是与其他任何科学一样的实证科学。

3.主张阐释的研究方法解读传播意义

凯瑞主张阐释性、批判性的研究方法,这在很大程度上受到格尔茨"深描说"的影响。然而凯瑞的阐释意义的研究方法与格尔茨式方法并不相同。格尔茨认为,"文化就是这样一些由人自己编织的意义之网,因此文化的分析不是寻求规律的实验科学,而是寻求意义的解释科学"。② 了解文化的过程就是分析其所包含的各种意义并将意义分解成符号的过程。

凯瑞赞同格尔茨的观点,认为传播研究应关注由一系列符号组成的行动并通过文本阐释符号的意义。阐释应将重点放在传播对象本身,传播应作为一种从经验中分析得来并建立在经验之上的意义,那是为人们所关注、所阐释的意义。通过阐释的方法,"力图

---

① 〔美〕詹姆斯·凯瑞著:《作为文化的传播》,丁未译,华夏出版社2005年版,第31页。

② 〔美〕克利福德·格尔茨著:《文化的解释》,韩莉译,译林出版社2008年版,第5页。

发现他人在从事什么，或至少他们对所从事的事是怎么想的；它透彻地表现出明确引领他们的概念和意图，并描绘了一个与他们密切相关的世界；它力图拓展人类的交流，通过理解他人在说些什么，把在另一个舞台上表演的人们纳入我们的世界。"[①]

第三节　互动论与互动仪式

一、符号互动论对传播仪式观的启发

互动论是19世纪末形成的关注个人和互动性质的微观社会学。互动论在20世纪六七十年代曾经盛行一时，至今仍是有很大影响的社会理论流派。乔治·米德创立的符号互动论是芝加哥学派的重要思想之一，凯瑞传播仪式观的提出与确立，在很大程度上来自于符号互动论的启发。

1.符号互动等同于人类交流

齐美尔是最早研究互动理论的社会学家，他对社交、统治与服从、冲突与凝聚等互动的具体形式做了系统分析。20世纪初，欧洲和美国的理论家们开始明白，社会结构最终是由个人的行为互动所构成和保持的[②]。互动论的基础主要是心理学中关于人性和人的"社会性"的相关理论。互动论的形成受到欧美思想传统、美国社会学的制度化共同影响，而美国社会学研究把实用主义传统和心理学的结合，为互动论提供了崭新的研究视角。

符号互动论认为社会是由互动的个人构成的，对于社会现象的解释只能从这种互动中去寻找。人类社会作为一个交流共同体而发展，人类交流的过程是解决社会问题的关键所在。"符号互动"在某种程度上等同于人类交流，人类"交流或传播"的本质在于发展出了形形色色的符号系统来协调人们的思维、交流，形成共同行动。

乔治·米德[③]是符号互动论的开创者，罗杰斯对米德的评价是"通过开创后来被称为符号互动论的理论观点而对社会学做出了卓越的贡献，这一理论领域大多数观点的主要源头都可以追溯到米德的著作"。米德的研究是在他人观点的基础上建立起来的分析，但是如果缺少他的分析，互动研究将会大大延迟。[④] 其中詹姆斯的"社会自我"概念、库利的"镜中我"的观点以及杜威的实用主义哲学都为米德的符号互动论形成提供了理论灵感。

---

① 〔美〕克利福德·格尔茨著：《文化的解释》，韩莉译，译林出版社2008年版，第17页。

② 〔美〕乔纳森·特纳著：《社会学理论的结构（下）》，邱泽奇、张茂元等译、华夏出版社2001年版，第2页。

③ 乔治·米德（1863—1931），出生于美国，1883年毕业于奥柏林学院，1888年获得哈佛大学博士学位。主要代表作《心灵、自我与社会》。

④ 〔美〕乔纳森·特纳著：《社会学理论的结构（下）》，邱泽奇、张茂元等译，华夏出版社2001年版，第3页。

哈佛大学心理学家詹姆斯第一个明确提出“自我概念”并发展了一套“自我”的类型学,即“自我”包括:“物质自我”“社会自我”“精神自我”,人们关于自我的感知源于同他人的互动。“社会自我”概念后来成为包括米德在内的所有互动论学者理论建构的一个组成部分。

库利对于互动论的突出贡献是提出了“初级群体”“镜中我”等观点。库利修正了詹姆斯的“自我”概念,“自我”是个体在社会环境中将自身与他物同时视为客体的过程。自我源于同他人的互动,他以“镜中我(The looking glass self)”来形容“自我”是与他人互动的产物,人类与他人的符号性交往是以群体为背景的,即以“初级群体”为“参照之镜”,这比投入另一些群体对于自我概念的产生和保持更为重要。库利开创的小群体社会化研究先河,对米德的思想产生了深刻的影响。

实用主义学派的代表杜威关于心智意识的概念,以及心灵调适过程与社会互动的观点,对米德思想的形成具有极其重要的影响。杜威强调人类同世界的调适过程,人类的独特之处在于他们的思维能力,心智(心灵)意识是一种思维过程,是人类努力适应环境时所表现出来的。杜威论证了心智意识只有通过人们在社会中的互动才能得以形成和延续。

美国社会学家托马斯关于“情境的定义”也是互动论得以完善的重要理论。托马斯认为,人类与社会包括与其自身相互调适的过程是由情境造成的,是个人或群体对所处的客观环境的反应。在客观环境与人的行为反应之间有一个主观定义的过程,即“情境定义”。托马斯强调主观因素在人类生活中具有重大作用,心灵具有使行动者在各种情境中界定、分类和让自身与周围事物相适应的能力。托马斯的情境定义完善了“心灵”这一概念,对于米德的互动论形成具有重要的启发。

米德将詹姆斯、库利、杜威关于互动论的相关概念组合成浑然一体的理论体系,将人类心智(心灵)、社会自我、社会结构贯穿于社会互动中,对人类社会互动基本特征的理解做出了巨大的开创性贡献。米德将进化论、行为主义和实用主义原理融入其综合理论中,将个体心灵和自我发展看成是一个社会化的过程,与进化论的思想一脉相承;米德把社会的行动,社会的产生还原于个体的心理行动,从心理机能角度解释社会行动的产生,并把人的行动归结为语言符号的互动,这一思想构成了符号互动的理论基石。

米德的互动理论更多地在关注社会的微观方面,研究人们在日常生活中如何交往以及如何使交往产生实质意义。米德将传播视为人类社会的根本目的甚至就是社会本身,对此进行了细致与缜密的思考与阐发,并使之获得扎实的理论根基。米德认为:符号互动是人类互动的实质,心灵、自我与社会都产生于持续不断的人类对话与交往活动之中。而人类交往是通过有意义的动作进行的,人类的行动不是动物式的刺激反应。据此,米德提出符号互动论的两个假设:人类机体生理的弱点迫使他们与群体中的他人进行协作,谋求生存;人类机体内和机体之间的那些有利于合作、且有利于生存或适应的行动将会被保存下来。米德在其著作《心灵、自我、社会》(由布鲁默根据米德讲稿整理)中,重点阐述这三个核心概念:心灵的本质是一种内在的思维过程,是一种隐藏性的意识活动,心灵的独特之处在于它是一个“暗中使用符号或语言的过程”，即“想象性预演”。自我是客我(me)和主我(I)对立与统一的综合体，自我在主我与客我的互动中产生。社会或制度表征着不同个体间组织化和模式化了的互动，人的心灵、自我及社会只有在人的相互行动中才能产生意义，它们都具有社会的意义。正如乔纳森·特纳所言，早在1934年著作出版之前，米德的符号互动论思想就对美国当时的社会学家产生了深刻的影响。但是由于米德的研究从微观主义、心理主义解释社会行动，忽视了宏观主义、整体主义的视角，陷入了方法论的片面性，导致对一些理论问题缺乏深入的解释。

2.传播是一种现实的符号生产

符号互动论的基本原理由库利、托马斯、米德提出，但是真正成为一个可以与功能主义、冲突论相抗衡的社会学派，则是在第二次世界大战之后。如果将米德、库利视为符号互动论第一代代表，赫伯特·布鲁默则是其第二代的代表。1969年，布鲁默出版《符号互动论:观点与方法》，全面总结与发展了符号互动论，并归纳出该理论与“传统的”社会学或功能主义理论的主要区别。布鲁默认为，“人类社会由行动着的人构成，人们的行动进一步构成了社会生活”，因此，研究社会必须研究人的共同行动。符号互动论主要包括如下内容:人类能够创造并使用符号来表示周围的世界;个人的行动是构造的。人类互动具有两个重要特征:一是人类互动以符号为基础;二是人类互动与动物的非符号互动不同。

与布鲁默为代表的芝加哥学派符号互动论相对应的，是同一时期以曼福德·库恩为首的衣阿瓦学派。根据乔纳森·特纳的总结，两大学派共同认可的符号互动论观点有:(1)人类作为符号使用者存在;(2)人类交往是符号性交往;(3)互动和角色领会，即米德所说的“感受并理解他人角色”的能力;(4)人的“心智”能力，确保行动者能够评估、权衡，并采取最合适的行为路线;(5)人的“自我”的能力，能使个人获取自我概念和自我想象的能力;(6)社会或者说相对稳定的“互动模式”有赖于人们情境定义的能力。这些观点构成了互动论路线的核心。人类制造和使用符号，借助符号进行交往，通过角色领会以及符号进行互动。心灵和自我的存在完全是由于互动的缘故;换言之，这些能力的产生使得互动成为建构社会的基础。

两大学派的分歧主要集中在以下问题:(1)个体的本质是什么？(2)互动的本质是什么？(3)社会组织的本质是什么？(4)最适合研究人类及社会的方式是什么？(5)最佳的社会学理论进程的形式是什么？

符号互动论(见表2—5)是凯瑞传播仪式观的重要理论来源，在分析传播研究如何获得全新的研究视野时，凯瑞说，最切实可行的传统来自杜威的同事以及芝加哥学派关于传播的社会思想，从米德、库利、帕克，到欧文·戈夫曼等获得学术的启发。凯瑞推崇的上述学者，正是符号互动论不同时代的代表人物，他们的思想对凯瑞仪式观的形成具有非同一般的重要影响。符号互动论将人类社会作为一个交流共同体，关注人类交流的过程，视交流为解决社会问题之关键，人类在“符号互动”交流的过程中形成共同行动，体现

表 2—5　芝加哥学派与衣阿华学派符号互动论

代表人物	个体的本质	互动的本质	社会（组织）的本质	方法的本质	社会学理论的本质
布鲁默	“核心自我”是经常变化的，个人总是在创新	互动主要是人们在创新关系	社会（组织）是互动模式多变过程中的暂时状态	非决定论的因果观；尊重对经验现实的直接观察	特别强调归纳性理论建构，通过对具体互动情境的观察抽象出一般性命题
库恩	“核心自我”一旦形成，就具有相当的稳定性	“核心自我”对于个体互动行为的发生起着主要制约作用	模式化结构具有稳定性	强调社会世界决定论；方法论的关键是提供概念在内的操作性定义	提倡运用演绎的方法建构社会学理论

了传播活动的本质与社会价值。符号互动论提出的问题也是人类交流与传播的核心内容，比如，如何具体通过个人的互动构成社会组织？人类如何展开符号建构？各种符号体系之间的差异是什么？凯瑞据此提出，“传播是一种现实的符号生产”“传播通过语言和其他的符号形式，构成了人类生存的周遭环境”“传播通过符号形态的建构、理解和利用创造了现实，并使现实成为一种存在”。凯瑞认为，“我们通过对各种符号系统的建构来创造、表达、传递关于现实的知识及对现实的态度：艺术、科学、新闻、宗教、常识乃至神话”……这些观点，既可以看作是符号互动论对凯瑞传播仪式观的启示，又是凯瑞对符号互动论相关问题的理解与表达。

二、“拟剧论”与互动仪式的提出

涂尔干从微观社会学的角度为仪式分析提供了情境互动的机制后，欧文・戈夫曼将仪式研究扩展至日常生活之中，强调仪式对于塑造个体特征和划分群体界限的重要作用。这一观点集中体现于戈夫曼的“拟剧理论”，后来的兰德尔・柯林斯深化了戈夫曼的互动仪式理论，将互动仪式作为微观社会学的重要研究对象，探讨互动仪式链的构成与形成机制。

1.拟剧论：“自我表演”的仪式

“拟剧论”是符号互动论的代表理论之一，创建这一理论的是被称为符号互动论第三代的代表人物欧文・戈夫曼[①]。戈夫曼一生著述丰富，其研究主题广泛涉及仪式、生活中的剧场、日常生活的生态学、博弈与策略、人类性格学、现实建构框架等领域。戈夫曼与

① 欧文・戈夫曼（1922—1982），符号互动论的代表人物以及拟剧论的倡导人。1945 年毕业于多伦多大学，1953 年在芝加哥大学获博士学位。1962—1968 年任加利福尼亚大学伯克利分校社会学教授。1968 年在宾夕法尼亚大学担任本杰明・富兰克林人类学和社会学教授。1981—1982 年任美国社会学协会主席。主要作品有：《日常生活中的自我表现》《精神病院》《耻辱》《谈话方式》。

布鲁默的方法论有相同之处：二者都以个人运用符号的能力为出发点，都强调个人内部对话而反思社会的“我”，都重视符号在人际交流的作用，都具有主观主义与形式化倾向。

戈夫曼众多学术成果中最引人关注的是《日常生活中的自我呈现》一书中提出的“拟剧论”。戈夫曼以独特的社会学视角，深入研究日常生活中人际传播的具体互动方式，创造了“拟剧论”中众多的隐喻式术语，运用富有表现力的戏剧舞台式语言，生动形象地描述人们在日常生活中的行为与表现。

“拟剧论”认为，人将意义赋予社会秩序或特定行为。社会成员在社会舞台上扮演多种角色，社会成员的行为都是一种表演行为，表演的目的是使自己的形象符合欲达成之目的。戈夫曼把人生和社会比喻为大舞台，舞台上表演者和观众之间的那种社会互动发生在每个社会成员身上。“拟剧”的核心元素为表演、剧班、区域与区域行为、不协调角色、角色外的沟通、印象管理艺术等。其中“自我表演”占据核心地位，在人际互动过程中，每个“表演者”充分运用各种表演技巧以实现影响他们的看法、塑造个人印象的目的，这个过程被称作“印象管理”。表演分为理想化表演、神秘化表演、补救表演。戈夫曼将剧班称为“在表演同一常规程序时相互协同配合的一组人，剧班是一群个体的集合，他们通过互相间的密切合作使一种特定的情景定义得以维持。”[①]日常生活中的个人表演就是一场游戏，成功的印象管理取决于整个剧班的合作程度。人们的表演是在一定的区域进行的，有前台和后台之分，表演者在前台表现出来的是社会化了的自我，后台呈现的则是自我中自发的、最本质的那些部分。“角色距离”是表演者与所设定的角色间存在的差异，也因此证明表演者角色扮演的成功与否取决于与角色的匹配度。戈夫曼“拟剧论”的核心实质是“印象管理”，即人们在互动过程中如何在他人那里建立符合社会规范的印象。

戈夫曼认为，“拟剧论”的研究框架适用于研究任何社会机构，广告作为由诸多社会机构组合而成的经济活动，自然应受到“拟剧论”的观照。以拟剧论对照广告传播的组织与流程，可以把广告活动看作是一种剧场表演。“拟剧论”关于剧班、角色、表演、前台、印象管理等内容的论述，分别在广告传播活动中可找到吻合之处。

2.互动仪式：情感能量的理性选择

戈夫曼在研究日常生活“际遇”问题的基础上，拓展了对互动仪式的研究。他将互动仪式描述成“一种表达意义性的程序化活动”，这类活动对于群体生活或团结性来说具有象征意义。不同仪式类型反映了群体成员在情感投入和团体意识的差异。戈夫曼提出互动仪式模型：仪式发生在共同在场的条件；仪式在场者的专注性互动，转变成了全方位的际遇；保持社会团结有压力；仪式尊重具有社会价值的东西；仪式一旦被打破会令在场的人感到道德的不安。戈夫曼的互动仪式模型为柯林斯互动仪式链理论提供了重要的支撑。兰德尔·柯林斯是互动仪式链理论的缔造者。戈夫曼只是提出了互动仪式产生的条件以及仪

---

① 〔美〕欧文·戈夫曼著：《日常生活中的自我呈现》，冯钢译，北京大学出版社 2008 年版，第 89 页。

式失败的后果,对于互动仪式的作用机制没有进行深入的阐述,比如,互动仪式的效果如何提高?影响互动仪式的因素有哪些?互动仪式如何发生作用?互动仪式链理论对上述问题作了补充。

柯林斯认为,宏观社会现象都是由微观情景构成的,社会结构建立在互动仪式的基础上,社会学理论对于社会现实的理解应建立在考察互动透露的信息基础上。他借鉴了涂尔干的仪式理论、戈夫曼的拟剧论、常人方法学的话语分析以及其他微观理论视角,对互动仪式问题进行了深入研究。柯林斯认为,涂尔干和戈夫曼的仪式定义都建立在假定神圣物已经被建构出来的基础上,这意味着仪式不是孤立的,而是形成链条并成为互动仪式链。互动是一种理性选择,"互动仪式的核心是一个过程,在该过程中参与者发展出共同的关注焦点,并相应彼此感受到对方身体的微观节奏和情感。"①

互动仪式得以发生,首先要有组成要素和起始条件,其次通过互动仪式流程得到互动仪式结果,情感能量最大化是互动仪式追求的最终目标。为此,柯林斯做出了规定:人们在心理上共同展现,有共同的关注,他们以同样的符号表达共同的关注和情绪,并产生与这些符号有关的道德正义感。柯林斯认为,互动仪式的动力来自于参与互动的个人使用的符号资本、情感能量,个人对互动场景的关注包括互动中的人数、他人的资源、在互动中的不同意见和观点的数量等。

前文论及,传播是现实的符号生产,是人们交往的一种仪式,是生产意义的符号化过程。互动仪式将人们的社会交往视为借由共同在场形成相互关注,仪式双方产生高度的情感连带和集体意识的交流过程。运用互动仪式的理论范式,能够从社会学角度解析人际传播、群体传播以及大众传播的作用机制,从社会心理学的角度将人们参与传播的动机归结为"情感能量的理性选择",即人类传播的最终目标是在互动的过程中实现情感能量最大化。将互动仪式理论引入传播学研究,突出体现传播学研究"对人的关注",并将情感社会学的重要观点吸纳到传播学研究中,为传播学研究开辟崭新的研究视角。

---

① 〔美〕兰德尔·柯林斯著:《互动仪式链》,林聚任、王鹏、宋丽君译,商务印书馆2009年版,第85页。

第三章　意义转移:广告作为仪式

第一节　广告仪式传播的三个论域

尼克·寇德瑞将媒介仪式界定为“围绕与媒介相关的核心类属和界限展开的一种形式化的活动,这种活动的进行直接或间接表明了它和那些与媒介有关的宽泛价值之间的联系”[①]媒介仪式分为三种主要类型:媒介所报道的仪式性内容、媒介报道内容的仪式化方式和媒介本身成为了一种仪式或集体庆典。[②]

广告是以媒介为依托而展开的活动,媒介是广告活动中不能缺失的关键环节,媒介为广告传播提供了仪式展演和受众参与、共享意义所必不可少的场所。从这个意义上看,广告是一种广义的媒介仪式。本书将广告仪式界定为“通过具有象征意义的符号塑造仪式化的情境,使消费者借助媒介得以共同参与仪式,从而形成一种象征性的文化实践的广告活动”。广告作为一种仪式,广告传播也是一种仪式传播。广告仪式传播的论域包括三个方面:广告对仪式的呈现、广告的仪式化传播以及广告本身作为一种仪式或集体庆典。

一、古今中外广告对仪式的呈现

1.仪式:广告创意永恒的主题

人类社会中存在着各种各样的仪式,不同仪式类型反映不同的社会关系,并形成不同类型的群体成员和群体意识。仪式研究起源于宗教,因此早期的仪式分类以是否具有宗教的神圣性为依据,最具代表性的是涂尔干对于仪式的神圣/世俗二分法。随着仪式研究受到人类学、社会学、传播学领域的普遍重视,仪式的研究边界得以扩大,仪式被更广泛地定义为与政治、经济、习俗和日常生活等方面紧密联系,包容性极强的文化实践,

---

① Nick Couldry. Media Rituals: *A Critical Approach*. Routledge, 2002. p.29.

② 同上, p.57.

对仪式的分类也呈现细化的趋势。

涂尔干将仪式分为消极仪式、积极仪式,消极仪式主要指的是戒律;积极仪式则是促进人的领域与神的领域之间接触的仪式。维克多·特纳将仪式分为生命危机仪式和减灾仪式,其中生命危机仪式特指生命的过渡仪式,减灾仪式是旨在减少神灵降灾影响的仪式。范·杰内普将仪式分为个人生命转折仪式和历年再现仪式。石川荣吉将仪式分为例行节日和活动仪式、通过礼仪或人生礼仪、状态礼仪等形式。

在各种仪式分类中,凯瑟琳·贝尔的分类最有代表性,她将仪式分为两大类:第一类是体现社会—宇宙秩序(Social-Cosmic Order)的仪式,或多或少带有信仰底蕴的行为;第二类是日常生活中的近似仪式(Ritual-like)或"仪式化"(Ritualized)行为,可细分为过渡仪式、历法仪式、交换和共享的仪式、减灾的仪式、宴会、禁食与节日的仪式和政治仪式等6种仪式类型。[①] 加拿大学者格雷姆斯在《仪式研究的起点》一书中,依据仪式的实际用途将仪式划分为6种类型:仪式化、礼仪、典礼、巫术、礼拜、庆典等。格雷姆斯与贝尔关于仪式的分类虽然不尽相同,但是都涵盖了常见的仪式类型。

广告是社会文化的表现形式,是文化社会的表征。仪式是具有规范性、表演性和文化性的象征性行为。自广告产生以来,作为文化传承载体的仪式始终是创意与表现的主题。借用莫妮卡·威尔逊的观点:仪式能够在最深的层次揭示价值之所在……人们在仪式中所表达出来的,是他们最为之感动的东西,正因为表达是囿于传统和形式的,所以仪式所揭示的实际上是一个群体的价值。[②] 广告通过仪式呈现来表现"人们所表达的最感动的东西",从最深层次揭示出品牌的价值,激发消费者的情感共鸣与认同,最终赢得消费者的品牌忠诚。从这个视点出发,我们不难理解仪式何以成为广告创意永恒的主题。

2.广告仪式:综合运用象征符号

人类与动物的仪式化之所以不同,在于人类沟通的符号是一种具有表征功能的象征符号。仪式是各种象征符号的聚集体。"象征符号是仪式中保留着仪式独特行为属性的最小单元,它也是仪式语境中的独特结构的基本单元。"根据《简明牛津词典》,象征符号则是指"某物,它通过与另一些事物有类似品质或在事实、思维上有联系,被人们普遍认作另一些事物理所当然的典型或代表物体,或使人们联想起另一些物体。"[③]而符号是"我们用于表述带有意义的语词、声音或形象的总的术语。"[④]"一个意指之形式(能指)……和一个被指的观念(所指)的结合体。"[⑤]卡尔·荣格对符号和象征符号做出区分:"一个符号是对一种已知事物类似或缩略的表达。但是,一个象征符号是对一个相对未知的事实可

① Catherine Bell.Ritual:*Perspectives and Dimensions*.*New York*& *Oxford*:Oxford University Press,1997.p.94.

② 〔英〕维克多·特纳著:《仪式进程:结构与反结构》,黄剑波、柳博赟译,中国人民大学出版社2006年版,第51页。

③ 〔英〕维克多·特纳著:《象征之林》,赵玉燕、欧阳敏、徐洪峰译,商务印书馆2012年版,第23页。

④ 〔英〕斯图亚特·霍尔著:《表征》,徐亮、陆兴华译,商务印书馆2013年版,第27页。

⑤ 〔美〕J.卡勒著:《索绪尔》,张景智译,中国社会科学出版社1989年版,第10页。

能的最好表达，尽管该事实已然被认识到或被假定是存在的。”[①]如果广告中的符号仅仅是对已知事物的表达，那么广告就失去了传播的意义。

广告仪式所依托的是具有象征意义的符号系统。其中在创作中居于核心地位的符号——核心象征符号是创作的关键点。核心象征符号通常具有视觉上的显著性，是消费者接触广告的第一注意点。核心象征符号是意义的主要载体，具有将所象征之物推上崇拜之位的神圣力量。符号赋予产品除使用价值之外的意义，核心象征符号是这些意义的主要生产者，并通过某种作用机制将意义转移到产品上。如图3－1、图3－2分别体现了两种核心象征符号：人物符号和道具符号。

图3－1　人物符号作为核心象征符号

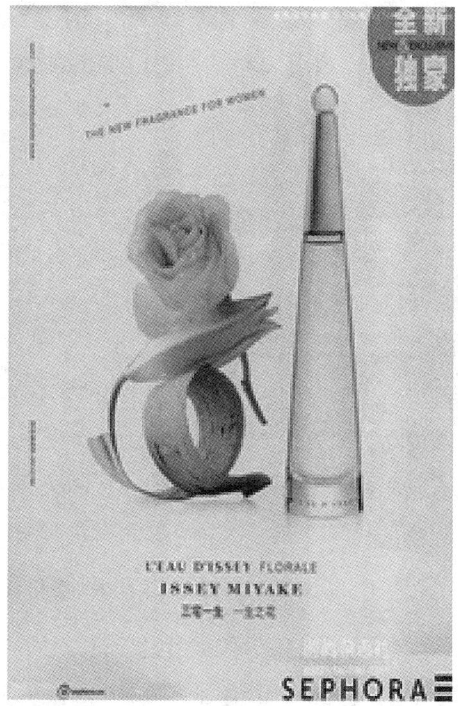

图3－2　道具符号作为核心象征符号

维克多·特纳提出象征符号意义的两极化：感觉极与理念极。意义的感觉极与象征符号的外在形式紧密相关，它能激发受众的某种情感体验；意义的理念极则指向社会规范、价值观念、道德等最深层面，意在描述和强化某种特定观念、建构受众在时间与空间中的角色和生活秩序、揭示社会文化价值。为此，开展广告分析可以基于象征符号意义的两极性，由浅入深、由形式及本质地进行：我们可以在分析构成广告象征符号所表现的意义系统的基础上，将这些意义系统与社会结构和心理过程相联系。

广告中充斥着各类仪式或象征仪式的符号，从宗教仪式、过渡仪式到各种历法性节

① Jung, Carl G. *Psychological Types*, Translated by H.G.Baynes, Published in Great Britain by Routledge And in the United States of America by Princeton University Press, 1989, p.475.

日,广告运用各类仪式符号开展创意,这种与仪式符号相关的广告常常体现出国家、民族与地区的文化,通过对现实的建构获得广告传播对象的认同。以宗教为例,作为人类思想领域中的一种精神现象,从消费角度看,它既包含了精神消费的内容,又体现物质消费的成分,能够满足人们的双重需求;从传播角度讲,宗教具备能够引起人们广告注意的要素。广告因而常常借助宗教仪式来增强创意的吸引力和感召力。此外,生日、毕业典礼、婚礼、葬礼等象征人生重要阶段转变的过渡仪式,春节、圣诞节、情人节等历法性节日、庆典里,各种各样的仪式符号均成为广告创意的核心元素。

麦当劳2013年"红运茶点组合篇"系列电视广告运用我国神话传说中的"年兽"形象来展现中国最具代表性的传统节日仪式——春节(如图3—3);德芙巧克力"浪漫情人节篇"电视广告以粉色的心形窗花、气球以及人物角色手里的心形巧克力礼盒营造甜蜜、浪漫的情人节氛围;DTC钻石广告"红绳篇"借助代表姻缘的红绳和代表爱情的丘比特造型喷水池等符号暗示即将到来的婚礼仪式;联邦快递公司"葬礼篇"用黑白色调描绘了墓碑林立之间,身着正装、表情哀戚的人们抬着棺材送葬的场面(如图3—4)……广告是一个"文化视角下的综合性符号系统,具有仪式性、长期性和神圣性。"[①]各种各样的仪式符号构建了广告丰富的仪式内容。

图3—3　麦当劳年兽广告·红运茶点组合篇

图3—4　联邦快递广告·葬礼篇

3.文化表征:象征符号的意义生产

表征是通过符号生产意义。霍尔认为,意义并不内在于事物中,它通过媒介产生并在消费中得到交流。意义的作用在于赋予受众以自我认同,了解"我是谁"以及"我归属于哪个群体";意义能够"组织和规范受众的行为和实践、有助于建立起使社会生活秩序化和得以控制的各种规则、标准和惯例"[②];意义还能够对人类社会特有的身份问题产生重要的影响。它将与之关联的人界定为"正常",将被其排除在外的人界定为"不正常",从而达到塑造社会角色特定意义的目的。"由于以大致相似的方法解释世界,我们能够

① Sherry,John F.Jr.Gift Giving in Anthropological Perspective.*Journal of Consumer research*,10 (September),1983.

② 〔英〕斯图亚特·霍尔著:《表征——文化表征与意指实践》,徐亮、陆兴华译,商务印书馆2013年版,第5页。

建立一种可分享的诸多意义的文化，因而构造一个我们共同居住于其中的社会的世界”[①]。因此，“简单地说，文化涉及的是‘共享的意义’”[②]。语言是意义和文化价值的载体，人们只有共同进入语言才能共享意义。语言之所以能够组建意义、建立共享理解，因为它是作为一个表征系统来运作的。符号是“用于表达带有意义的语词、声音或形象的总的术语”。语言是一个符号系统，在语言中，人们通过各种符号（文字、形象、物品等）的使用来向别人表征意图传达的观念、概念和感情。广告中的象征符号具有表征功能，它通过与被表征之物建立事实或思维上的联系引发联想，从而实现意义的转移。

二、广告与仪式的同构

凯瑞认为传播具有宗教隐喻，用“仪式观”来解释传播活动更为深刻和恰当。广告遵循传播活动的规律与原理，将广告视为一种仪式符合传播的仪式观。将广告看作一种仪式基于如下几点：首先，作为原初艺术形态的广告起源于仪式；广告与仪式同样扮演着文化的角色。广告作为一种动态的社会力量，长期以来与许多神圣的、长期的文化形式和文化体系密切关联，创造了多种文化类别。其次，广告与仪式具有高度的同一性。从传播特征看，广告是一种表达象征性、戏剧性、连贯性的行为，并且随着时间的推移而重复，而这些正是仪式特征的集中体现。

1.集体表象到图腾崇拜

法国语言学家列维·布留尔在《原始思维》中指出：原初的广告现象可以看作是“集体表象”的客观形式和转换形式，“集体表象”赖以发生、发展的基本情境模式最初大多是由带有深重宗教意味的各类仪式所构成。因此，作为完整艺术形态的广告起源于仪式。[③]“集体表象”一词含有持续性、目的性、象征性、诱导性等意义，与广告文化中的核心观念相吻合：英文“广告”一词源于拉丁文 Advertere，意为“唤起大众对某种事物的注意，并诱导大众于一定的方向所使用的手段”。约在 1300 — 1475 年的中古时代，“广告”（Advertise）一词出现，“一个人注意到某件事”从初始含义渐渐演变为“引起别人的注意和通知别人某件事”。可见，广告的本意即暗合“集体表象”诱导之意。根据列维·布留尔的说法，“个体往往是在一些能够对他的情感产生最深刻印象的情况下获得这些集体表象的。”而仪式展现的就是这样一种情境。恐惧、希望、宗教汇聚成为仪式的灵魂，定期举行的仪式和程式化，重复展现的各种动作和形式加剧了情绪感染的效果，使仪式本身发挥了巨大的情感能量，得以向成员们传递这些“集体表象”，这种“集体表象”在仪式中生成并通过仪式的手段传达。广告文化中的核心观念正是上述“集体表象”，广告是集体

① 〔英〕斯图亚特·霍尔著：《表征——文化表征与意指实践》，徐亮、陆兴华译，商务印书馆 2013 年版，第 24 页。

② 同上，第 1 页。

③ 邹徐文：《一种大众传播模式的结构主义解读》，人民出版社 2010 年版。

表象的外在表现形式。

涂尔干认为，基本的宗教生活形式只需要两个因素：崇拜对象和祭祀仪式。在原始的氏族社会中，崇拜对象表现为图腾的形式。首先，图腾不仅仅是一个名字，还是一种标记，氏族的图腾通常是某种植物或动物的自然形态，他们认为自己的祖先即从这种形态演化而来。氏族中的成员采用了图腾的名字，这种名字的同一性决定了他们性质的同一性。例如，一个氏族以袋鼠作为图腾，那么氏族内的每一个成员都共同分享了袋鼠的性质，袋鼠成为他们的外在记号。其次，图腾能够将自然形态人格化、神圣化，成为氏族崇拜的神圣物。图腾的演变经历了三个阶段：起初，氏族将祖先的自然形象作为一种成员间相互确认身份的记号固定下来；随着生产力的发展，人们的想象力和创造力得到提升，图腾对象被赋予人格特征，形成"兽的拟人化"；随着祖先意识增强，图腾完全转入祖先崇拜。

品牌文字和标识发挥了广告的图腾崇拜作用。广告不仅宣传了作为个体的商品，同时达成了对品牌的建构和塑造。品牌的文字和标识在现代社会中行使着类似图腾的功能。首先，它们是消费者辨识不同品牌的最直观的依据。品牌文字和标识在创意上通常十分简洁、特征鲜明，便于受众记忆。这些符号浓缩了品牌的各种特质，消费者在购买某种品牌的同时也就拥有了这些特质，品牌成为消费社会中辨识消费者群体的重要记号。其次，品牌文字和标识赋予商品丰富的象征意义甚至形成"商品拜物教"。商品自身只具备使用价值，品牌文字和标识通过具有象征性的符号赋予商品特定的社会价值和文化价值。现代社会的消费者不仅消费商品的使用价值，更多是追求商品的附加价值。这种像图腾崇拜一样的商品崇拜被称为"商品拜物教"，尽管这两者与它们所被追逐的神圣性之间并不存在任何天然的、实际的关联。

2.高度同一性的广告与仪式

美国学者罗兰布勒在《仪式传播》一书中对以往仪式概念进行了全面梳理，他将仪式的特征归纳为 15 个方面[①]：

(1)仪式是一种实践行为。绝对的观念论者把思想观念看作全部存在的基础，认为世界是一个由观念构成的系统。在涂尔干看来，信仰属于思想观念，而仪式则是信仰的表现形式和行为方式，是将人们聚集到一起、共同参与的一种文化实践。

(2)仪式是一种在特定框架中形成的表演，具有显著的风格和特征。仪式表演采用艺术化的表现方式，具有一定的审美价值。

(3)仪式是自觉自愿的行为。仪式参与是非强制性的行为，人们可以自主选择是否参加某个仪式、是否在仪式中扮演角色以及对仪式投入多大的热情等。

(4)根据工具目的有效性的程度，仪式可分为理性和非理性。一部分仪式的举行要实现某种社会功能，如政治宣传或社会控制；一部分仪式并没有明确的实用性目的，可能

---

① E. W. Rothenbuhler, *Ritual communication: From everyday conversation to mediated ceremony*. Sage Publications, 1998: p.53－60.

仅仅是一种传统的延续或者习惯性的行为。

(5)仪式不仅是娱乐。仪式是一种表演，仪式表演中某些夸张的成分可能具有娱乐效果。但仪式绝不仅仅为了娱乐，它通常与某种经济、政治、文化或社会性目的相关。

(6)仪式通常面向特定的社会群体。仪式是一种将人们聚集到一起、共同参与的神圣典礼。仪式参与者分享共同的意义，在思想形成上具有相似性的社会群体。

(7)仪式中展现的行为模式表达了某种社会关系。仪式是在特定社会背景下进行的活动，仪式表演的素材来源于社会，仪式中的行为模式是现实中社会关系的象征。

(8)仪式通常是将来时，表现的是可能或将要发生的事情。仪式常常表达一种虚拟语气，展示一种期待的状态。仪式并不描述现状如何，而是强调将来应该和可能怎样。

(9)仪式中的符号非常有效。仪式是具有象征意义的符号系统，仪式中的符号存在多种形式，包括了语言类符号和音响、形象、行为、造型等非语言类符号。仪式强调信仰的传递，仪式中的符号是信仰的表达方式。

(10)仪式符号具有浓缩性。仪式中的社会符号通常指向多层次意义，其表层意义是参与者的直观感受，深层意义是参与者对符号的解读过程中产生的思维成果。

(11)许多仪式定义都强调了美学元素的表现。仪式是一种表演，表演是一种艺术化的表达，仪式中的美学表现也体现了一定的审美价值。

(12)仪式是习惯性的行为。特纳认为，仪式产生于社会矛盾中，是对特定社会矛盾的响应。仪式是一种固定下来、最终形成传统的行为模式。

(13)仪式通常定期进行。仪式表演遵循一定的社会节奏，定期举行能够使仪式进入参与者的日常生活中，扮演关键性的角色，从而对参与者的态度和行为造成影响；同时还能够增强仪式的权威性和感染力，强化参与者的信仰。

(14) 仪式是没有信息的传播。仪式表演的成分大于信息传播的成分，仪式的目的不在于传播信息，仅仅是一种表演方式。

(15)仪式是一种神圣性、宗教性的行为。仪式一词来源于宗教，是信仰的表现形式。广义上的仪式包含了神圣仪式和世俗仪式两种，世俗仪式也具有改变信仰的仪式性功能，因此仪式从总体上看是一种具有宗教属性的行为。

综合上述观点，以仪式属性为衡量标准，广告与仪式具有高度的同一性。

第一，与仪式类似，广告是一种将思想付诸实践的行为。作为企业营销传播的实践活动，广告的短期目标是在“或近或远的将来引起销售”，长期目标则是传播品牌文化、塑造企业形象等，广告是企业经营管理思想的直接体现，需通过阶段性或长期性的运作传达出去。广告具有宗教的神圣性特征。美国广告协会对广告做出如下界定：“广告是付费的大众传播，其最终目的是为传递情报，改变人们对广告经营者的态度，诱发人们行动而使广告主得到利益。”广告作为一种“世俗仪式”具有改变信仰的仪式性功能，这种仪式性功能体现在广告创造了消费者对商品的需求，使消费者产生对商品的“崇拜”进而激发消费者的购买欲望。“与广告一起被传送的，是我们所知之物，所分享之物，也是我们所信仰之物”[①]。这里所说的信仰之物,即广告加诸商品之上的文化价值。“商品拜物教”如同宗教对信徒信仰的改变,证明了广告带有一定的宗教性质。

第二,广告是对商品的艺术化呈现和表演,对商品的展演方式主要有传递情感能量的感性诉求和表明商品效用的理性诉求。广告以商品展演的方式吸引消费者,其本质目的是实现经济利益。为了更好地吸引受众的注意,广告中的表演强调创意的戏剧性和艺术性,其表现方式分为感性诉求和理性诉求两种:感性诉求通过情感能量影响消费者,理性诉求向消费者表明产品的具体功效。广告中常常呈现一种非常美好、人人向往的世界或生活状态,并暗示这种美好的状态是由商品带来的,由此来激发消费者的购买欲望。

第三,广告通过仪式符号生成商品的文化意义。消费者消费的是商品的文化价值而非商品的使用价值。现代广告通常与物质联系在一起,作为一种商业文化,广告既生产物品又生产物品意义。在某种程度上,消费者消费的并不是商品本身,而是广告所赋予商品的意义以及商品附加值,这些都通过广告中的符号表现出来。

第四,仪式通常定期举行,广告也不例外。广告在一段时期内按照一定的节奏重复出现,目的是引起广泛的注意、达到商品宣传的目的。根据日本电通公司针对电子媒介时代构建的消费者行为模式(AISAS 模式),消费者在进行购买活动前后经历了对广告信息产生注意、兴趣、搜索和分享等一系列过程,为了引起消费者广泛的注意,达到提醒和巩固印象的目的,广告需要保持一定的频率反复出现。

第五,广告依据商品的目标消费者选择相应的目标受众群,消费者根据自身需求主动接触广告。这一点体现了仪式面向特定社会群体的特征,也体现出消费者作为仪式参与者的主动性与选择性。企业在制定产品营销策略时,依据产品的属性、产品功能所选定的消费者群体被称为产品的目标消费者。广告将产品的目标消费者作为主要的信息传播对象,在全面了解目标消费群体的基础上策划广告活动,试图对他们的购买行为产生有效的影响。“使用与满足”理论表明,广告的目标受众并不是被动地接受信息,而是带着特定需求主动、自愿地接触广告,并在这个过程中解读广告信息生成的新意义。

第六,广告和仪式都是在规范性的框架内进行的表演行为,需要角色的扮演和道具的使用。广告中出现的角色可能是普通人,也可能是具有较高知名度的明星偶像(广告代言人),他们可以看作是展示商品的促销人员,告诉消费者商品为他们的生活带来怎样美好的变化。仪式中出现的角色扮演了类似“牧师”的功能,他们推动整个仪式过程的进行并向人们布道;广告传播的目的是商品宣传,商品是广告中使用的核心道具,广告赋予商品特定的象征意义,使之成为消费者崇拜和追逐的对象;仪式中的核心道具是象征信仰的物品,如圣经,它将教徒们的思想聚集起来进行教化;广告对受众进行商品信息的宣传,仪式是对信徒们进行信仰的传播,因此,参与者在广告传播和仪式中非常重要。广告与仪式都是依据特定的脚本框架、通过角色的扮演和道具的使用对观众进行表演的活

---

① 〔美〕詹姆斯·特威切尔著:《美国的广告》,屈晓丽译,凤凰传媒出版集团 2006 年版,第 5—6 页。

动，两者在结构上高度契合。

第七，广告与仪式行使相似的社会和文化功能。仪式通过参与者共享意义，将个人社会化，起到确认社会关系、整合社会的作用；同时，仪式还具有传承物质和精神文化的功能。传播具有政治功能、经济功能和社会控制等一般社会功能。广告本质上是一种经济行为，其基本经济功能是传播商品信息，促进商品销售。此外，广告还具有文化传递和社会协调等功能。广告中既有与商品相关的物质属性信息，同时又有知识、价值观以及行为规范等非物质属性的信息。这些信息的传播有助于教育受众、巩固社会秩序、调整社会关系。广告与社会生活息息相关，“广告是社会的一面镜子”，广告反映了社会的经济发展水平、审美观和价值观，是文化遗产传承的一种方式。广告与仪式所要实现的功能具有同一性。

三、广告仪式化传播

格雷姆斯指出，正如戏剧肇始于日常生活中的社会戏剧，仪式肇始于‘仪式化’(Ritualization)。所谓仪式化，即在属性、特征、功能等基本方面与仪式类似或等同的状态。它是某种类型化的、重复的仪式和姿态……当人类将自己的某种姿势和姿态赋予意义，将它变成交流的手段或表演的形式而其功能性的实用价值退居次要地位时，这种姿势和姿态已经被“仪式化”了。[①] 广告仪式化传播是指广告传播中运用的仪式化方式。随着现代市场经济的迅猛发展和商品市场的极大丰富，商品的使用价值不再是消费者做出购买决策时考虑的首要因素，他们更看重商品带来的文化气质和社会价值。这种附加价值并非商品本身所具备的，而是广告通过具有象征意义的符号赋予的，感性诉求取代功能性的理性诉求成为广告传播最常用的手段，这就是广告的仪式化传播。广告在结构、属性、特征、功能等方面与仪式具有高度的同一性，广告仪式化传播体现了仪式特征与仪式传播的规律。

1.重复性传播增强仪式神圣感和权威性

英国人类学家利奇认为，“世界本身是通过分类而创立的，仪式重复叙述了这一分类结果……一个仪式序列在充分实施的时候往往一再重复自身，把信息多次重复发出去。”仪式的重复性表现为仪式过程的重复和仪式符号的重复，目的是渲染仪式氛围、增强仪式的神圣感和权威性。广告传播的短期目标是实现明确的商业目的和功能诉求，长期目标则是建立品牌形象、形成品牌忠诚度、最终提升品牌价值、巩固品牌资产。鉴于广告活动的双重目标，广告不仅应起到促进消费、满足消费者需求和拉动经济发展的作用，还应通过品牌标识和文字的反复出现强化品牌理念和品牌形象。因此，广告是一种长期性的重复传播活动，“像宗教仪式一样，广告在一个永无止境的自我指认的圈子中周而复始地

---

① 薛艺兵：《对仪式现象的人类学解释(上)》，《广西民族研究》2003年第2期。

循环”[①]。广告传播的重复性正是其仪式化特征的体现。

根据斯金纳的行为改造理论,人类的行为可以通过强化的办法加以改造,强化包括正强化和负强化,其中正强化通过刺激行为的重复出现使行为进一步巩固和发展,通常通过情境复现或刺激重现的方式达成。广告作为一种重复性、持续性的仪式传播活动,其自身的特征有效地表现了正强化这一基本意义。广告仪式化传播的重复性包括广告中的品牌、文字、图像、音响、行为等仪式元素以及广告传播活动本身的规律性、周期性的重复。广告通过品牌标识和文字以及传播过程的重复,获得更广泛的受众群体、强化品牌记忆。无论是报刊上的平面印刷广告还是出现在地铁、公交站的户外广告,通常具有长至数月的投放周期;电视广告同样是在一段时间里、在固定的频道有规律性地播出。广告符号的重复性主要表现为广告主题的重复、品牌标识和文字的重复以及发布媒介的重复。不同品类的广告通过同一个主题来表达,同一系列的广告中也可贯穿同一个主题;品牌标识和文字作为商品最直观、最有效的辨识符号,是广告重复性传播中必不可少的元素;在媒介融合与碎片化的环境下,消费者的媒介接触习惯各不相同,为了吸引更广泛的受众,广告需要借助多种媒介渠道集中传播商品信息。

以 2009 年至 2013 年间《瑞丽服饰美容》61 本杂志所刊登的香水广告为例,大多数香水品牌和香水系列采取了重复性的传播策略。半数的香水品牌认识到高频率的重复能够帮助品牌建立知名度、达到良好的传播效果,香水系列广告则充分利用了人物符号和画面风格符号的一致性强化受众记忆、形成区分。

2.程序化运作获得仪式神圣的权力

费斯克将仪式界定为“组织化的象征活动与典礼活动,用以界定和表现特殊的时刻、事件或变化所包含的社会与文化意味”[②],体现了仪式活动的有组织性和程序化。“仪式的本质特点就是严密组织起来的”[③]。仪式的程序化源于权威性的要求,只有程序化的过程才能在多次实施后固定成为群体成员普遍遵守的规范,从而获得仪式神圣的权力。

广告运作的程序化体现了仪式的规范性。仪式过程的规范一旦形成,就会以一种权威性的力量对参与者实施规约。通常来说,完整的广告运作程序包括五个密不可分的环节:市场调查、广告策划、广告表现、广告发布和广告效果测定,这就要求广告专业机构的运作必须以高度的专业分工与合作为基础。即便在媒介融合与整合营销传播的多重背景下,专业广告机构的业务范畴和服务内容不断拓宽,其基本业务依然是广告策划、创意和媒介发布等,广告业组织分工与合作模式依然存在并持续生效。

涂尔干在《社会分工论》中提出,社会团结分为两类:一类是“机械团结”,另一类是“有机团结”,二者都是为了实现人与人、群体与群体之间的协调、一致和结合的关系,即

---

① 〔美〕詹姆斯·特威切尔著:《美国的广告》,屈晓丽译,凤凰传媒出版集团 2006 年版,第 36 页。
② 〔美〕约翰·费斯克著:《关键概念:传播与文化研究辞典》,李彬译,新华出版社 2004 年版,第 243 页。
③ 〔美〕塔尔科特·帕森斯著:《社会行动的结构》,张明德、夏遇南、彭刚译,译林出版社 2003 年版,第 463 页。

社会团结。团结来自于“集体良知”也称“集体意识”，集体意识通过仪式建构的方式促使人们产生集体归属感，从而在共同的道德基础上共享价值观。以现代社会为基础的“有机团结”以个人差别为基础，因为每个人都拥有自己的行动范围，都能够自臻其境，都有自己的人格。这种自由发展的空间越多，团结所产生的凝聚力就越强[①]。“有机团结”符合现代社会发展规律，对于以小组作业和团队合作为基本组织形式的广告业来说，“有机团结”能够实现团队整体个性与个人个性的同步发展，广告专业组织的各个有机体能够获得更大程度的一致性，以实现更好的专业分工与合作。相反，建立在个人相似基础上的“机械团结”，其实现的基础是集体人格完全吸纳了个人人格，这显然不利于广告创作人员形成创新机制和创意动力，与以创新为根本的广告组织发展方式相背离。可见，广告公司的科学化运作必须通过专业人员的“有机团结”加以实现，而“有机团结”反过来促进了广告运作的规范性和程序化，进而维持广告的仪式化过程。

仪式由一系列程序化的言语和行为组成。依据不同的产品分类，广告可以划分成不同的类型，每种类型的广告都有相对固定的角色形象与表演进程。比如日用品广告中惯于展现勤劳手巧的家庭主妇，而房地产广告中惯于展现温馨和睦的家庭。这种程序化运作反映出了大众对于特定事物的普遍认知，同时又是对这种认知的再次强化，使程序进一步固定下来。

3.受众参与互动实现意义共享

丹尼尔·戴扬和伊莱休·卡茨在《历史的现场直播——媒介事件》一书中强调了仪式中受众参与的重要性。“神话信仰的核心在于集体参与的感觉以及对超出个体人的潜力的关怀和力量的分享。”[②]仪式是将人们共同聚集到一起的神圣典礼，目的是得到参与者的认同并共享仪式意义。罗兰布勒还强调这种参与是带有自我意识的自愿行为。受众在广告仪式化传播过程中占据十分重要的地位。为达到良好的传播效果，广告传播活动中所做的决策通常要以大量的调研结果为依据、根据目标受众的喜好和习惯制定广告策略，这种广告传播模式称为“尊重本体需求下的吸引”[③]。在数字化媒介环境下，受众呈现碎片化、封闭性的特征，个人的公共交往需求和归属感需求更加强烈，广告更加需要注重受众的参与及体验。

广告仪式化传播通过媒介来完成，数字媒介实现了受众与广告仪式之间的“同步”。现代社会，人们通过媒介认识世界、相互沟通和交流并身处巨大的“媒介网”中，媒介的权力和威力大大加强。“媒介的威力不仅可以给社会网络插入信息，而且可以自己创造网

① 〔法〕爱弥尔·涂尔干著:《社会分工论》，渠东译，三联书店 2000 年版，第 91 页。

② 〔美〕丹尼尔·戴扬、伊莱休·卡茨著:《历史的现场直播——媒介事件》，麻争旗译，北京广播学院出版社 2000 年版，第 149 页。

③ 丁俊杰:《中国广告业的动力与动向》，山西大学学报(哲学社会科学版)，2008 年第 5 期。

络——分裂、整合乃至设计社会结构——至少在短暂的时刻。”[①]大众媒介将广告从原本发生的时空里剥离出来、传播至千万家庭,受众在观看广告的同时犹如卷入了一场“正在进行”的仪式中。媒介拥有先进的传播技术,能够通过灯光、音响、摄像等各个环节的无间配合,烘托和强化广告的仪式感,同时塑造受众“在场”的实感。数字媒介的出现更加增强了媒介仪式化的能力并实现了高度的互动性,广告受众不再只是“旁观”广告,而是真正参与到广告仪式传播中,成为推动或改变广告仪式传播进程的重要因素。

4.有序组合的仪式符号赋予商品象征意义

象征性是仪式最显著的特征,特纳认为“仪式的整体结构即是象征的本体关联”。仪式象征了神圣的本质,仪式的象征性是令它与其他人类实践区别开来的独特性质。仪式的象征性通过符号来实现,仪式是一个具有象征意义的符号系统,“仪式中的象征符号具有组合和重组的类似语言的能力”。仪式中的符号非常重要,它具有浓缩性(Condensation)、不同所指的统一性(Unification of Disparate Referents),以及意义的两极性(Polarization of Meaning)。[②] 仪式符号承载着丰富的意义,对于仪式中占支配性地位的象征符号而言,明显表现出两极意义的统一:意义的感觉极与理念极。意义的感觉极是象征符号带给仪式受众的直观感受,意义的理念极是象征符号带给受众的深层次思考。

广告所传播的是一个“符号的复合体”。波德里亚指出:在消费社会,人们消费的不是物品而是符号。形象是一种可以在广大的空间被同时消费的社会心理符号,消费者在消费过程中感受到快乐,在快乐中感受到他人的情感联系。在商品种类极大丰富、同质化现象严重的今天,仅靠功能性信息已经无法吸引消费者,因此广告转向通过符号的使用将产品变成象征物、构建其独特的意义。广告成为一种符号的操作。例如,房地产广告通过成功男士、贤妻良母、活泼可爱的孩子以及温馨、舒适的生活情境,象征了该房产与这种美好的生活情境之间的必然联系。广告通过符号的有序组合,赋予了商品本不具备的独特的意义,并向消费者展示该商品如何塑造更美好的个人生活,用美好的图景引起受众的需求和欲望。

5.广告仪式化传播通过表演活动实施

仪式是一种对社会关系的戏剧性展现。维克多·特纳在考察恩丹布仪式时发现,恩丹布人认为女性生育紊乱是因为她“忘记”了祖先的阴影,这种不幸只要通过合宜的仪式就能消除,这就是恩丹布人举行伊瑟玛仪式的原因。在伊瑟玛仪式中需要对祖先的阴影进行安抚,这时就会出现一些头戴面具、身穿树皮短裙、披着树皮外罩的人,这些戴面具的形象扮演的就是祖先的阴影。这种角色扮演展现的是遭受生育之苦的妇女与祖先之间的亲属关系。

---

① 〔美〕丹尼尔·戴扬、伊莱休·卡茨著:《历史的现场直播——媒介事件》,麻争旗译,北京广播学院出版社 2000 年版,第 16 页。

② 〔英〕维克多·特纳著:《仪式进程:结构与反结构》,黄剑波、柳博赟译,中国人民大学出版社 2006 年版,第 51 页。

广告仪式同样是一种表演行为。表演是“个体出现在他人面前时，他的行动会影响他人此刻的情景定义。有时，个体会按照一种完全筹划好的方式来行动，以一种既定的方式表现自己，其目的纯粹是为了给他人造成某种印象，使他人做出其获得的特定回应。”[①]广告通过对商品的展现，试图给受众留下美好的印象，激发他们的消费欲望进而达成销售目标。广告是一种表演，广告是对人与人、人与社会之间关系的戏剧性展现。根据戈夫曼“拟剧论”关于表演的观点，广告的表演性特点体现在如下两个方面：

首先，广告和表演的构成元素是一致的：广告活动中的广告主、广告经营者、广告作品、媒介、受众和效果反馈分别对应着拟剧表演中的剧班、后台、前台、表演、观众和印象管理。

其次，广告和“拟剧论”的表演流程是一致的：广告所处的社会、市场等综合环境是表演的框架，广告主是表演的组织者即剧班，广告经营者进行广告创意与制作的过程是后台，广告发布的媒介是广告作品向大众展现的前台，受众是观看表演的观众，广告传播的效果和受众的反馈是对表演的印象管理。

最后，广告和拟剧表演的传播目的是一致的：形成预期的理想印象并最终影响观看者的行为。[②] 正如奥尔德斯·赫胥黎[③]所言：“一个好的广告必须具有喜剧和演说的共同特征，即它必须能即刻被理解，能直接打动人。但同时又必须具有警句所具有的简洁……”，这里所说的喜剧和演说，正是广告进行“表演”的基本形式，如广告中最重要的表现手段即广告创意和广告文案，而“即刻被理解、直接打动人及一切简洁”则代表了广告创作的重要规则与优秀创意的评价准则。

第二节　仪式传播提升广告价值

一、仪式群集促进消费群体团结

群体是一定数量的人通过一定的社会关系结合起来形成的集体。本尼迪克特·安德森指出，“国家、社群、民族等都是通过具体象征物想象出来的”。仪式是象征性的符号系统，象征物是仪式中的核心元素，因此，仪式具有群集的功能。仪式研究的社会结构—功能学派提出，仪式的群集功能是通过“共同的价值观、知识与经验范畴的潜意识运作”实现的。同时，仪式还“对支撑社区生活的社会和观念结构进行周期性的复兴或改革，巩固群体的团结”。广告促进消费群体和社会阶层的团结。消费者群体是指一定数量的具有相同或相似消费心理和消费行为的人所形成的共同体。广告赋予商品特定的意义，使

① 〔美〕欧文·戈夫曼著：《日常生活中的自我呈现》，冯钢译，北京大学出版社2008年版，第5页。

② 夏胜男：《论“广告即拟剧”——社会拟剧视角下广告元理论的新构建》，2011年华中科技大学硕士论文。

③ 奥尔德斯·赫胥黎（1894—1963），英格兰作家，著名的赫胥黎家族最杰出的成员之一。他以小说和大量散文作品闻名于世，代表作《美丽新世界》。

其成为一种身份的象征,与品牌一样将特定年龄和特定阶层的人们聚集到一起。购买这种商品,就代表消费者加入了某个消费群体。社会阶层是指在社会层次中处于不同地位的社会群体,每个社会阶层的成员具有相似的价值观、兴趣爱好和行为模式。广告是社会现实的表征,同时也是对社会现实的建构。

广告通过符号的组合构建了仪式情境,使参与者在仪式体验的基础上共享意义,这其中就包括价值观和生活方式等。有研究发现,我国当前一半以上的房地产广告集中强调了几种特定的生活方式。生活方式是特定社会阶层的独特表现形式,受众对广告中传达的某种生活态度产生认同感和共鸣感,从而对相应的生活方式产生期待。

二、塑造仪式情境构建消费者生活

仪式规范了人类社会的秩序,构建了人们的日常生活。拉德克利夫·布朗认为,人类社会中有秩序的生活依赖于社会成员们精神中的某种感情,这种感情控制了人们相互之间的行为,而仪式使用固定的象征物,“可以调整、维持并一代又一代地遗传这种感情”。广告在赋予商品意义的同时,也赋予广告受众的生活以意义。

广告发挥着教育消费者,培育消费市场的作用。广告在起到传播商品信息、促进商品销售的主观作用之外,还起到了丰富消费者知识体系的客观作用。以戴比尔斯(De Beers)钻石为例,广告不仅创造了以钻石婚戒的需求来重新定义婚礼仪式的流程,还向人们介绍了选择钻石戒指的标准。此前,钻石购买者对钻石知之甚少,他们选择钻石往往不是根据质量标准,而是基于广告、名气和粗略的观察。戴比尔斯在广告中强调钻石的克拉数、颜色、切割工艺和清晰度,以此来加强消费者对钻石的认知。

广告引导消费者发现欲望、做出消费判断。在物质极大丰富的买方市场,消费者在大量同质化的商品面前无所适从,此时消费者需求的不仅是使用价值,更是商品承载的意义。商品的交换价值不仅取决于使用价值,更来源于形象价值。广告通过具有象征意义的符号赋予商品特定的意义、创造商品的形象价值。因此,广告不是操纵消费者的欲望,而是要引导消费者发现欲望;不是迫使消费者接受某种商品,而是要介入他们对商品的判断。

广告还能够定义消费者的行为模式。广告借助符号的象征功能塑造仪式情境,将商品与某种集体或世俗或者宗教的场合联系起来,对消费者的行为进行“议程设置”。比如,历法节日是人们共同庆祝的日子,带有仪式场合,在广告中出现频率比较高,广告将商品塑造成特定节日仪式中的核心道具,将对节日的庆祝典礼变成消费的狂欢。研究发现,戴比尔斯广告对日本的婚礼传统产生了非常大的影响。在广告播出前,不到5%的日本女性拥有钻戒,而广告播出后到1981年,60%左右的日本女性戴着钻戒,准新郎们改变了他们以往的储蓄习惯和消费习惯,乐于花费两三个月的工资购买结婚钻戒送给新娘。仅仅用了13年的时间,日本超过1500年的传统婚礼仪式彻底发生了改变,因人口原因形成的结婚潮也造就了钻戒消费的黄金时期。

三、创造仪式脚本与规范仪式程序

仪式脚本是仪式举行的文本基础，它对仪式中的角色演出、道具使用、场景设置等进行了规范。从仪式观的视角看，广告创意的过程实质上就是广告创造仪式脚本的过程。广告作为一种文化的仪式，它的创意素材来源于社会文化。因此，广告中展现的是主流文化价值观所认同的、家庭和社会中的“标准角色”及“标准行为”。广告中的角色分布非常广泛，不同性别、年龄、种族和社会阶层的消费者均能在广告中找到自己的原型进而产生共鸣。

广告为人们塑造了不同的角色并予以社会地位的分配。男性一般作为家庭的主要购买者，在广告中往往表现出幽默、智慧、事业成功、对家庭充满责任；女性则表现为温柔贤淑、美丽优雅、呵护自己的同时也全心全意地关爱家庭；都市白领们在快节奏的生活中时常处于压力状态，需要调养身心……广告中的“刻板印象”固然有其创作上的程序化体现，然而对广告中角色形象的塑造符合社会和文化的期待，消费者也乐于接受并在日常生活中有意识地参照“标准角色”做出改变。

广告建立了商品在特定情境中的归属性。一个完整的、公开的群体仪式，总是特定的时间，特定的环境、场景等一系列行为的综合展现。这样一个在特定时空环境中综合展现出来的仪式的情形就是“仪式情境”。[①] 广告通过仪式情境的设置，将商品与仪式建立关联性，从而使商品获得仪式意义。王老吉广告围绕核心理念“怕上火，喝王老吉”，形象地展现“吃煎炸烧烤或香辣的美食时”“通宵达旦看足球时”等几种人们在日常生活中容易上火的场合，目的是传达商品的独特价值与核心功能：预防上火。受众看过广告后，当遇到广告所呈现的仪式场景时，就会自然地产生品牌联想。

四、共享信仰与强化文化价值观

涂尔干认为，仪式对于社会赖以取得团结一致的情感起着确认和增强的作用。人们通过共同的仪式表达某种信仰和态度，并在仪式中使这些态度得到加强。仪式使这些信仰和态度达到一种高度自觉的状态，反过来又强化了道德共同体，最终使信仰和价值观得以确认。仪式通过情感的汇聚和表达，达成和强化某种信仰，这是由其宗教本质决定的。

广告是文化价值观的载体。“价值观”是文化的核心要素，个人、国家与民族都在价值观的支配下行事，价值观所反映出的思想观念、道德行为准则、态度等特定的价值取向体现了不同文化的差异，使不同国家和民族的文化呈现出各自的特点。一方面，广告中呈现的价值观体现了当地的文化；另一方面，社会和经济的变化直接反映在广告文化价值观中。以中国为例，广告在某种程度上反映并影响了中国社会价值观念的变迁，广告

---

① 薛艺兵：《对仪式现象的人类学解释(上)》，《广西民族研究》2003年第2期。

表现作为价值观变迁研究的一个视角,清晰而连贯地展现出价值观变迁的脉络、内涵和特点①。广告借助文化推销产品,同时也在客观上推销着文化以及价值观念。广告通过传播先进、文明的生活观念和消费文化影响人们的价值观、人生观和消费观;广告中所倡导的生活理念、价值取向、行为规范及行为准则影响着人们对真善美的追求。②

广告中所蕴含的文化价值观通过认同得以共享和表征,这正是广告所具备的仪式功能。正如凯瑞所说,"在参加仪式的过程中,人们并不关注是否能得到什么新的东西,而是注重特定的价值观和世界观在规则化的仪式程序中得到描述和强化。"对于消费者来说,他们不仅关注广告所表达的产品自身的功能属性,更加关注附加在商品上的文化与价值观念。消费者参与广告仪式,通过对品牌意义的联想,形成品牌和文化的"想象的共同体",在共享信仰的过程中,特定的价值观与世界观得到强化。

第三节　广告仪式化传播方式

一、仪式文本:象征意义的表达

广告是具有象征意义的符号系统,在仪式传播中重点传达象征意义。符号是意义的载体,广告中的符号所组成的信息结构统称为"文本",广告的象征意义通过文本实现。

根据丹尼尔·贝尔的划分,工业社会分为三个阶段:前工业化阶段、工业化阶段和后工业化阶段。前工业化时代即在蒸汽机出现之前,商品匮乏供不应求,此时商品的广告宣传主要以理性诉求为主,商品信息通过语言、歌曲、故事进行传达;工业时代开始大规模的机器生产,经济迅速增长、商品市场日益丰富;到了以知识和电子科技为代表的后工业时代,商品的意义价值远大于使用价值,商品的独特性通过充满符号的广告文本进行表达,赋予商品以生命力。因此,通过对广告仪式文本的解读可以更清楚了解广告意义的形成和作用机制。

广告文本可以解读为作者为达到某种目的而与读者进行交流的"符号行为(象征性行为)"。文学理论和人类学理论中的大量文献都是基于文本的一个重要修辞学概念,"使用语言作为象征性方式,引发人们对符号的自然反应"。符号行为随着符号形式和功能的不同而不同,符号形式可以是音乐、视觉或语言,符号功能可以是政治功能、经济功能。广告创意是用图像、语言、音乐等符号系统创造信息,这种经过符号化的仪式所产生的意义与产品原有的意义相去甚远。在传统分析中,仪式类型和常见符号的目的是说服消费者,如果消费者对于广告文本的象征意义、文本和文化体验是共同的,那么解读符号就需要结合消费者

---

① 林升梁:《30年广告镜像——社会价值观念的嬗变(1979—2008)》,《广告大观》(理论版)2009年第6期。

② 仰和:《电视广告对社会价值观念的影响》,《国际新闻界》2000年第6期。

的体验和他们对符号本身的理解。消费者对广告的解读会因其经历和社会关系的不同而形成差异，但对符号的理解则与读者的文化认知与广告认知相一致。

作为最为传统的过渡仪式之一，婚礼普遍存在于不同民族、宗教信仰以及各种经济阶层中，集中体现仪式的主要社会功能。婚礼包含所有的仪式要素，比如送礼、仪式化的用品、服装、预先准备的脚本、角色扮演等。以下通过对婚礼仪式广告的案例解析，阐释特定类型的广告文本与仪式之间的关联性。

1. *仪式之一：施以法术*

按照格雷姆斯的仪式分类法，法术（Magic）是仪式的六种类型之一。这种仪式类型的广告常常将商品看作施法者，通过对消费者施展神奇的效果，达到品牌预期效果。

在大众高尔夫（GOLF）[①]"婚礼车队篇"电视广告中，一对新人乘车赴婚礼现场，公路上突然出现了一辆高尔夫汽车，载有新郎新娘的汽车和迎亲车队转而跟随其后，高尔夫带领一队豪华轿车浩浩荡荡在公路上行驶。汽车停下，新郎、新娘从原来的婚车里跳出来，抢走大众高尔夫驶向婚礼现场（如图 3－5）。

图 3－5 大众高尔夫 GOLF"婚礼车队篇"

---

① 1974 年，大众汽车公司推出一款经典小型家用车型——高尔夫（GOLF）。高尔夫自入市至今经历了六代车型，以其超高的性价比和独特的隽永风格引领汽车消费潮流，被称为欧洲"最经典车型"和"世界第一两厢车"。

2003 年,高尔夫汽车进入中国市场,打破了中国消费者对紧凑型两厢车的固有看法,一直在市场中保持热销状态。2005 年,高尔夫"婚礼车队篇"电视广告推出,非常准确而有针对性地表达出大众高尔夫汽车的承诺:高尔夫汽车甚至比装扮鲜亮的婚车更具魅力。广告语"GOLF 很生活"从汽车的功能定位出发,尽管汽车本身并不带有仪式性,但是伴随身着礼服的新郎和新娘实现了意义转移,GOLF 因此成为新婚夫妇家庭生活必备的东西。透过广告中的婚礼仪式,高尔夫传达了两个承诺:驾驶者的魅力和新的家庭生活。广告尽管是借用婚礼展现了汽车品牌,但其传达的信息更多在于婚礼之外的产品本身。广告吸引的不仅是即将组建家庭的新婚夫妇,还有那些家庭"很生活"的潜在消费群体。

2. 仪式之二:商品崇拜

广告赋予商品以人类个性特征的行为称为"拜物",文学上通常将这种行为称为"拟人"。广告运用"拟人"手法的实质是实现消费者对商品的崇拜。

1986 年,雅诗兰黛公司推出了经典的 BEAUTIFUL"美丽"香水(如图3－6)。绿茵茵的草坪边,身着白色婚纱的美丽新娘正在接受对面小男孩的献花。穿着正装的小男孩正将一束白色的玫瑰献给新娘,两人之间摆放着一瓶雅诗兰黛香水。

图 3－6　雅诗兰黛香水"BEAUTIFUL 篇"①

这则广告采用拟人的手法,将香水比拟成新娘。广告并没有说明香水是为新娘特别准备的,这款名为"BEAUTIFUL"清新香调的淡香型香水,源自第一位试用它的女性对它的描述。美丽、纯洁是人们对女性最高的赞誉,人们普遍认为穿上婚纱是女人一生最美丽的时刻,每一个新娘都是婚礼中的女王,新娘常常是"BEAUTIFUL"的代表,广告用洁白的婚纱和白色的玫瑰花象征新娘纯洁的形象。广告借助玫瑰、婚纱、新娘等仪式元素,突出香水与新娘的共同之处,用以传达"BEAUTIFUL"这一产品核心概念,这种手法在术语上称为"借代",即在共同的特点上树立形象,这种方式比简单的"转移"和"结合"更复杂,也更具有针对性。雅诗兰黛香水广告通过赋予香水特定的人物形象,使人们对它产生崇拜和向往。

① BEAUTIFUL"美丽"香水的广告创意灵感来自于品牌创始人雅诗兰黛的婚礼记忆和结婚誓言。BEAUTIFUL 香水广告的一组海报自始至终都以新娘为主角,广告诉求"生命中最美丽的香水"表现了新娘在婚礼时的喜悦心情。

3.仪式之三:虚构寓言

寓言是最古老、最广泛的文化形式,常见于宗教、仪式和魔术中。广告里的“寓言”是一种虚构的表现形式。寓言在字面上表现一种意思,实际隐喻的是另外一种意义。作为一种强有力的说服方式,寓言包括布道、成人童话、预言、政治漫画等形式。寓言常采用叙事手法,有时也使用谚语、谶语或图片等表现手法。

图 3—7 保护鲨鱼组织的“婚礼篇”

如图 3—7 保护鲨鱼组织的公益广告运用鲜花、白色礼服、蛋糕等婚礼象征符号呈现婚礼场景。然而广告构建这种模式化的婚礼仪式场景被地上惨遭割掉鱼翅的鲨鱼所打破。这种“意想不到”的情况是一种虚构的“寓言”式表现形式。广告所传达的意义产生于人物的表现和符号化的特征,这种手法即“象征”。

4.仪式之四:去神秘化的解药

婚姻专家研究发现,对婚姻的期望是离婚率上升的一个因素。当婚礼仪式结束,新娘常会感到失望,她们花很长时间准备婚礼,随着婚礼的结束她们也结束了。如果婚礼不仅是夫妻地位的改变,还有爱情、浪漫等高度状态,那么任何突然将新人带入现实生活中的象征物都可称为“解药”。

图 3—8 美标卫浴产品

美标(American Standard)广告即以卫生间作为婚礼仪式的解药。标题模仿婚礼仪式“一个男人和妻子所做的也许最重要的决定。”新娘和新郎的婚礼照片下面是一只马桶,广告建议新人慎重选择卫生间马桶坐垫,因为“没有比卫生间更能考验婚姻的了。”广告将婚礼仪式“去神秘化”并与婚礼精神对立,因为婚礼本是一个浪漫、光辉的时刻,广告却突然用世俗的产品将人们带入现实的婚姻生活,如图 3—8[①]。

这则广告将重点放在马桶和婚纱、卫生间和婚

① 美标品牌 1872 年成立于美国马萨诸塞州,前身为经营洋铁制品的商店。1984 年正式使用美标(American Standard),图 3—8 为 1946 年以婚礼为主题的卫浴广告。

誓的不一致性上。麦克拉肯(McCracken)曾指出:广告试图让受众看到商品和文化的相似之处,这种相似之处常常具有隐喻性而并非广告的目的。广告是一种渠道,通过这个渠道,意义不断从文化建构的世界转移到消费品上,这则广告特定的仪式语句成为仪式转移的载体。广告采用严肃的风格表现低廉的商品,通过“本不和谐的模仿”达到幽默的目的,这种手法称为“戏仿”。对这种广告信息的接受程度取决于消费者对于被戏仿文本以及婚礼仪式的早前认知。

5.仪式之五:反叛的护身符

迪赛牛仔裤[①]广告(如图 3—9)中的婚礼仪式符号突出表现为新人型的结婚蛋糕、百合花和亲吻的小鸟。广告中的人物留着长发,身着夹克和迪赛牛仔裤,面露不羁的笑容横躺着。广告伪装成婚礼邮购卡片,承诺提供假的婚礼照片使人们“看上去已婚但实际单身”。如果没看到边上的产品说明,人们很可能认为是提供婚礼邮购服务的企业在做广告。这种非常真实的伪装手法称作“反语”,反语的目的是将产品伪装得很可笑荒谬。消费者越难判断广告故事的真实性,表明反语运用越成功。广告中的人物角色无论是图上文字的发出者还是接受者,都对婚姻持怀疑态度。他身上穿的牛仔裤是一种借代(用部分代表整体),即广告是以牛仔裤来代替对婚姻的讽刺态度。

图 3—9　迪赛牛仔裤“单身篇”

这则广告中的婚姻和婚礼仪式都遭到攻击。广告将婚礼物品作为背景元素,本该代表传统婚礼仪式的结婚蛋糕、百合花等意象变成“反语”,以此表明消费者用牛仔裤摆脱婚礼仪式的态度。

① 迪赛(Diesel)牛仔裤是著名的意大利牛仔时装品牌,1978 年由伦佐·罗索(Renzo Rosso)。品牌命名短小精悍,表达牛仔裤的内涵:活力四射,朝气蓬勃,广告表达了消费者的穿着方式、生活方式,侧重社会理念的表达而非产品形象。

6.仪式之六：亵渎神圣

亵渎是指信仰体系冲突或传统价值观遭到质疑，通常表现为破坏原来信仰的广告形象、名誉中伤以及符号破坏。

图 3—10　AXE 香水“婚礼蛋糕篇”

在 AXE 男士洗护用品广告“婚礼蛋糕篇”[①]中（如图 3—10）。婚礼蛋糕的顶端站着新郎和新娘，新娘惊慌地护住新郎，以防被沿着蛋糕爬上来的众多新娘们抢走。AXE 男士洗护用品最大的特点就是在香气中加入了女性喜欢的味道，使男性使用者散发令人无法抗拒的男性魅力。

AXE 品牌以个性大胆著称，这则广告改变了婚礼蛋糕的传统形象，蛋糕顶端的新娘失去了幸福的神态，变得惊慌失措，蛋糕四面八方都是正在往上爬的新娘们。婚礼蛋糕和蛋糕上新郎新娘的形象是婚礼仪式的符号，在这里却被用来制造冲突。婚礼的潜台词往往是爱情、忠贞，而 AXE 却用这种方式挑战传统，暗示着如果新郎使用 AXE 的商品，婚姻将出现危机。AXE 采取这种反传统的亵渎仪式塑造品牌叛逆的个性和产品的吸引力。

综上，广告仪式文本研究通常采取两种思路：一是考察仪式类型，除了传统的仪式分类之外，也可根据特定的仪式类型对其归类，如上述广告的婚礼仪式可归纳为六类：法术、拜物、寓言、解药、护身符、亵渎等；二是考察文本类型，如反语、滑稽、拟人、故事、戏仿、讽刺等文本方式，据此研究广告中仪式符号的使用。

表 3—1　仪式类型与文本分析

仪式类型	文本类型及特征	符号体系	修辞手法
法术	暗喻	婚车、鲜花、结婚礼服	许诺
拜物	拟人、借代	婚纱、白色玫瑰	描述特征、人格化
寓言	具有象征意味的寓言示例、故事	面纱、捧花、白色礼服	预言式、“陌生化”
解药	滑稽、戏仿	婚纱、结婚礼服	去神秘化
护身符	讽刺、反语、借代	结婚蛋糕、百合花和亲吻的小鸟	还原事实真相
亵渎	戏仿、扭曲	婚礼蛋糕、结婚礼服	美化

① AXE 为联合利华旗下的顶尖男士日用洗护产品之一，AXE 香水广告宣称，其最大的特点是含有女性特别喜爱的味道和成分，为男性带来不可抗拒的魅力。

表3—1说明,广告和仪式是创造和改变文化的两种强大的体系,广告和仪式常常在意义转移的过程中相互影响。广告通过修辞手法影响仪式,仪式通过仪式符号影响广告。广告能够通过多种文本形式和修辞手法行使仪式的功能(拜物等),广告能够美化、讽刺(反语)和亵渎仪式,进而表达产品的象征意义。

二、意义转移:广告仪式化传播的核心

广告通过象征性的仪式文本赋予商品意义,积极参与文化意义的创造与再创造,从而实现广告的仪式化传播。而受众在参与体验广告的同时获得了意义,对商品的态度发生改变进而引发消费行为,达成广告仪式传播的效果。意义的流动与转移是广告仪式传播的核心,明确意义转移的过程和机理有助于广告仪式传播更好地开展。

麦克拉肯(McCracken)认为,商品的文化意义是广告赋予的。商品生产出来本身并不具备任何意义,只有通过广告符号的象征性才能为商品建立起一套丰富的意义体系。符号意义是表征社会的一种方式。商品的文化意义通常在三个点之间流动:文化建构的世界、消费品和个体消费者。一种意义转移的方式是将广告作为一种渠道,意义从文化建构的世界转移到消费品从而实现了流动和转移。另一种意义转移的渠道是时尚,即将消费品置于文化和社会的场景中,借助品牌社会活动的影响力、品牌或消费品对流行文化的塑造和改变等方式,将消费品纳入主流文化体系中。在此之后,消费品又经由四种仪式(占有仪式、交换仪式、梳理仪式、剥夺仪式)与个体消费者共同分享意义。

麦克拉肯的意义转移模型提出了广告和仪式在理论上的关系,意义的转移表明广告能够影响购买、交换、推荐和转让仪式。但是意义转移模型并没有讨论广告对特定仪式和传统仪式的影响,也没有反映出仪式对广告的互动作用。在广告仪式化的传播过程中,广告主将公共仪式符号,如婚礼仪式、毕业仪式、节日仪式等加入产品的意义中,这些仪式符号最终对广告形成重要影响。

可见,从符号意义解读的角度看,麦克拉肯的意义转移模型并不完善:

第一,消费品不是消费者获取意义的唯一渠道,广告也能够成为消费者获取意义的直接来源①。据此,消费品通过仪式的方式将意义传达给消费者,而广告通过文本及独特的修辞手法创造了仪式,由此广告同样具备意义传递的功能。

第二,个体消费者在规则化的仪式过程中,其特定的价值观和世界观得到描述和强化,进而引导其行为模式发生改变,反过来影响文化建构的世界。广告作为一种文化展演的形式,不仅是对特定社会文化的简单反映,它还具有积极的能动性,能够改变和创造社会文化。广告通过具有象征意义的符号创造"商品崇拜",如同宗教一样,它们虽然与

---

① Mark Ritson.The Social Uses of Advertising:*An Ethnographic Study of Adolescent Advertising Audiences*[J]. *Journal of consumer research*,Vol.26 December 1999.

神圣世界无关,但影响着现实的秩序。

第三,麦克拉肯的意义转移理论缺少一个必要的概念,那就是广告受众对仪式符号的解读活动。因为广告通过文本传递意义,广告创意人员可以利用仪式符号制造各种各样关于产品和仪式的复杂语句,广告中仪式符号的意义不应被限制在意义转移这种简单的行为中。

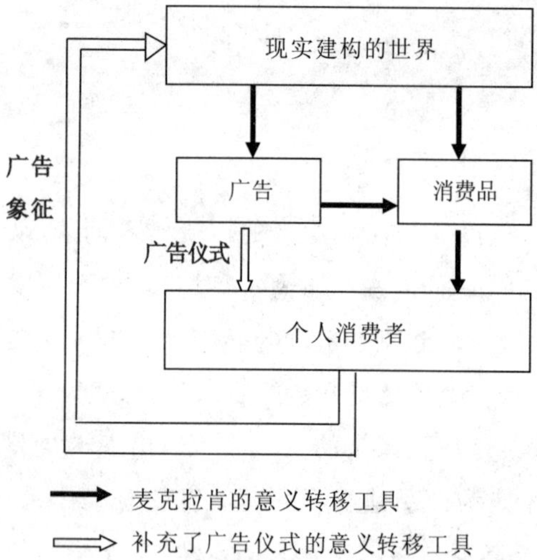

图 3－11 广告仪式传播实现意义转移的模型

综上,广告通过文本创造仪式,广告仪式同样具备意义转移的功能。广告所创造的意义能够改变和创造文化,广告意义的转移需通过消费者对仪式符号的解读才能实现。广告仪式实现意义转移的新模型应在麦克拉肯意义转移模型的基础上做出补充,现实建构的社会对消费者的影响应增加广告仪式的作用,消费者对于广告象征意义的解读应成为建构现实世界的重要因素(如图 3－11)。

三、通过仪式:广告传播的"阈限"

完整的广告传播过程需要广告主、广告经营者、媒介和受众多方的通力合作来完成。从信息传递的角度看待广告运作,它包括广告主选择广告经营者开展市场调查、进行广告策划、创意和制作,有针对性地选择媒介发布广告并对广告效果进行测定、受众反馈等一系列环节。广告作为一种仪式,不仅是一种单向的、传播商品信息的商业行为,更多的表现为各方共同参与、建构并共享意义的活动。广告主和广告经营者作为仪式的组织者,为商品选择仪式符号并拟定意义;媒介作为仪式传播的平台,完成对仪式的呈现和意义的生产;受众在观看广告的同时,参与到广告所创造的仪式情境中,分享仪式所要传达的意义。

广告传播是一种仪式传播,仪式是一套程序化的行为过程。最先对仪式进程展开研究的是人类学家范·杰内普,他将仪式统称为通过仪式,并将其界定为"伴随着每一次地点、状况、社会地位以及年龄的改变而举行的仪式"[①],通过仪式或转换仪式将仪式过程划分为三个阶段:分离阶段、边缘阶段(阈限)和聚合阶段。分离阶段为与日常生活的时间与空间分离、向仪式世界过渡;接着进入仪式世界,这个对日常生活的结构和设定的模拟时期也被称为"阈限";最后重新回到日常生活世界中完成仪式。其中"阈限"是表达仪式进程的关键概念。

---

① 〔英〕维克多·特纳著:《仪式过程:结构与反结构》,黄剑波、柳博赟译,中国人民大学出版社 2006 年版,第 94 页。

维克多·特纳对仪式的阈限做了进一步的探讨，阈限是交融的形式。在阈限阶段出现的社会关系模式，在社会中没有组织结构或仅有基本的组织结构，相对而言缺乏彼此差别的社群或社区，或者也可能是地位平等的人们结成的共同体。[①] 阈限是一种与日常状态隔断的非常态，一切世俗性的阻隔都被除去，仪式参与者能够毫无障碍地到达仪式的核心——意义。在交融的过程中，仪式通过意义的转移对参与者造成影响，当重回日常世界时，仪式参与者的情感和行为已经发生了变化。

消费者接受广告的过程实质上是一个经历阈限阶段的过程。在观看广告的同时，广告受众脱离了日常生活，进入广告创造的情境中，被广告中的兴奋、感动、幸福等情绪所感染，从而对与这些情绪相联结的商品产生渴望。当广告结束时，受众回归日常生活，他们对某种商品的态度已发生改变。

腾讯2013年春节推出“跨出一步，爱更清晰”的形象广告，讲述一对夫妻从恋爱时的无话不聊到结婚多年后的无话可聊，浓情蜜意随着时间的流逝变成了冷漠和疏离。当他们再次回到当年约会的老地方，妻子欲转身离去，丈夫指着两人曾经坐过的凳子说“再聊一会吧”，妻子转过脸，眼含泪光。此时，“有多少爱可以重来”的音乐蓦然响起，爱情在多年之后重新变得清晰。该广告片感动了无数观众，引发了大量的微博话题互动。广告在讲述情感故事的同时，表达了“腾讯是沟通和维系人与人之间感情的工具”品牌概念。腾讯广告让人们在短短的几分钟内体验了一对夫妻多年的爱情历程，观众在被爱情故事打动的同时，也认识到了人与人之间需要沟通，而腾讯正是实现这种沟通的一种非常有效的工具。

---

① 〔英〕维克多·特纳著：《仪式过程：结构与反结构》，黄剑波、柳博赟译，中国人民大学出版社2006年版，第96页。

第四章　文化的仪式:香水广告案例

第一节　香水:一种仪式性商品

香水(perfume)是一种混合了香精油、固定剂与酒精的液体产品,它能够使人体或物体拥有持久且愉悦的气味。香水是一种非生活必需品,消费香水的本质是对文化价值的消费,因此,香水消费是一种文化现象,而香水广告则是对文化现象的表达。

一、香水产品的神圣性

香水具有与生俱来的神圣性。早期的香水因为原料的稀有和制作工艺的原始、简陋,在很长一段时间里都是王宫贵族的专用品,属于名副其实的奢侈品。香水除了用来装饰个人之外,更多地被用在宗教祭祀的仪式中、作为具有神圣力量的物品。《古埃及金字塔文献》记载了这样一段文字:"吾王/我来此/为您献上/瓶中盛装的霍鲁斯之眼/它的芬芳沾染在您身上/吾王/它的芬芳/霍鲁斯之眼的芬芳/沾染在您身上/吾王/它赋予您灵魂……"可见,古埃及人认为香水是通灵之物,具有神的能力。埃及高等官员在就职仪式上也有"涂抹香油"的环节,以此来求得神的祝福。在古波斯,香水是皇室身份和地位的象征;而在希腊,人们认为香水是神的发明,闻到香水的味道意味着众神降临赐福。

1.香水的价值演变

香水的制造和使用由来已久,世界上最早的香水可以追溯到古埃及时期。那个时代,城市文明还没有萌芽,公共卫生设施尚未出现,大量人类聚居时散发的体味、人畜的排泄物和尸体腐烂的臭味以及垃圾堆积如山发霉的味道笼罩着古老的东方文明。一个偶然的机会,古埃及人发现通过焚烧香料可以得到香气,现代香水的雏形由此诞生,那时的香水也主要用于掩盖异味。

后来,通过十字军东征和皇室联姻,香水从古老的东方传到了欧洲并在法国发扬光大。城市的发展和公共卫生系统的完善让香水基本失去了消除异味的使用价值，美国著名影星玛丽莲·梦露的一句“我穿香奈儿 5 号睡觉”，则让香奈儿香水风靡全球，香水也彻底蜕变为一种个人魅力、生活态度和消费文化的象征。香水从功能性产品上升为一种消费文化。

2.香水的文化属性

香水不仅是一种工艺制品，更是一种文化载体。每款香水都携带着它诞生的时期和地域所独有的文化基因。东方香水清新淡雅，西方香水浓郁热烈，这种嗅觉上的差异有人种学依据。东方人体味较淡，香水只是用来愉悦身心；西方人体味较浓，香水必须首先具备掩盖体味的功能。此外，东西方文化的差异也是一个重要的原因。东方文化讲求含蓄、平和、崇尚自然，其香水多为花香调、木香调，能够给予人们精神上的慰藉；西方文化追求个性的张扬和释放，浓郁、刺激的香味能够展现个体独特的气质魅力。

香水的味道投射出社会文化的变迁。20 世纪 80 年代，美国流行雅皮士文化，这种文化的中坚力量是受过良好教育、在大都市中从事专业性工作的青年群体。他们衣食无忧，生活舒适，追求高品质生活和享乐。那个时期的香水产品普遍含有性感的麝香和海狸香成分，迎合雅皮士们对精致生活的追求。90 年代之后，当年的雅皮士们成长为家庭的支柱，年轻时的奢华生活也变得简朴务实，香水流行的香味也从轻浮变得稳重。新世纪以来，随着信息社会的飞速发展，社会竞争日趋激烈，消费者面临的工作压力越来越大，能够舒缓情绪、抚慰浮躁的水果调、自然调香水开始受到青睐。

二、香水广告：一种文化的崇拜

1.香水广告的意义场

香水是一种文化现象，香水的文化价值在广告中得以生产和传播。在各类香水广告中，音响、文字、视觉等符号本身与香水的功能、情感、文化意义之间不存在天然的、客观的联系，符号系统与意义系统是在广告创作的过程中，被人为地综合到同一幅香水广告中，由此产生消费者思维上的关联。

从广告创意与表现来看，香水广告常常通过多种符号形态的结合为社会树立理想的形象典范，激发受众对香水的欲望。广告中的人物呈现出显著的社会性别特征，为受众的自我期许和对异性的审美趣味提供了依据。广告中的场景设置定义了香水的适用场所，建构了理想化的生活方式。最重要的一点是，香水广告向受众传递了特定的价值取向，将香水彻底上升为一种文化产品。

2.香水广告的文化变迁

香水广告是对文化的表征，香水广告的变化折射出文化的变迁。20 世纪初，香水在世界范围内流行起来，香水广告应运而生。最早出现的香水广告已经无从考究。早期的香水同化妆品一样被认为是女性专用品，香水广告几乎全部被女性形象所占据。香水广告表现的多是柔美或性感、具有显著女性气质的女性形象，男性形象在香水广告中集体缺席。

随着社会的发展与物质生产力的提高，进入消费社会的人们，其性别观念和审美观念相应获得解放，男性也开始主动追求自我完善和生活品质。在这种社会背景下，使用香水不再是女性的专利，男士专用香水逐渐出现，香水广告中相应地出现了男性形象，传递了香水——男人味的隐喻。20 世纪 90 年代以后，香水从女性专享变成了男性与女性共享的产品，中性香、绿茶香等成为畅销香型。香水香型的中性风格反映在香水广告中，广告开始强调异性形象。最具代表性的产品是香奈儿 5 号，这个因传奇女星玛丽莲・梦露而风靡全世界的经典香水聘请美国知名男星布拉德・皮特作为代言人，重塑了产品形象并为其延续经典。

3.香水广告的文化崇拜

社会发展到今时今日，物质极大丰富，消费者购买力相应增强。当最基本的生存需要得到满足后，人们开始寻求精神需求的满足和自我价值的实现，这为作为非生活必需品的香水提供了广阔的市场前景。卢梭曾指出这种人类社会消费升级的趋势："人在社会之中，事情就变得很不相同：首先操心的是生活必需品，然后是非必需品——最可怪的是，越是对于非自然的和不迫切的需求，越是激情高涨。"[①]香水广告加入到争夺消费热情的战役中。

广告崇拜的形成基于这样的社会现实：社会的高速变迁引起人们价值观的冲突与重构，人们开始感到忧虑和迷茫。从产品的物质文化属性来看，香水表达了人们对于扎根在心中的美的向往，以及孕育在生命最深处的价值取向，迎合了人们渴望稳定的内在精神需要，香水广告因此得以升华成为一种信仰之物。

"任何事物都可以成为神圣的事物"[②]，只要它具有赋予事物神圣性的力量。香水是非生活必需品，不具备必要的使用价值。一瓶几十毫升的液体，几百甚至上千元的价格堪称奢侈。然而，这样一种看似违反经济规律的商品却受到追捧，甚至被视为魅力和品位的象征，可以说，香水广告在某种程度上已经获得了宗教属性，具有类似信仰的作用机制。

4.香水广告仪式的特征：隐蔽的组织者

作为一种具体的传播实践，香水广告的传播在共性特征之外还具有隐蔽的新特征。香水广告隐藏了仪式传播的组织者——试图利用符号意义影响和操纵受众的广告商们。隐蔽的组织者令受众的防备心理松懈，消费者将自身产生的产品态度和随之而来的消费

---

① Hirschman, Albert, *The Passions and the Interests: Political Arguments for Capitalism before Its Triumph*, Princeton University Press, 1997.

② 〔法〕爱弥尔・涂尔干著：《宗教生活的基本形式》，渠东、汲喆译，上海人民出版社 2006 年版，第 48 页。

行为当作是内在自发形成的,广告只是一种仅供娱乐和消遣的方式。但事实恰恰相反,受众基于广告所产生的一切情感和行为上的变化,都可以在广告的意义系统中找到相应的依据。香水广告是符号意义所产生的权力争斗的场所,主导的一方是精明的广告商们,他们将自己隐蔽在符号背后,无形中消解了受众的抵抗,为广告意义的长驱直入铺平了道路。

第二节　内容分析:解读香水广告的隐喻

一、特定文化价值观的表征

传播仪式观强调符号的重要性。符号是传播活动中保留着传播行为独特属性的最小单元、同时也是传播语境中具有独特结构的基本单元。对香水广告的意义和文化表征的把握需要建立在符号分析的基础之上。

作为一种文化产品,香水广告具有显著的文化意义,是传播仪式观研究的理想对象。早期的香水是身份、地位、权力的象征,它的诞生和流行反映出当时社会的发展程度和价值观念的变迁;进入现代社会,香水走下神坛进而在全世界范围内普及。香水丰富多样的香调折射出不同地域间的文化差异性,其使用人群的演变也揭示出了现代性别文化的变迁。

传播仪式观为广告符号的分类提供了依据。传播是意义生产的符号过程,所有能够进行意义生产的符号都是传播仪式观所关注的对象。仪式观不拘泥于符号的外在表现形式,它认为仪式中的神圣物、圣歌和祷告词同样重要。广告中的符号具有表征功能,它通过与被表征之物建立事实或思维上的联系引发联想,从而实现意义的转移。传播仪式通过重复性和程式化的运作,加深和巩固它所激发的情感、信仰,以此达到介入受众生活、建构社会现实的目的。

二、香水广告的内容分析

传播研究看作是考察符号意义的生产、作用与共享的社会过程。香水的使用价值在于它的气味,而气味是无法通过广告直接表达的,所以香水广告必须借助多种形式的符号构建嗅觉隐喻。因此,香水广告中的符号具有非凡的象征意义和较高的研究价值。

为进一步了解香水广告的仪式传播规律,探讨作为具有深刻文化意义的产品——香水,如何通过仪式传播实现意义生产与文化表征,本书选取《瑞丽服饰美容》杂志(2009—2013年)主刊中出现的所有香水广告作为研究对象,对其内容进行深入分析。研究方法采用内容分析法，对香水广告中的符号进行全面的分解与解读，从单一香水广告的符号体系推断出香水广告整体的意义。

为保证样本的代表性和数据的有效性，本研究采取随机抽样的方式，将抽样时间跨度定为五年，重复出现的样本不计入样本总体中（香水广告重复性研究除外）。

1.研究假设的提出

本研究从广告的仪式属性和文化表征两个角度提出假设：

假设1：香水广告存在着相对固定的符号系统，系统中居于核心地位的象征符号是人物符号；同系列的香水重复出现多次，其中的人物符号和画面风格保持一致，是一种重复性和程式化的运作。

假设2：人物符号与香水之间存在着某种事实或思维上的关联，香水广告以此来实现意义的转移。这种关联性体现在两者的位置关系和色相关系上。

假设3：香水广告的核心目的并非传播商品信息，而是改变、强化或巩固受众的情感和信仰。香水广告的文案中更多地运用感性诉求而非理性诉求。

假设4：香水广告表现出明显的个人主义。香水广告中普遍出现单一人物符号，人物符号具有显著的西方特征，广告诉求重点也与个体相关。

假设5：香水广告表现出明显的男性气概。广告通过人物的服饰、表情、姿态等符号形式清楚地展现出两性之间的差别。

2.编码的方法与结果

《瑞丽服饰美容》具有敏锐的时尚触觉、印刷精美，是中国女性时尚杂志第一品牌，同时也是众多国际知名时尚品牌投放广告的首选。研究选择2009—2013年的《瑞丽服饰美容》主刊共61本（2010年9月号正值杂志创刊15周年，推出“南方版”和“北方版”双刊）作为样本，最终选取了共168幅香水广告，其中有效样本量（不重复的香水广告）共91幅，涵盖了27个品牌的56个产品系列。

根据研究假设制定相应的编码项目共23个（见表4—1），编码项目按照符号表现形式的不同分为五个类别：

表4—1 编码项目类别

统计性符号	品牌频次
	系列频次
	香型
	人物的一致性
	画面风格的一致性
	核心象征符号

续表

人物及相关符号	人物数目
	人物性别
	人种
	发色
	头发长度
	蓄胡情况
	表情
	服饰
	裸露
	姿态
	位置关系
色彩符号	色相
	色相的一致性
文字符号	诉求方式
	诉求点
其他符号	场景符号
	时间符号

具体的分类情况和编码情况如下：

类别一：统计性符号

(1)品牌频次。记录特定香水品牌广告重复出现的次数。

1次:记作1;2—5次:记作2;6—10次:记作3;11—15次:记作4;16到20次:记作5;20次以上:记作6

(2)系列频次。记录特定香水系列重复出现的次数。

1次:记作1;2—5次:记作2;6—10次:记作3;11—15次:记作4;16到20次:记作5;20次以上:记作6

(3)香型。广告中呈现的香水类型。香水按照适用人群的性别可以划分为两个类型:男性香水和女性香水,一般情况下,香水广告中只出现一种香型,个别香水广告中两种香型会同时出现。

男性香水:记作1;女性香水:记作2;两种香型同时出现:记作3

(4)人物的一致性。考察同系列香水广告中的人物是否保持一致、是否有更换。

一致:记作1;不一致:记作2;无人物:记作3

(5)画面风格的一致性。考察同系列香水广告的画面风格是否保持一致、是否有变化。画面风格分为写实风格和漫画风格,写实风格是对真实世界的如实呈现,漫画风格是用艺术手法表现世界。

一致:记作 1;不一致:记作 2

(6)核心象征符号。记录广告中居于核心地位的象征符号,主要考察人物符号在香水广告中的地位。本研究将人物符号归为一类,将色相、道具等其他符号归为另外一类。评判标准主要包括符号的尺寸、位置、清晰程度和重要性等。香水是被象征之物,不计入象征符号范围内。

人物符号:记作 1;其他符号:记作 2

类别二:人物及相关符号

(1)人物数目。记录广告中出现的人物数目,同一人物在同一广告中的重复不计入人物数目中。

没有人物:记作 1;1 个人物:记作 2;多于 1 个人物:记作 3

(2)人物性别。记录广告中的人物性别。

男性:记作 1;女性:记作 2;无人物:记作 3

(3)人种。记录香水广告中人物的人种种类。人种是指在体质形态或遗传特征上具有某些共同特征的人群,人种可依据外在特征(肤色、发色、面部骨骼结构等)、基因以及自我认同等标准划分为不同的种类。本研究是针对二维平面上的视觉符号进行的,以人物的外在特征为依据,参照美国人类学家 Carleton S.Coon 的分类方法,将人种分为黑色人种、白色人种、黄/棕色人种三种类型。

黑色人种:记作 1;白色人种:记作 2;黄/棕色人种:记作 3;无法辨别:记作 4

(4)发色。记录广告人物的发色特征。人类自然发色分为黑色、褐色、金色和棕色。由于存在金棕色等调和颜色,为减小编码误差,本研究中将发色分为金色(包含金棕色、金黄色、挑染金色等)、黑色(包含褐色)、无法辨别发色三种。

金色:记作 1;黑色:记作 2;无法辨别:记作 3

(5)头发长度。根据头发长度的不同,男性可分为短发(长度未及耳)和中长发(长度过耳);女性可分为短发(长度在肩膀以上)、中长发/长发(长度过肩膀)和其他(因盘发或光影效果等原因无法辨别头发长度)。

男性短发:记作 1;男性中长发:记作 2;女性短发:记作 3;女性中长发:记作 4;女性其他:记作 5

(6)蓄胡须情况。主要记录广告中男性的胡须长度。胡须是体现男性精神面貌的重要体貌特征,男性胡须可按长度分为无胡须、基本无胡须(有轻微的胡茬)和有胡须(有一定长度的胡须)。

无胡须:记作 1;基本无胡须:记作 2;有胡须:记作 3;女性:记作 4

(7)表情。主要考察广告人物的嘴部特征。人类的面部表情主要通过眼睛和嘴唇表现,眼神是人物内心世界的反映,所表达的意义丰富且微妙,没有相对正确的解码方式,因此对人物表情的考察主要在嘴部。嘴部通常有四种状态:嘴唇闭合无笑容、嘴唇闭合有笑容、嘴唇微张无笑容和嘴唇张开有笑容。

嘴唇闭合无笑容:记作1;嘴唇闭合有笑容:记作2;嘴唇微张无笑容:记作3;嘴唇张开有笑容:记作4;无法辨别:记作5

(8)服饰。记录香水广告人物的服饰特征。人物着装按适用性的不同可以分为休闲装、职业装和特殊场合着装三大类。男性的休闲装多表现为普通上衣(区别于职业装中的衬衫)、T恤、休闲裤或牛仔裤;职业装和特殊场合着装多表现为西服、西裤、平整的衬衫或领带。女性的休闲装多表现为普通上衣、T恤、休闲裤、牛仔裤或普通裙装(区别于特殊场合的礼服裙);职业装多表现为西服、西裤、西服裙或平整的衬衫;特殊场合着装则表现为剪裁精致、质地上乘的礼服裙。

男性休闲装:记作1;男性职业装/特殊场合着装:记作2;女性休闲装:记作3;女性职业装:记作4;女性特殊场合着装:记作5;无法辨别:记作6

(9)裸露。记录广告人物的身体裸露情况。本研究所关注的裸露主要表现在男性或女性身体的敏感部位,即带有强烈性暗示意味的部位。如男性健硕的胸部、腹部和下体,女性的胸部、背部和臀部等。广告中还出现半身裸露和全身裸露的情况,一般为男性的上半身裸露、女性身着内衣、裤的裸露和女性的半身或全身裸露(敏感部位被遮挡)。

有裸露:记作1;无裸露:记作2

(10)姿态。记录广告人物表现出的明显的动作姿态。人物姿态按照表现出的精神气质的不同可以分为:男性姿态,动作幅度较大、呈现开放性和张扬性,或两手插袋、整理衣领等具有显著男性气质特征的姿态;女性姿态,动作幅度较小、一般仅限于身体上或身体两侧,带有比较明显的性暗示意味,如亲吻、以手支头等;中性姿态,即没有显著气质特征的姿态。

男性姿态:记作1;女性姿态:记作2;中性姿态:记作3

(11)位置关系。记录人物符号与核心象征符号之间的空间关系。在同一画面中,人物和香水的空间关系大致可分为有三种:两者并列(两者在空间上无交集)、两者重叠或部分重叠以及人物与香水有实体接触。

并列:记作1;重叠或部分重叠:记作2;接触:记作3;无人物:记作4

类别三:色彩符号

(1)色相。记录广告画面整体的色彩表现。根据日本色彩研究所研制的PCCS(Practical Color Coordinate System)色彩体系,构成人类色觉基础的主要色相是红、黄、蓝、绿,它们是色彩体系的中心。这四种色相与其对应的补色共同形成8个色相,再对这8个色相进一步分割得到24个色相:泛紫的红、红、泛黄的红、泛红的橙、橙、泛黄的橙、泛红的黄、黄、泛绿的黄、黄绿、泛黄的绿、绿、泛蓝的绿、蓝绿(2个)、泛绿的蓝、蓝(2个)、泛黄的紫、蓝紫、泛蓝的紫、紫、泛红的紫和紫红。由于24个色相中的某些相邻色相差异性较小，为减小编码误差，本研究将具有明显偏向性的色相归为一种：黄绿、泛黄的绿、绿和泛蓝的绿统称为绿；泛蓝的绿、蓝绿、泛绿的蓝、蓝、泛黄的紫、蓝紫统称为蓝；泛蓝的紫、紫统称为紫；紫红、泛紫的红、红统称为红；泛黄的红、泛红的橙、橙统称为橙；泛黄的橙、泛红的黄、黄统称为黄。同时，本研究结合广告中的常见色相，另外增加了粉、金和无彩色三个色相。其中无彩色指的是黑、白、灰。

绿：记作 1；蓝：记作 2；紫：记作 3；红：记作 4；橙：记作 5；黄：记作 6；粉：记作 7；金：记作 8；无彩色：记作 9

(2)色相的一致性。记录广告中人物与香水在色相方面的关系，根据色相的一致程度可分为：不一致，即人物和香水在色相方面没有交集；一致，即人物和香水在色相方面存在部分交集或完全对应。

不一致：记作 1；一致：记作 2；无人物：记作 3

类别四：文字符号

(1)诉求方式。记录香水广告的诉求方式。广告的诉求方式一般在文案中体现，以商品信息为重点的诉求方式称为理性诉求，香水广告中的理性诉求包括香水香调、对适用场合的建议和对适用效果的承诺等；以情感为重点的诉求方式称为感性诉求。个别广告中会出现相对独立的两段文案、两种诉求方式的情况。

理性诉求：记作 1；感性诉求：记作 2；理性/感情诉求同时出现：记作 3；无诉求：记作 4

(2)诉求点。记录香水广告中标题的诉求点。本研究以相关研究的成果为参照，在此基础上总结出广告中的几大诉求点：身体、魅力(包括美丽和对异性的吸引力)、爱情、幸福、成功和态度(生活态度和自我态度)。

身体：记作 1；魅力：记作 2；爱情：记作 3；幸福：记作 4；成功：记作 5；态度：记作 6；无诉求点：记作 7

类别五：其他符号

(1)场景符号。能够表现画面所处环境的符号。场景符号按内容属性不同可分为自然场景符号和人工场景符号。自然场景符号是指山川、河流、花朵等自然现象，人工场景符号主要指城市楼群、宫殿等建筑。

无场景符号：记作 1；自然场景符号：记作 2；人工场景符号：记作 3

(2)时间符号。能够表明画面所在时间的符号。时间符号可以分为两类：一类表现一天之内的早、中、黄昏、晚；另一类表现一年中的春、夏、秋、冬。

无时间符号：记作 1；有时间符号：记作 2

三、编码统计与数据分析

1.广告信息的重复情况

本次研究共得到168个样本,这168幅香水广告分别属于27个品牌的56个系列。对香水广告的重复性考察分品牌重复(见表4—2)和系列重复(见表4—3)。

表4—2　香水广告中的品牌重复情况

		频率	百分比	有效百分比	累积百分比
有效	1次	5	18.5	18.5	18.5
	2—5次	10	37.0	37.0	55.6
	6—10次	8	29.6	29.6	85.2
	11—15次	2	7.4	7.4	92.6
	20次以上	2	7.4	7.4	100.0
	合计	27	100.0	100.0	

表4—3　香水广告中的系列重复情况

		频率	百分比	有效百分比	累积百分比
有效	1次	12	21.4	21.4	21.4
	2—5次	40	71.4	71.4	92.9
	6—10次	3	5.4	5.4	98.2
	11—15次	1	1.8	1.8	100.0
	合计	56	100.0	100.0	

大多数香水品牌和香水系列采取了重复性的传播策略,但是重复力度有待加强。相关研究指出,相同的事物反复出现7次才能够达到记忆的效果。近两成香水品牌仅出现了1次,几乎无法引起受众的注意;近四成品牌出现频率在2—5次之间,很难达到记忆效果;接近半数的品牌反复出现6次及以上。而香水系列广告,两成的系列广告仅出现过1次,注意效果较差;七成的系列广告出现频率在2—5次之间,记忆效果较差;反复出现6次及以上的系列广告不足一成。

对于特定的香水系列,重复性不仅表现为广告篇幅的重复,还表现为系列内符号的稳定性。本研究选取视觉符号中的人物符号和画面风格符号对香水系列的重复性进行考察,见表4—4和表4—5。

表 4－4　香水系列广告画面风格的一致性情况

		频率	百分比	有效百分比	累积百分比
有效	一致	55	98.2	98.2	98.2
	不一致	1	1.8	1.8	100.0
	合计	56	100.0	100.0	

表 4－5　香水系列广告中人物符号的一致性情况

		频率	百分比	有效百分比	累积百分比
有效	一致	46	82.1	82.1	82.1
	不一致	6	10.7	10.7	92.9
	无人物出现	4	7.1	7.1	100.0
	合计	56	100.0	100.0	

从表中可以看出，香水系列广告非常注重画面风格和人物符号的一致性。在 56 个香水系列广告中，仅有 1 个系列广告出现了画面风格不统一的情况；而在 52 个出现人物符号的系列广告中，也仅有 6 个广告出现人物符号的更换。

作为一种仪式化的传播，香水广告重复的目的是增强广告的权威性和感染力，使产品能够进入受众的日常生活中扮演重要的角色、强化受众的认同和信仰从而引起购买行为。广告通过符号以及传播过程的重复，获得更广泛的受众群体、强化品牌记忆。统计结果表明，半数的香水品牌已经认识到高频率的重复能够帮助品牌建立知名度、达到良好的传播效果，而对于细分的香水系列还没有给予足够的重视；香水系列广告自身则充分地利用了人物符号和画面风格符号的一致性强化受众记忆、形成区分。

2.广告中的核心象征符号与作用机制

符号系统中居于核心地位的符号称为核心象征符号。核心象征符号通常具有视觉上的显著性，是受众观看广告时的第一注意点。核心象征符号是意义的主要载体，具有将所象征之物推上崇拜之位的神圣力量。本研究假设香水广告中的核心象征符号是人物符号，验证结果见表 4－6。

表 4－6　香水广告中的核心象征符号

		频率	百分比	有效百分比	累积百分比
有效	人物符号	82	90.1	90.1	90.1
	其他符号	9	9.9	9.9	100.0
	合计	91	100.0	100.0	

香水广告的核心象征符号是人物符号。在 91 幅不重复的香水广告中，90％的广告中出现了人物符号，这些人物符号无一例外地承担着主要的意义生产功能，10％的广告

中没有出现人物符号,香水意义从另外的道具符号中获得。

香水广告是一种精神崇拜的仪式,广告中人物符号的运用展现了精神崇拜的力量。涂尔干提出,根据崇拜对象的不同,宗教可划分为自然崇拜与精神崇拜。自然崇拜的对象是普遍存在的自然现象,如星辰、河流、各种动植物等;精神崇拜的对象则是具有生命、意识的能动者,即人类。与自然现象相比,人类本身携带了丰富的意义,而香水广告想要表达的正是一种朦胧、宽泛的价值观——对美的永恒追求。

符号赋予香水意义,核心象征符号是这些意义的主要生产者,它们通过某种作用机制将意义转移到香水上。本研究假设,人物符号作为香水广告中的核心象征符号,与香水之间具有某种人为的关联,并以此实现意义的转移。这种关联性体现在两者的位置关系和色相关系上,具体分析结果见表 4－7 和表 4－8。

表 4－7　人物与香水的位置关系

		频率	百分比	有效百分比	累积百分比
有效	并列	31	34.1	34.1	34.1
	重叠或部分重叠	30	33.0	33.0	67.0
	接触	21	23.1	23.1	90.1
	无人物	9	9.9	9.9	100.0
	合计	91	100.0	100.0	

表 4－8　人物与香水的色相关系

		频率	百分比	有效百分比	累积百分比
有效	不一致	27	29.7	29.7	29.7
	一致	55	60.4	60.4	90.1
	无人物	9	9.9	9.9	100.0
	合计	91	100.0	100.0	

香水广告中的意义转移主要通过核心象征符号与香水在空间上和色相上的相关性实现。在 82 幅存在人物符号的香水广告中,有 51 幅广告中的人物和香水在空间上建立了事实或想象上的联系,占到样本总量的六成以上。这种联系的建立一半是靠人物与香水的实际接触,意义从人物身上自然地传染给香水;一半是靠人物与香水在空间上的重叠或部分重叠,这种非实体接触同样能够创造对两者关系的想象。在色相方面,82 幅香水广告中有近七成的广告在人物和香水的色彩表现上花费心思。大部分的香水广告通过两者在色相上的部分一致建立关联,如图 4－1 中的人物唇色与香水;部分香水广告则是将两者的色相完全一致化处理,如图 4－2 中人物的发色、肤色、服饰颜色等与香水的色彩表现完全一致。

图 4－1　人物与香水在色相上部分一致

图 4－2　人物与香水在色相上完全一致

3.广告中的诉求方式

传播仪式观区别于传递观的特征之一就是：传递观强调信息的传递，而仪式观强调信仰的共享。文字符号是产品信息的主要表现形式。视觉符号的象征功能造成了意义解读的不确定性，而文字符号能够从视觉符号的众多可能意义中选出一个，并用准确的词语固定它，具体的广告诉求情况见表 4－9。

表 4－9　香水广告的诉求方式

		频率	百分比	有效百分比	累积百分比
有效	感性诉求	29	31.9	31.9	31.9
	理性诉求和感情诉求同时出现	5	5.5	5.5	37.4
	无诉求	57	62.6	62.6	100.0
	合计	91	100.0	100.0	

文字符号表意的优越性并不能全盘否定视觉符号的信息表征功能，视觉符号也可能为产品框定适用时间与场合。因此，本研究在考察香水广告诉求方式的同时，也试图探索场景符号和时间符号所传达的信息（见表 4－10）。

表 4—10　香水广告中的时间符号

		频率	百分比	有效百分比	累积百分比
有效	无时间符号	89	97.8	97.8	97.8
	有时间符号	2	2.2	2.2	100.0
	合计	91	100.0	100.0	

研究数据表明:香水广告作为一种仪式性的实践活动,并不以传播信息为目的。从诉求方式上看:首先,香水广告对文字符号的运用比较少。91 幅香水广告中只有 34 幅中出现香水名称以外的文字信息,大部分香水广告更倾向于视觉符号的意义生产;其次,34 幅香水广告全部为感性诉求,只有 5 幅广告在感性诉求的同时加入了产品相关信息,如图 4—3 和图 4—4。

图 4—3　香水广告中的产品信息

图 4—4　香水广告中的产品信息

图 4—3 和图 4—4 中的文案分别为:“保加利亚玫瑰,非洲茉莉、小苍兰,缔造明亮白花香和馥郁麝香调的结合。忙碌职场抑或出席晚宴,时刻散发性感摩登的现代女人味。”“苹果香气、橙色花蕾、柔滑香草,演绎热情果香和温暖木香调的灵动。郊游聚会时,清脆爽甜、甜蜜柔滑的气息令你活力难挡。”“你想俘获谁的心?”

两幅香水广告运用了感情与理性相结合的诉求方式。文案“你想俘获谁的心?”以女性魅力为诉求点,向受众承诺使用该香水会提升女人味、得到异性的爱慕。同时,广告还向受众介绍了香水的成分——保加利亚玫瑰/苹果等;该款香水的适用场合——职场、晚宴/郊游聚会。

香水广告中能够定义香水适用时间、场合的时间符号和场景符号也并不多见:仅有 2 幅香水广告中出现了明显的时间概念(如图 4—5)。

画面左上角的月亮为该香水广告营造了夜晚的时间概念,定义了该香水的适用时间,暗喻在夜晚使用该香水也许会邂逅一段绮缘。

在研究样本中，23 幅香水广告中出现了明显的场景特征（如图 4－6）。画面背景是带有显著城市特征的摩天高楼，象征着香水适用人群是生活在城市中的现代女性，该款香水适用于快节奏的都市生活和竞争激烈的职场。

出现场景符号的香水广告占样本数量的两成半，其中又以自然场景居多（如图 4－7），画面背景是如同原始丛林一般的自然环境，河流和远处的树木象征着野性、奔放以及天性的释放。该款香水适用于个性张扬、热情奔放、充满活力的女性，是她们户外郊游、野外探险的选择。

图 4－5　香水广告中的时间符号

图 4－6　香水广告中的人工场景符号

图 4－7　香水广告中的自然场景符号

从香水广告的内容上看，大多数香水广告并没有试图向受众传递任何有关香水的具体信息，广告之所以能够产生效果，在于它与受众共享了某种价值观念（如对女性魅力的追求）进而影响他们的行为。同时，香水广告还能够创造生活脚本。它利用符号的象征性定义了使用者的精神气质，为香水的使用定义了最佳的时间和场合。

4.广告中的文化价值观与人种偏向

荷兰学者霍夫斯坦德在实证研究的基础上提出了文化价值观研究的五个维度：权力差

距、回避不确定性、长期倾向性/短期倾向性、个人主义/集体主义以及男性气概/女性气质。前三个维度适用于动态语境,后两个维度适用于动态/静态语境。个人主义/集体主义考察的是社会文化中存在的一个非常重要的问题——个人与集体的关系问题。个人与集体关系密切、个体对集体身份具有较高的认同感和忠诚度的社会,称之为集体主义社会;反之则称之为个人主义社会。集体主义考虑问题的角度是"我们",这是建立在关系网中的文化取向;个人主义考虑问题的角度是"我",这是建立在个体基础上的文化取向。个人主义/集体主义带有明显的地域性特征,个人主义主要出现在经济发达的西方国家,集体主义则主要出现在经济欠发达的东方国家。男性气概/女性气质是由社会文化决定的。由于男性和女性在生理结构上具有不可更改的根本差别,这种生物学上的二元对立关系不能作为文化研究的维度。男性气概是指"两性的社会性别角色差别清楚:男人应表现的自信、恃强、注重物质成就。女人应表现得谦逊、温柔、关注生活质量"①;女性气质则是指"两性的社会性别角色互相重叠,男人与女人都表现的谦逊、恭顺、关注生活质量"②。

霍夫斯坦德研究发现,个人主义/集体主义带有明显的西/东方特征。本研究通过广告人物的数目和诉求点的个体相关性考察香水广告表征的文化意义,研究统计结果见表4—11和表4—12。

表4—11　香水广告中的人物数目

		频率	百分比	有效百分比	累积百分比
有效	没有人物	9	9.9	9.9	9.9
	仅出现1个人物	70	76.9	76.9	86.8
	多于1个人物	12	13.2	13.2	100.0
	合计	91	100.0	100.0	

表4—12　香水广告中的诉求点

		频率	百分比	有效百分比	累积百分比
有效	身体	1	1.1	1.1	1.1
	魅力	10	11.0	11.0	12.1
	爱情	13	14.3	14.3	26.4
	幸福	1	1.1	1.1	27.5
	成功	1	1.1	1.1	28.6
	态度	8	8.8	8.8	37.4
	无诉求点	57	62.6	62.6	100.0
	合计	91	100.0	100.0	

① 〔荷〕G.霍夫斯坦德著:《跨越合作的障碍》,尹毅夫等译,中国科学出版社1996年版,第105页。
② 同上。

香水广告中存在个人主义的表达特征。香水广告以单一人物形象为主，广告文案以魅力、幸福感、生活态度等个体知觉、感受为主要诉求点。在91幅平面香水广告中，仅有12幅出现了1个以上的人物形象，占样本总量的13.2%；近八成的香水广告中仅出现1个人物形象；另有9幅香水广告中人物缺席。在34幅有文字符号的香水广告中，21幅广告以身体、魅力、幸福、成功、生活态度等个体价值观为诉求点，13幅广告以爱情（双向行为）为诉求点（见表4—13）。

表4—13　香水广告诉求点实例

诉求点	文案实例
身体诉求	躯体与灵魂
魅力诉求	“你想俘获谁的心？”“缤纷璀璨魅力非凡绝对宝格丽”
幸福诉求	美丽人生拥抱幸福
成功诉求	穿出你的成功
态度诉求	“让梦想自由绽放”“狂野炫耀释放真我”
爱情诉求	“邂逅属于你的爱情”“爱在心动时”

本研究通过广告人种特征（见表4—14）和人物的发色（见表4—15）考察香水广告隐喻的意识形态。

表4—14　香水广告中人物的人种情况

		频率	百分比	有效百分比	累积百分比
有效	白色人种	89	87.3	87.3	87.3
	黄/棕色人种	8	7.8	7.8	95.1
	无法辨别	5	4.9	4.9	100.0
	合计	102	100.0	100.0	

表4—15　香水广告中人物的发色情况

		频率	百分比	有效百分比	累积百分比
有效	金色	78	76.5	76.5	76.5
	黑色	10	9.8	9.8	86.3
	无法辨别	14	13.7	13.7	100.0
	合计	102	100.0	100.0	

香水广告中的人物形象具有明显的西方化偏向。91幅不重复的平面香水广告中共出现了102个人物形象，在这102个人物中，具有显著白种人特征的占到近九成；黄/棕色人种仅出现8个，占总数的7.8%；黑色人种在香水广告中缺席。人物发色更加确认了这一人种偏向：金色/挑染金色/金棕色的发色占到所有人物发色的七成半，带有东方意味的黑色发色仅占到不足一成，人物在人种和发色上的偏向是香水广告在西方意识形态

方面的表征。图 4-8 中的模特头发和眉毛呈金黄色,眼球颜色为绿色或者蓝色,皮肤白皙,面部轮廓比较深,展现了典型的白种人形象。

除此之外,通过观察发现,都彭男士香水广告中的背景将英国国旗米字旗作为背景符号,带有浓厚的西方(欧洲)意识形态意味(如图 4-9)。

图 4-8　香水广告中典型的白人形象

图 4-9　香水广告中的意识形态表现

个人主义强调个体的主体性和能动性。这种价值观的优越性在于:社会民主、公平的程度相对较高,科学技术等领域更容易实现创新。个人主义以教授学习能力为教育目的,鼓励人们表达自己的真实想法,认为争执有益于真理的形成。同时,个人主义的弊端也不容忽视:以“我”为主的思考方式容易助长自私自利的风气,强烈的个性在碰撞的同时也容易引发冲突;个体之间松散的关系可能会导致社会抵御外来势力的能力减弱。

5.广告中的社会性别

霍夫斯坦德提出的五个文化价值观维度中的另一维度是男性气概/女性气质。男性气概的特征是男性与女性的社会性别角色差别清楚。考察男性气概/女性气质,首先要建立起香水广告中男性和女性的整体形象,然后再就两种形象之间的差异程度进行比较。性别形象通常由头发、表情、服饰、姿态、裸露程度、色相等多种符号建构而成。

香水广告中的女性普遍以中长发展现女性气质,而典型的短发男性形象则存在被颠覆的可能性(表 4-16)。男性短发/女性长发是社会性别观念中对两性做出的最直观的区分依据,一般情况下,男性对应着干净、整洁的短发,女性对应着顺滑、富有光泽的中长发。在 22 个男性形象中,七成左右保持着清爽、利落的短发(如图 4-10),近三成留着长度过耳的中长发(如图 4—11)。

表 4—16 性别·头发长度交叉制表

			头发长度			合计
			短发	中长发	其他	
性别	男性	计数	16	6	0	22
		性别中的 %	72.7%	27.3%	.0%	100.0%
		头发长度中的 %	72.7%	9.4%	.0%	21.6%
		总数的 %	15.7%	5.9%	.0%	21.6%
	女性	计数	6	58	16	80
		性别中的 %	7.5%	72.5%	20.0%	100.0%
		头发长度中的 %	27.3%	90.6%	100.0%	78.4%
		总数的 %	5.9%	56.9%	15.7%	78.4%
合计		计数	22	64	16	102
		性别中的 %	21.6%	62.7%	15.7%	100.0%
		头发长度中的 %	100.0%	100.0%	100.0%	100.0%
		总数的 %	21.6%	62.7%	15.7%	100.0%

图 4—10 短发的男性形象

图 4—11 中长发的男性形象

研究样本中的 80 个女性形象中,仅有 7.5%的女性留着耳朵以上的短发(如图 4—12),七成的女性保持着女性气质明显的中长发(如图 4—13)。另有两成的女性形象因角度、光线等问题无法辨别头发长度。

图 4—12　短发的女性形象

图 4—13　长发的女性形象

香水广告中的男性面容高度一致:坚定、冷峻,硬朗、刚毅,透露出自信、从容与威严;女性的表情相对生动和丰富,并且一改温顺、甜美的传统形象,更多的表现出性感和诱惑(见表 4—17)。在男性表情方面,近半数的男性嘴唇紧闭,七成多的男性脸上没有笑容或其他明显的表情(如图 4—14);在女性表情方面,仅有两成左右的女性展现出笑容,六成的女性嘴唇微张,性感意味浓厚(如图 4—15),不足一成的女性表现出如同男性般冷峻、坚定的神态。

表 4—17　性别·表情交叉制表

			表情					合计
			嘴唇闭合无笑容	嘴唇闭合有笑容	嘴唇微张无笑容	嘴唇张开有笑容	无法辨别	
性别	男性	计数	10	0	5	6	1	22
		性别中的 %	45.5%	.0%	22.7%	27.3%	4.5%	100.0%
		表情中的 %	62.5%	.0%	9.3%	30.0%	14.3%	21.6%
		总数的 %	9.8%	.0%	4.9%	5.9%	1.0%	21.6%
	女性	计数	6	5	49	14	6	80
		性别中的 %	7.5%	6.3%	61.3%	17.5%	7.5%	100.0%
		表情中的 %	37.5%	100.0%	90.7%	70.0%	85.7%	78.4%
		总数的 %	5.9%	4.9%	48.0%	13.7%	5.9%	78.4%
合计		计数	16	5	54	20	7	102
		性别中的 %	15.7%	4.9%	52.9%	19.6%	6.9%	100.0%
		表情中的 %	100.0%	100.0%	100.0%	100.0%	100.0%	100.0%
		总数的 %	15.7%	4.9%	52.9%	19.6%	6.9%	100.0%

图 4－14　男性冷峻的表情

图 4－15　女性诱惑的表情

香水广告中的男性面容整洁、精致，不通过胡须展现男子气概。在很多社会文化中，胡须被认为是男性气概的象征。而在香水广告中，蓄有胡须的男性占到不足两成的比例；接近半数的男性面部如同女性一般干净、光滑；三成半的男性虽然有明显的胡茬，但可以看出已经过精心修剪(见表 4－18)。

表 4－18　性别 · 蓄胡须情况交叉制表

			蓄胡须情况				合计
			无胡须	基本无胡须，有胡茬	有胡须	女性	
性别	男性	计数	10	8	4	0	22
		性别中的 %	45.5%	36.4%	18.2%	.0%	100.0%
		蓄胡须情况中的 %	100.0%	100.0%	100.0%	.0%	21.6%
		总数的 %	9.8%	7.8%	3.9%	.0%	21.6%
	女性	计数	0	0	0	80	80
		性别中的 %	.0%	.0%	.0%	100.0%	100.0%
		蓄胡须情况中的%	.0%	.0%	.0%	100.0%	78.4%
		总数的 %	.0%	.0%	.0%	78.4%	78.4%
合计		计数	10	8	4	80	102
		性别中的 %	9.8%	7.8%	3.9%	78.4%	100.0%
		蓄胡须情况中的%	100.0%	100.0%	100.0%	100.0%	100.0%
		总数的 %	9.8%	7.8%	3.9%	78.4%	100.0%

香水广告中的人物在姿态方面趋向于中性的异性化。本研究将双臂张开、跳跃、双手插袋等幅度较大或带有酷帅意味的姿态定义为男性姿态;将侧躺、以手支头、抚摸嘴唇等动作幅度较小或带有明显妩媚、性感意味的姿态定义为女性姿态(见表 4—19)。在 22 个男性形象中,只有不足四成的男性表现出了明显的男性姿态(如图 4—16);三成半的男性呈中性状态;近三成的男性表现出明显的女性姿态(如图 4—17)。

表 4—19　性别・姿态交叉制表

			姿态			合计
			男性姿态	女性姿态	中性姿态	
性别	男性	计数	8	6	8	22
		性别中的 %	36.4%	27.3%	36.4%	100.0%
		姿态中的 %	44.4%	12.8%	21.6%	21.6%
		总数的 %	7.8%	5.9%	7.8%	21.6%
	女性	计数	10	41	29	80
		性别中的 %	12.5%	51.3%	36.3%	100.0%
		姿态中的 %	55.6%	87.2%	78.4%	78.4%
		总数的 %	9.8%	40.2%	28.4%	78.4%
合计		计数	18	47	37	102
		性别中的 %	17.6%	46.1%	36.3%	100.0%
		姿态中的 %	100.0%	100.0%	100.0%	100.0%
		总数的 %	17.6%	46.1%	36.3%	100.0%

图 4—16　典型的男性姿态

图 4—17　男性展现出的女性姿态

在80个女性形象中，展现女性姿态的占到半数(如图4—18)；三成半的女性呈中性状态；12.5%的女性展现出明显的男性姿态(如图4—19)。

图4—18　典型的女性姿态

图4—19　女性展现出的男性姿态

值得一提的是，某些姿态具有强烈的仪式感，客观上起到强化香水崇拜的作用。如图4—20中的女性将放大化的香水瓶高高举起，并抬头仰视它。这种托举—仰望是宗教中供奉、加冕仪式的典型姿态。香水在这种仪式性行为的过程中获得了神圣的力量，被合理化地当作崇拜之物。

图4—20　典型的仪式姿态

从香水广告中人物的服饰上看，男性能够很好地平衡生活、工作之间的关系，女性则更多地出现在日常生活和宴会等特殊场合。男性方面，休闲打扮和职业打扮的比例基本一致，都在40%左右；女性方面，职业化着装的仅占7.5%，半数以上的女性身着衬衫、牛仔裤、连衣裙或晚礼服(见表4—20)。

表 4—20　性别·服饰交叉制表

			服饰				合计
			休闲装	职业装	特殊场合着装	无法辨别	
性别	男性	计数	8	9	0	5	22
		性别中的 %	36.4%	40.9%	.0%	22.7%	100.0%
		服饰中的 %	22.2%	60.0%	.0%	15.2%	21.6%
		总数的 %	7.8%	8.8%	.0%	4.9%	21.6%
	女性	计数	28	6	18	28	80
		性别中的 %	35.0%	7.5%	22.5%	35.0%	100.0%
		服饰中的 %	77.8%	40.0%	100.0%	84.8%	78.4%
		总数的 %	27.5%	5.9%	17.6%	27.5%	78.4%
合计		计数	36	15	18	33	102
		性别中的 %	35.3%	14.7%	17.6%	32.4%	100.0%
		服饰中的 %	100.0%	100.0%	100.0%	100.0%	100.0%
		总数的 %	35.3%	14.7%	17.6%	32.4%	100.0%

香水广告中的女性善于利用身体展现魅力,而男性则相对保守(见表 4—21)。22 个男性形象中只有 1 个男性出现了上半身的裸露,展示发达的肌肉和健美的体态(如图 4—21);而在 80 个女性形象中,七成半的女性出现了不同部位、不同程度的裸露,将女性独特的性感魅力发挥得淋漓尽致(如图 4—22)。

表 4—21　性别·裸露交叉制表

			裸露		合计
			有裸露	无裸露	
性别	男性	计数	1	21	22
		性别中的 %	4.5%	95.5%	100.0%
		裸露中的 %	5.0%	25.6%	21.6%
		总数的 %	1.0%	20.6%	21.6%
	女性	计数	19	61	80
		性别中的 %	23.8%	76.3%	100.0%
		裸露中的 %	95.0%	74.4%	78.4%
		总数的 %	18.6%	59.8%	78.4%
合计		计数	20	82	102
		性别中的 %	19.6%	80.4%	100.0%
		裸露中的 %	100.0%	100.0%	100.0%
		总数的 %	19.6%	80.4%	100.0%

图 4—21 男性裸露

图 4—22 女性裸露

男性香水广告中的色彩表现单一，给人严肃、简洁之感；女性香水广告善于利用色彩表现女性丰富的精神气质。男性香水广告（包括出现男性香水的情侣香水广告）的色相以黑、白为主，体现了男性稳重、内敛的性格；女性香水广告中覆盖了所有的色相，其中以白、黑、粉、金、绿、蓝居多，这些色相赋予了女性独特的精神气质（表 4—22）：

白（53.8%）

香水广告中的白色象征着女性纯洁、美丽、崇尚自然的气质以及人物在社会中的职业化角色。白色是一种仪式意味浓厚的颜色，象征着自然、纯洁、尊贵和不凡。在古埃及壁画中，法老、祭司等地位崇高的人总是裹着白色的亚麻布，画像中的耶稣基督也大多身着白色衣服。在时代的演进之下，白色的象征意义在不断强化，逐渐成为日常生活中特定仪式的色彩。战场上的白色旗帜象征着一方停战投降，婚纱象征着新娘的纯洁无瑕和对幸福生活的憧憬。香水广告中的白色多为画面背景色，包括光线和门、窗、墙壁、户外等场景；人物在表现职业化形象的时候惯于穿着白色的衬衫；白色还用于表现云、花等自然现象以及女性的休闲打扮（主要为裙装）。

黑色（42.9%）

香水广告中的黑色象征着人物的职业角色和现代都市的生活方式，女性香水中运用黑色着重强调了女性两个方面的气质：一方面是优雅与高贵，另一方面是性感与野性。黑色多用于具有正式感或高贵感的物品上，如黑色西装和黑色礼服。特纳指出，黑色是宗教仪式的三原色之一，所以人们才会养成在正式场合中穿着黑色服装的习惯。黑色还象征着品质，世界上许多知名品牌的精品店都利用黑色装潢建筑外观。在新时代的影响

表 4—22　香型 1 · $ 色相交叉制表

			$ 色相[a]											总计
			绿	蓝	紫	红	橙	黄	粉	金	黑	白	无彩色	
香型 1	男性香水	计数	1	0	0	0	0	0	0	0	3	4	1	5
		香型 1 内的 %	20.0%	.0%	.0%	.0%	.0%	.0%	.0%	.0%	60.0%	80.0%	20.0%	
		$ 色相内的 %	5.9%	.0%	.0%	.0%	.0%	.0%	.0%	.0%	7.7%	8.2%	20.0%	
		总计的 %	1.1%	.0%	.0%	.0%	.0%	.0%	.0%	.0%	3.3%	4.4%	1.1%	5.5%
	女性香水	计数	16	15	9	9	4	7	29	17	35	44	3	83
		香型 1 内的 %	19.3%	18.1%	10.8%	10.8%	4.8%	8.4%	34.9%	20.5%	42.2%	53.0%	3.6%	
		$ 色相内的 %	94.1%	93.8%	100.0%	100.0%	100.0%	100.0%	100.0%	94.4%	89.7%	89.8%	60.0%	
		总计的 %	17.6%	16.5%	9.9%	9.9%	4.4%	7.7%	31.9%	18.7%	38.5%	48.4%	3.3%	91.2%
	男性香水和女性香水同时出现	计数	0	1	0	0	0	0	0	1	1	1	1	3
		香型 1 内的 %	.0%	33.3%	.0%	.0%	.0%	.0%	.0%	33.3%	33.3%	33.3%	33.3%	
		$ 色相内的 %	.0%	6.3%	.0%	.0%	.0%	.0%	.0%	5.6%	2.6%	2.0%	20.0%	
		总计的 %	.0%	1.1%	.0%	.0%	.0%	.0%	.0%	1.1%	1.1%	1.1%	1.1%	3.3%
总计		计数	17	16	9	9	4	7	29	18	39	49	5	91
		总计的 %	18.7%	17.6%	9.9%	9.9%	4.4%	7.7%	31.9%	19.8%	42.9%	53.8%	5.5%	100.0%

下，黑色早已摆脱了以往阴暗、消极的形象，变成现代的必用色彩。香水广告中的黑色主要体现在人物的服饰上，如男性的西装、衬衫、领带，女性的礼服、长手套、皮衣、内衣裤、蝴蝶结等；黑色作为城市建筑的背景色，隐喻着钢筋水泥的现代都市；黑色还体现在广告道具上，如男性香水广告中的摩托车等。

粉色(31.9%)

香水广告中的粉色主要体现了女性温柔、可爱、甜美的气质。粉色是花朵的颜色，可爱、娇嫩，它能够营造出温馨、甜美的气氛，因此常被用来形容青春洋溢的少女或是浪漫的恋爱。粉色是一种性别倾向非常明确的色彩，一般情况下只与女性相关联；但是随着审美观念的改变，一些男性身上也开始出现粉色的元素。香水广告中的粉色全部出现在女性香水广告中：作为画面背景色和人物肤色，粉色为女性独特的气质奠定了基调；粉色的嘴唇令女性神采奕奕；粉色的连衣裙、缎带和花朵则将女性装扮得柔美动人。

金色(19.8%)

香水广告中的金色象征了女性优雅、高贵、充满魅力的气质。金色是黄金和太阳的颜色。黄金因价值高昂而著称，因此金色具有奢华、尊贵之意，许多国家的皇室、贵族都以金色作为衣服的基色。太阳的光芒辉煌万丈、普照大地，形成非常壮丽的自然景象，许多国家的神话故事中都有太阳崇拜。作为太阳的颜色，金色也象征着照耀人间、光芒四射的魅力。金色在香水广告中出现频率最高的地方是人物的头发。除去发色之外，金色还用作画面背景色，描绘富丽堂皇的宫殿；金色还点缀女性的礼服，令女性获得熠熠生辉的魅力。值得一提的是，金色的皇冠不仅与香水名称“梦幻公主”巧妙呼应，还为女性实现了成为公主的梦想(如图4—23)。金色皇冠是加冕仪式中的核心象征符号，因为它能够赋予人尊贵和特权。香水广告将皇冠带入广告仪式中，加强了广告的权威性和神圣性，象征着香水能够为女性加冕，使其实现成为公主的梦想。

图4—23　香水广告中的金色皇冠

绿色(18.7%)

香水广告中的绿色主要表现为自然现象,象征了崇尚自然、人与自然和谐共生的理念。绿色总是令人联想到生命、繁荣、永恒、安抚、爱等,是一种令人愉悦、属性积极的色彩,非洲许多国家的国旗中就使用了代表富饶的鲜绿色。一般而言,绿色被视为安抚人心的颜色,常见于公共场所。香水广告中用绿色描绘了连绵的山峰、茂盛的树木和郁郁葱葱的草地,令人感受到自然的美丽和生命的原始活力;绿色还表现为苹果的颜色。

图 4—24 出现了绿色的苹果。苹果是一种比较特殊的符号,它有着广为人知的神话渊源——亚当、夏娃与伊甸园的苹果树。夏娃禁不住蛇的诱惑,偷食了伊甸园的苹果而得到惩罚,因此苹果象征了诱惑和勇气。仪式和神话是两个相互交融的体系,英国剑桥学派将两者看做原生共同体。结构性原理则将神话视为"信仰的、理念的、理性的、理论的、观念的表现;而仪式则成了行为的、具体的、感性的、实践的配合"①。

图 4—24　香水广告中的绿色苹果与神话隐喻

蓝色(17.6%)

同绿色一样,香水广告中的蓝色也主要见于自然场景中。蓝色是古埃及王室墓穴中最常见的色彩之一,在中世纪的西洋绘画中,圣母的衣物上也常见蓝色元素。自然界中,蓝色是天空和大海的颜色,令人联想到和平、寂静、安泰、休息、梦想、理想和永恒等,联合国、欧盟等组织的专属旗帜上常见蓝色,传递一种无形的意念。在英语中,蓝色(blue)也象征忧郁和多愁善感。香水广告中的蓝色多表现为天空和海水的颜色,令人产生柔和、平静之感;蓝色还用于点缀人物服饰,带有独特的异域风情。

自然理念在香水广告中或将成为一种趋势。广告中的自然场景能够向受众传播一种人与自然和谐共生的理念,在男性香水广告和女性香水广告中,出现自然场景符号的广告比重几乎相同,占到各自总数的两成左右(见表 4—23)。

---

① 彭兆荣:《人类学仪式理论的知识谱系》,《民俗研究》2003 年第 2 期。

表 4—23　香型 1·场景符号交叉制表

			场景符号			合计
			无场景符号	自然场景符号	人工场景符号	
香型1	男性香水	计数	4	1	0	5
		香型 1 中的 %	80.0%	20.0%	.0%	100.0%
		场景符号中的 %	5.9%	5.3%	.0%	5.5%
		总数的 %	4.4%	1.1%	.0%	5.5%
	女性香水	计数	62	17	4	83
		香型 1 中的 %	74.7%	20.5%	4.8%	100.0%
		场景符号中的 %	91.2%	89.5%	100.0%	91.2%
		总数的 %	68.1%	18.7%	4.4%	91.2%
	男性香水和女性香水同时出现	计数	2	1	0	3
		香型 1 中的 %	66.7%	33.3%	.0%	100.0%
		场景符号中的 %	2.9%	5.3%	.0%	3.3%
		总数的 %	2.2%	1.1%	.0%	3.3%
合计		计数	68	19	4	91
		香型 1 中的 %	74.7%	20.9%	4.4%	100.0%
		场景符号中的 %	100.0%	100.0%	100.0%	100.0%
		总数的 %	74.7%	20.9%	4.4%	100.0%

男性更看重事业上的成就，女性在爱情至上的同时也注重自身魅力的提升和自我态度的塑造。在男性香水广告中，唯一出现的诉求点是成功，由此可见男性对事业的看重。在女性香水广告中，出现较多的诉求点按频率高低排序依次为爱情、魅力、态度和身体、幸福，没有出现成功诉求(见表 4—24)。由此可见，女性具有丰富、细腻的感情特质，爱情在她们的生命中占据第一位；而现代女性在社会环境的造就下变得独立、自信，在向往爱情的同时也开始更多地关注自身，注重塑造独特的个人魅力和个性化的生活态度。

香水广告通过符号的建构定义了男性和女性的社会性别形象。通过对表情、姿态、色相、诉求点等一系列符号的分析可以看出，香水广告中存在着比较清楚的社会性别差异，同时也存在着模糊这种差异性的倾向。香水广告中的男性形象整体偏向职业化，自信、个性冷淡、注重自我形象的管理，生活精致、有一定品位。男性在社会分工中主要承担外出工作的责任，并向往和追求事业的成功；香水广告中的女性具有丰富、细腻的情感，她们的身体作为美丽的象征常常出现在日常生活或宴会中、令人赏心悦目。但是，她们不再只是温顺的男性附属品，香水广告中的女性在追求爱情的同时也坚守着自己的生活态度。

表 4—24　香型 1・诉求点交叉制表

			诉求点							合计
			身体	魅力	爱情	幸福	成功	态度	无诉求点	
香型1	男性香水	计数	0	0	0	0	1	0	4	5
		香型 1 中的 %	.0%	.0%	.0%	.0%	20.0%	.0%	80.0%	100.0%
		诉求点中的 %	.0%	.0%	.0%	.0%	100.0%	.0%	7.0%	5.5%
		总数的 %	.0%	.0%	.0%	.0%	1.1%	.0%	4.4%	5.5%
	女性香水	计数	1	10	13	1	0	8	50	83
		香型 1 中的 %	1.2%	12.0%	15.7%	1.2%	.0%	9.6%	60.2%	100.0%
		诉求点中的 %	100.0%	100.0%	100.0%	100.0%	.0%	100.0%	87.7%	91.2%
		总数的 %	1.1%	11.0%	14.3%	1.1%	.0%	8.8%	54.9%	91.2%
	男性香水和女性香水同时出现	计数	0	0	0	0	0	0	3	3
		香型 1 中的 %	.0%	.0%	.0%	.0%	.0%	.0%	100.0%	100.0%
		诉求点中的 %	.0%	.0%	.0%	.0%	.0%	.0%	5.3%	3.3%
		总数的 %	.0%	.0%	.0%	.0%	.0%	.0%	3.3%	3.3%
合计		计数	1	10	13	1	1	8	57	91
		香型 1 中的 %	1.1%	11.0%	14.3%	1.1%	1.1%	8.8%	62.6%	100.0%
		诉求点中的 %	100.0%	100.0%	100.0%	100.0%	100.0%	100.0%	100.0%	100.0%
		总数的 %	1.1%	11.0%	14.3%	1.1%	1.1%	8.8%	62.6%	100.0%

第三节　香水广告仪式的意义生产

一、广告仪式的意义生产

香水广告创造了一种崇拜仪式,香水的神圣性通过广告符号的意义转移得以实现。香水广告通过象征符号赋予商品意义,受众在参与体验广告的同时获得意义,对商品的态度发生改变进而引发消费行为、达成广告效果。仪式创造了商品的神圣感和权威感,通过广告仪式,香水的一种意义转移渠道是从文化建构的世界转移到消费品上,另一种的意义转移渠道是时尚,即将消费品置于文化和社会的场景中,借助品牌社会活动的影响力、品牌或消费品对流行文化的塑造和改变等方式,将消费品纳入主流文化体系中。个体消费者在接触广告的同时即作为参与者加入了广告仪式当中,经过广告仪式和伴随而来的消费仪式共享意义。

香水广告象征符号的意义转移过程中,着重关注广告仪式与仪式参与者、仪式参与者与文化世界之间的互动，即香水广告如何利用象征性符号创造了有意义的文化系统，据此将怎样的两性关系、审美标准、意识形态等一套特殊的概念赋予受众的生活。

二、人物符号的宗教隐喻

现代广告中的品牌、文字、符号发挥着类似于图腾的作用。作为一种符号，图腾是一种确定社会群体身份的手段，它是社会群体的旗帜，是每个群体把自己和其他群体区分开来的记号，是群体个性的可见标志。在原始氏族部落中，图腾多呈现为各种凶猛、充满力量的动物形象。在极具消费文化色彩的香水广告中，大部分广告中的图腾变成了知名的电影明星和模特，他们同样具有强大的力量，那就是美的吸引力。香水广告中的明星和模特之所以能够得到受众的崇拜，其本质源自这样一种宗教力——尊崇。这些明星和模特在外貌、气质、魅力等审美方面是受众普遍追捧的榜样和梦想达到的目标，可以说，他们就是大众认可的“美的权威”。在权威发挥的消费力量引导下，受众就会不自觉地尊崇和追随他们。

除去可以标记群体的特征之外，图腾还具有另外一个神秘的特征：图腾命运和个体命运密切相关。在原始氏族部落里，图腾一旦遭到损坏，人们就会感到威胁和恐慌。在代表现代商业社会的香水广告中，美丽的明星、模特们散发出的强烈的吸引力通过“移情”的心理机制传染给香水，因为香水总是与它的图腾分享同一种命运，这就是广告所展现的宗教力的传染性。移情是“将特定的情感从一个方面迁移到另一个方面，扩而充之；当然，在扩展的过程中情感强度可能会有所衰退，但如果辅以道义和集体仪式的支撑和强化，则可能成为强烈的社会情感(social sentiments)”[①]。香水广告中的移情通过人物与香水瓶两者在位置和色彩上的关联性发生作用。

广告人物的作用是将受众对其自身的尊崇转移到对香水的欲求上。可以确定的是，广告人物和香水之间不存在必然的、客观的联系以及因果关系。对于广告人物所发挥的神圣力量，弗雷泽将之称为“巫术”。“物体已经互相接触，在中断实体接触后还会继续远距离的互相作用。”这是被弗雷泽归为巫术赖以建立的思想原则之一——巫术的“接触律”。他断定，“能通过一个物体来对一个人施加影响，只要该物体曾被那个人接触过，不论该物体是否为该人身体之一部分。”[②]在接触巫术体系中，那些含有积极性规则的接触被称为“法术”，而另外一些含有消极性规则的接触则被称为“禁忌”。所以确切地说，广告人物的作用是对受众施以法术。而广告人物与香水在色彩方面的一致性使得产生于两者之间的联想更加合理化、客观化。尽管涂尔干强调，文明人(与原始人相对)拥有足够智慧不再受这些联想的蒙骗，但是这并不能说明广告对文明人不起作用。不像研究者

---

① 成伯清：《情感、叙事与修辞：社会理论的探索》，中国社会科学出版社2012年版，第63页。

② 〔英〕詹姆斯·乔治·弗雷泽著：《金枝》，徐育新译，大众文艺出版社1998年版，第59页。

这样绞尽脑汁,人们通常是在毫无防备的情况下观看广告,而他们根本意识不到广告在玩一种原始的把戏,这种不设防足以令广告仪式的巫术在文明人的身上奏效。

第四节　香水广告仪式的文化表征

一、香水广告中的社会性别

香水广告建构了特定的社会性别关系——男权社会中社会性别的趋同。性别(sex)与人体、荷尔蒙和生理学等一样,是一种生物学意义上的术语。社会性别(gender)则是一种获得的地位,这一地位是通过心理、文化和社会手段构建而成。社会性别与性别不同,它是指社会和文化建构的男性和女性的气质。

香水广告中符号的意义来自于文化社会,广告是一种文化的表征,它定义了两性的精神气质——无论是男性还是女性,都能够在广告中完成对自身社会性别的期许和对异性社会性别的体认。

香水广告中的人物基本保留了父权制社会的记忆,并在此基础上形成了新的"男人味"和"女人味"。大多数男性形象表现出自信、强大、带有侵略性、竞争性和情感上的冷漠性。这种自我意识很可能源于男性在生理上与生俱来的优势。而伴随着社会的进步和女性权利的张扬,男性形象出现了新的类型:温柔、体贴、富有感情。这种倾向表明,现代女性早已走出家门、进入职场,她们承担着几乎与男性同等的社会功能。权利意识的觉醒令女性主宰自己的生活,并力争与男性享有平等的待遇。但是,女性天生在生理上的弱势使她们在自我解放的道路上遭遇重重困难,因此她们开始倾心于温柔体贴、能够照顾她们情感需求的男性,一种全新的、属于这个时代的"男人味"概念被创造了出来。

西蒙娜·德·波伏娃认为,女人并不是生就的,而宁可说是逐渐形成的[①]。香水广告也在逐渐勾勒属于这个时代的女性气质。女性不仅仅是具有某些生理特征和生理功能的人类,更准确地说,应该是某些精神气质的综合体。现代女性独立、自信、具有强烈的自我意识、对生活充满热情。一方面,她们在社会功能和权力等方面向男性靠拢;另一方面,她们也在不断发掘和展现自身最纯粹的女性魅力。她们打破了传统的灵与肉的对立关系,裸露肌肤绝不是为了迎合男性的审美趣味,而是要张扬个性、释放女性之美。现代女性更愿意在感情关系里掌握主动权,她们有时看似甜美、柔弱,但会用巧妙的手段俘获心仪的男性。

香水广告表现出的社会性别文化既塑造了个体的自我认知,又影响了他/她对于异性的审美观念,甚至还会助长下一代的社会性别的分化。男性气概主导的社会重视经济

---

① 〔法〕西蒙娜·德·波伏娃著:《第二性》,陶铁柱译,中国书籍出版社 1998 年版,第 309 页。

发展，对强者的崇拜会形成强大的激励机制，重视金钱、时间和工作绩效；男性社会具有雄厚的军事实力，强烈的竞争性和侵略性决定其对军备发展的重视。男性化社会的弊端在于易形成“拜金”和“拜物”的价值观；缺乏谦虚、友善和团队合作能力，易形成霸权主义、引发争端；在发展经济的同时忽视对环境的保护；对于性别的刻板印象容易形成特定行业的进入壁垒，造成性别歧视。

二、香水广告中的种族主义与西方文明

香水广告赋予特定群体以“美的想象”，白种人的强势地位表现出种族中心主义。香水广告创造了对美的尊崇，广告中的人物几乎都是具有显著特征的白种人，白种人对人物符号的垄断象征着他们比其他种族在外貌上更为出众。这种现象无形中膨胀了白种人的种族自尊感，表现出比较明显的种族中心主义倾向。所谓种族中心主义，是指“内群体偏好(in-groupfavoritism)和外群体歧视(out-group derogation)，群体内行为和群体间行为显现了明显的种族中心主义特征”[①]。种族中心主义由来已久，1802 年，康德就在《自然地理》中阐述了基于自然地理的种族中心主义：“人类最完美的典范是白种人。黄种人、印第安人智商较低。黑人智商更低；部分美洲部落位于最底层。”[②]法国思想家戈比诺则声称“一切文明皆来源于白种人”[③]。当个人把自己归为强势群体内时，他的自尊会因此得到提升，并倾向于对该群体之外的成员产生排斥，由此产生种族歧视，香水广告中的种族中心主义可能造成的不良后果令人担忧。

香水广告中的白种人形象确立了西方文明的中心地位，广告成为西方文化殖民的有效手段。种族中心主义是以种族为基本单位、由强势种族发起的种族间的多元对立。西方文明中心论则是以文明为基本单位，由强势文明提出的东、西方文明之间的二元对立。西方文明中心论调强调西方文明相较于东方文明的优越性，是现代西方文化殖民与扩张的中心思想：“处于强势的西方文化渗透到东方国家，肢解当地的传统文化和民族文化体系，贬损本土文化的价值观念和思想意识，从而统治东方国家的文化领域，占据当地人的思想空间，支配他们的思想行为，在此基础上，按照西方意识和价值准则重构东方国家的文化体系。”[④]香水广告中金发碧眼的白种人是西方文明的象征，隐蔽在香水广告中的西方文明通过大众传播活动侵入每一个不设防的受众心中，消解他们对本民族文明的认同。近年来，国人一直在批判和反思：我们为什么会崇洋媚外？很大一部分原因是我们遭到了广告、电视剧、电影等文化产品输出的西方文明的攻击，加之自身对本民族文明的

---

① 〔英〕M.埃森克著：《心理学——一条整合的途径》，阎巩固译，华东师范大学出版社 2000 年版，第 611－621 页。

② David Farrell Krell. *The Bodies of Black Folk: From Kant and Hegel to Du Bois and Baldwin*, Boundary, 2000, 227(3): 109.

③ Bruce Mazlish. *Civilization and Its Contents*, Standford University Press, 2004: 60.

④ 罗世平：《东方主义与西方主义比较研究》，《学术论坛》2003 年第 5 期。

漠视和摒弃,传统文明根基不牢固,这才导致了信仰体系的流动。

三、香水广告中的符号崇拜与现代消费主义

仪式传播的目的在于共享情感、传播信仰,仪式中的核心象征符号构成了信仰的主要外在表现形式。仪式是一种文化展演形式,其中某些表演成分可能具有娱乐效果,但仪式绝不仅仅为了娱乐受众,它通常与某种经济、政治、文化或社会性目的相关。

香水广告表现了典型的崇拜仪式,广告中的身体崇拜表现出物化女性的倾向。香水广告的作用机制是将香水神化为美的化身,香水消费被内化为对美的欲求,波德里亚将这种使用价值让位于文化价值的现象称为"拜物教"。人类对美有着永恒的追求,香水广告通过多种符号的共同作用塑造了完美的人物形象,激发了人们的"向美"本能。广告人物与香水之间存在着一定的关联性,广告利用这种关联性向香水施以法术,将人物美的能量转移到香水上。香水广告创造的另一种崇拜仪式是身体崇拜,主要表现为对女性身体的崇拜。香水广告通过胸部、背部、腰部等性感部位不同程度的裸露,将女性物化为一种单纯的美丽符号,处于时刻被观看的开放状态。女性身体的自主权彻底丧失,被用来作为一种吸引消费的手段,女性在人格方面则被物化为冰冷的符号。

拜物教是现代消费主义在香水广告中的体现,广告中的现代消费主义还体现在对"消费偶像"①的运用上。消费偶像是现代消费主义的另一大标志。根据社会学家洛温塔尔的理论,来自工、商业和自然科学领域中的成功人士被定义为"生产偶像",因为他们提高了生产生活水平、推动了社会进步;而那些活跃在电影里、舞台上和各种时尚活动中的娱乐界人士则被定义为"消费偶像"。香水广告中的人物全部由模特和娱乐明星构成,是非常典型的消费偶像崇拜。

香水广告带有深刻的现代消费主义意味。消费是在提升生命的驱动下享用商品,消费主义则是一种生活方式,是对消费品的献身拥有。现代消费主义强调商品的非使用价值,它是伴随着工业革命出现的一种消费文化,商业的发展与购买力的增强是促成这种消费文化的主要动力。不同于以往,现代消费主义"不是受生物因素驱动的,也不是纯然由经济决定,而是更带有社会、象征和心理意味,并且自身成为一种地位和身份的建构手段"②。作为一种文化的仪式,香水广告并没有试图以经济因素影响受众,也没有向受众传递过多的商品信息,它只是运用象征符号编织的意义之网将受众困于其中。

香水广告中的拜物揭示了资本主义的本质,香水崇拜源于香水的仪式性功能。作为一种仪式性商品,香水不仅能给使用者带去嗅觉上的享受,还能够帮助个体塑造自我、完成社会化,即通过符号的运作将分享共同价值观的个体聚合在一起形成群体,并通过重

---

① Kellner, D.Critical.*Theory*, *Marxism*, *and Modernity*.ohns Hopkins University Press, 1989.

② 成伯清:《现代西方社会学有关大众消费的理论》,《国外社会科学》1998 年第 3 期。

复性的出现巩固群体团结。香水广告将香水定义为个体实现自我价值的手段，消解了个体的主体性和能动性；人与人之间的关系由情感的联结颠倒成为物的联结，人际关系被异化为物的关系。香水广告中的崇拜是商品消费市场操控在符号上的体现，香水使用从对生理需求的满足上升为自我实现和社会交往的需求，人们愿意在使用价值之外为香水付出更多。

现代消费主义一方面反映出社会经济的发展和生产的进步，另一方面也折射出高速发展的社会出现的问题。人们生活在快节奏和重压力下，价值观念的更替跟不上经济发展的步伐，产生了“娱乐至上”的心态，娱乐明星被捧在云端、日进万金，而真正为人类发展做出卓越贡献的人们却被埋没甚至挣扎在生存线边缘。长此以往，将会导致整个社会风气的浮躁和社会发展的畸形。

正如凯瑞所说：“传播一词的原型是一种以团体或共同的身份把人们吸引到一起的神圣典礼。”[①]在单纯的信息传递活动中，接收信息的个人之间没有产生任何联系，受众仍然呈现异质性、分散性；广告显然不是这种单向性的传播活动，因为它能够将接受并认同它的受众聚集成为“消费群体”，这个群体中的个人之间可能互相不认识，但是他们确实依据是否使用广告商品的标准将自己定位在同一社会阶层中、共享广告中倡导的生活方式和价值观念。这种群体价值观通过广告产生并在消费中得到交流。

① 〔美〕詹姆斯·凯瑞著：《作为文化的传播》，丁未译，华夏出版社2005年版，第7页。

第五章　互动仪式:社会化媒体下传播升级

第一节　广告市场与仪式空间重构

一、新媒体广告市场崛起

1995年,尼古拉·尼葛洛庞帝提出“数字化将决定我们生存”这一著名论断,“数字化即‘物质原子’将被‘数字化比特’代替”,并对未来的数字化生活进行了描绘:包括报纸、电视、娱乐在内的所有人类体验都将实现数字化。在过去20年里,尼葛洛庞帝的预言逐一得到了验证,数字化成为人们生活中无处不有、无时不在的伴生品:广播电视实现了模拟信号向数字信号的转变;报纸告别了“厚报”和“大报”时代,网络报、手机报正成为读者日常最普遍的阅读媒体;电子邮件、即时通讯工具、社交网站取代了传统的信件成为主要的沟通方式;电子商务成为一种生活方式,搜索引擎成为信息获取的基本方式,“三屏合一”与多屏时代的到来,使人们享受着越来越多便利而又丰富的数字娱乐方式。

数字技术对人类生存状态的改变不言而喻:截至2014年,中国网民达6.49亿,网络普及率为47.9%,较2013年底提升2.1%,手机网民5.57亿,增长率为11.4%。信息获取、商务交易、交流沟通与网络娱乐等各种网络应用已经成为人们数字化生活不可或缺的方式。互联网和信息传播技术对于人类政治、经济、社会生活及文化的深远影响远远超过历次技术革命。从事与信息相关事业的人,如果不及时进化到数字化时代,就会失去生存的权利。[①] 广告业也不例外,数字时代的新型广告产业链初具端倪,广告市场战略格局面临颠覆和重组。

1.传统广告衰落与新媒体广告发展

广告是借助多种媒体渠道,实现与目标受众有效沟通的信息传播活动。从历史上看,媒介技术的每一次革新都很快被广告业所利用,并推动广告传播活动质的飞跃。广

① 〔美〕尼葛洛庞帝著:《数字化生存》,胡泳等译,海南出版社1997年版,第5页。

告从口头叫卖、实物陈列等单一形式变为传媒业的支柱力量，其发展离不开三次重大的技术变革。第一次技术变革，印刷技术催生真正意义的大众传媒——报刊。传单、招贴、报刊等印刷广告应运而生。第二次技术变革，电子技术的发明导致广播、电视等新型媒体相继诞生，广播、电视、霓虹灯等广告形式，极大提高了广告的表现力和感染力，同时增强了广告传播的效果和信息的多样化。第三次技术变革，数字新媒体技术的迅猛发展形成了网络展示广告、搜索广告、视频广告、手机二维码广告等丰富多样的传播形式，伴随着数字技术的日益演进，广告的生存形态与传播模式发生彻底变革。

"新媒体的产生并不会导致旧媒体的消亡"。然而，数字技术迅速普及并广泛应用的同时，数字媒体对广告市场的冲击从"分割美国"蔓延至全球。广告主对数字媒体的垂青导致传统媒体广告的衰落成为不可避免而又不得不面对的现实。据尼尔森统计，2011 年全球广告市场规模为 4 980 亿美元，电视、杂志、报纸与广播等传统媒体广告经营规模分别呈现 10.1%、2.0% 、1.1%和 9.7%的增长率，与互联网广告 24%的傲人增长率相比仍显逊色。2011 年，英国网络广告的投放超过报纸跃居第二大广告媒体之列。2012 年，全球媒体广告支出中，互联网广告以 18.2%的份额位居第一(如图 5－1)。据 WPP 旗下群邑集团预测：2013 年互联网将超越报纸成为仅次于电视的全球第二大广告媒体。专家预言："传统上针对广大不知姓名观众的大众媒介广告是一种行将消亡的传播形式"①，据调查，目前美国"零电视"家庭数量为 500 万户，比 2007 年 200 万户增长了 1.5 倍，其中 35 岁以下的年轻人约占 50%。传统媒体广告的衰落已成为不争的事实，数字媒体广告的传播价值越来越受到广告主的认可。

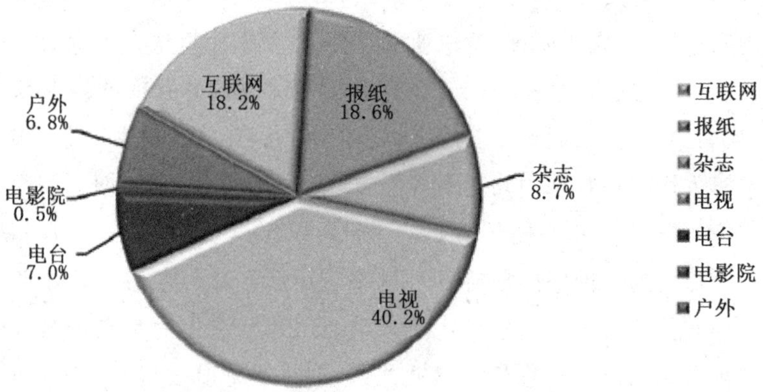

数据来源：实力媒体研究报告

图 5－1　2012 年媒体广告支出

数字媒体的勃兴对中国广告市场的重构也可窥见一斑。1994 年，中国教育与科研示范网络通过美国 Sprint 公司实现了与互联网的全功能连接，昭示着中国互联网从实验室

① 〔美〕沃纳·赛佛林等著：《传播理论：起源、方法与应用》，郭镇之等译，华夏出版社 2000 年版，第 11 页。

走向市场，成为拓展人们生存空间的信息渠道。经历了三年的技术与市场培育，随着瀛海威的开通和商业网站的发展，中国第一条网络广告横空出世。1999 年，中华网率先在美国纳斯达克上市，拉开了中国商业网站逐鹿资本市场的序幕。在经历了新千年的全球互联网寒冬和“网络泡沫”的危机之后，以新浪、搜狐、网易等门户网站为代表的互联网媒体成功确立了商业模式并实现了向网络媒体的转型。2005 年，在 web2.0 技术的推动下，网络媒体以其独具的“海量信息、互动传播、个性化”等传播优势成为瓜分传媒市场的生力军，这一年也被称为网络媒体的元年。同年，改革开放以来一直持续增长的报业广告出现负增长，包括报纸和期刊在内的平面媒体广告平均跌幅超过 15%，“下滑”“衰退”成为报业发展困境的写真，学界与业界惊呼报业“拐点”来了。

近年来，新媒体继续高歌猛进，网络、手机等新媒体在不断开展技术创新，拓展商业模式和产业化的基础上，实现了传媒市场持续、快速的扩张。

2014 年，中国广告营业额突破 5600 亿元，其中网络广告营收超过 1500 亿元，同比增长 40%。预计 2015 年中国网络广告市场规模将达到 2093 亿元(如图 5－2)。

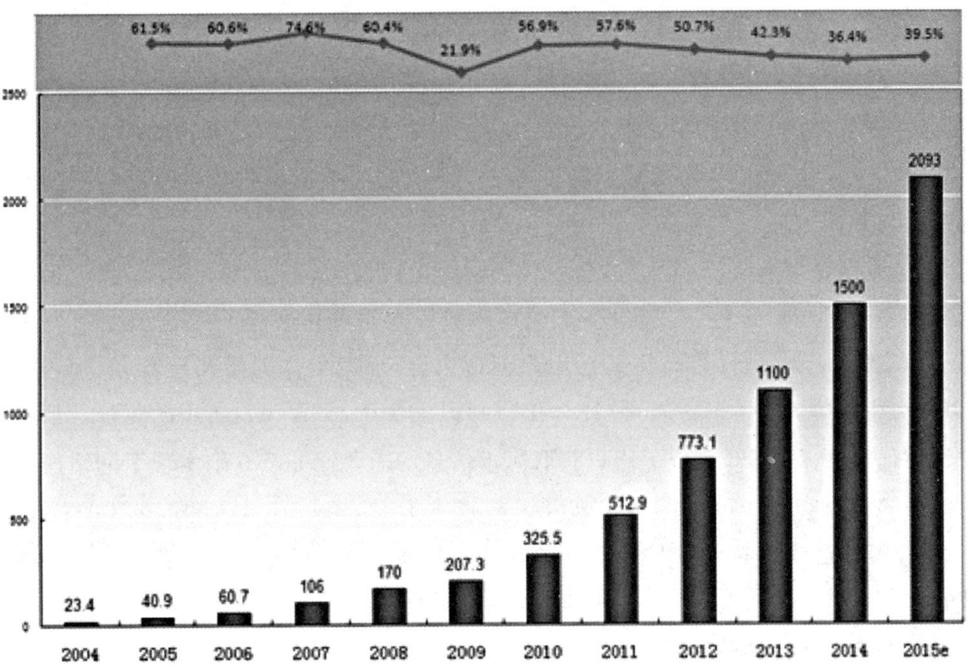

图 5－2　2005－2013 年中国网络广告市场规模

智能终端的普及为移动营销的快速发展提供了良好的技术环境。据艾瑞咨询统计，2014 年，移动广告(包括移动搜索、应用广告、移动视频广告等)市场规模为 296.9 亿元，在过去三年中(2012 年至 2014 年)均保持超过 100%的增速。受移动互联网整体良好发展态势的影响，广告主积极开发与推进促使移动营销价值得到进一步体现，如图 5－3。

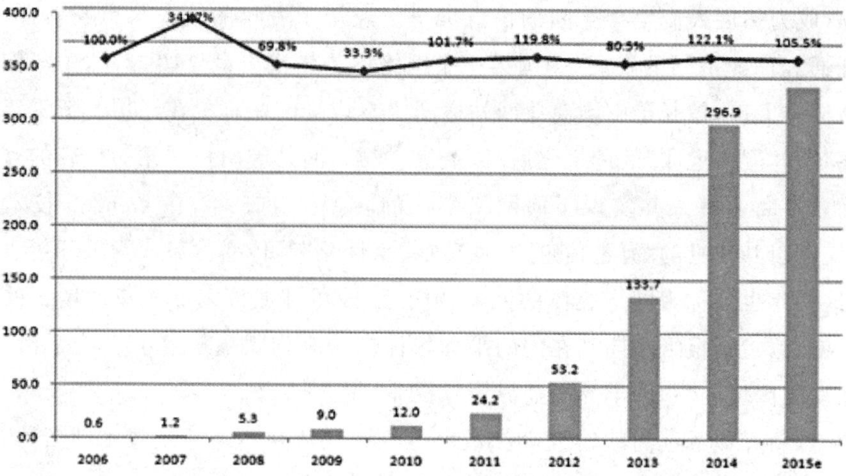

图 5—3　2006—2015 年中国手机市场广告规模

2.高度参与和互动对话的社会化媒体

始自 20 世纪末期的信息技术传播(ICT)革命对于社会、经济、文化的渗透可谓广泛而深远。互联网以其互连性、个人化传播、交互性、多功能与开放式终端、去地域性等特征,创造了新媒体的传播价值。技术的更新与升级,将人类带入全球化 2.0 时代,数字化、虚拟化、个人化、微型化与无线技术的存在,使我们随时能够收集、处理和传送信息,包括声音与数据信息。

web2.0 是相对 web1.0 而言的新一代互联网应用,2004 年蒂姆・奥莱利(O'Reilly)从互联网平台、数据、软件开发与发布、用户体验等方面对其进行了描述。web2.0 公认的特征:互联网成为平台(参与体系);用户创造内容;强调集体力量和智慧;鼓励用户参与;以人为中心等五个方面。其中"社会化"和"以人为中心"是 web2.0 的关键。如果说门户网站代表的 web1.0 实现了用户获取海量信息的需要,web2.0 则实现了网络用户无语言障碍的沟通和各个网站间自由交互。从技术上看,web2.0 是以 Blog、TAG、SNS、RSS、wiki 等社会软件的应用为核心,依据六度分隔理论、150 法则,依托新技术实现的新一代互联网模式。web2.0 改变了传统大众媒体的信息生产、渠道、内容与传播方式,实现了人人参与信息传播的模式。

社会化媒体(Social media)是基于 web2.0 技术与理念形成的传播平台。据 ESOMAR 欧洲市场研究学会《社会化媒体研究指南》,社会化媒体指"允许用户创造、交流内容并进行互动的在线平台及技术。"美国学者安东尼・梅菲尔德(Antony Mayfield)将社会化媒体定义为"一种给予用户极大参与空间的新型在线媒体",并将其特征总结为参与、公开、交流、对话、社区化、连通性六大特征。社会化媒体主要有八种类型:社交网站、视频分享网络、照片分享、合作词条、新闻共享网站、内容推选媒体、商务社交网站、社会化书签。

实现高度参与和互动对话的社会化媒体如今已成为最受欢迎的互联网应用形式。据美国互联网流量检测机构尼尔森(Nielsen)的报告,2009 年具有社交网络和博客双重功能的"会员社区"登录人数多达全球互联网用户的三分之二,超过了电子邮件,位列全球最受欢迎互联网服务第四名。2010 年,全球 20.8 亿网民中接近 6 亿人是脸谱(Facebook)用户。2011 年 12 月,全球社交用户数为 12 亿,社会化媒体在美国的使用率达 98%,印度为 95%,印度尼西亚为 94%,日本为 58%(见表 5—1)。

表 5—1　2011—2014 年全球社会化媒体用户分布　(单位:百万)

国家	2011 年	2012 年	2013 年	2014 年
亚洲	493.5	615.9	745.6	853.7
中国	256.5	307.5	366.2	414.5
印度	50.2	76.1	105.0	129.3
印度尼西亚	34.4	52.1	67.1	79.2
日本	39.5	44.7	47.8	50.7
韩国	20.7	22.7	24.6	25.9
澳大利亚	8.8	9.8	10.7	11.6
其他	83.4	102.9	124.1	142.4
拉丁美洲	164.9	191.8	215.9	236.9
巴西	66.2	75.7	84.0	90.7
墨西哥	23.7	27.9	32.6	37.2
阿根廷	14.1	15.9	17.0	17.9
其他	60.9	72.3	82.4	91.1
北美洲	163.9	174.7	181.9	189.2
美国	147.8	157.8	164.2	170.7
加拿大	16.1	16.9	17.7	18.5
东欧	139.0	157.4	176.5	192.7
俄罗斯	52.1	57.9	64.2	69.3
其他	87.0	99.5	112.3	123.4
中东及非洲	111.1	148.5	183.0	211.6
西欧	129.8	145.3	159.4	170.8
德国	25.7	29.2	32.4	34.7
英国	23.9	25.9	27.7	29.4
法国	19.9	21.9	23.6	25.0
意大利	15.8	17.8	19.7	21.3
西班牙	15.5	17.5	19.5	21.2
其他	29.0	32.9	36.5	39.3
全球总数	1,202.20	1,433.50	1,662.40	1,854.70

数据来源:eMarketer

1994年中国第一个论坛——曙光BBS站诞生，这可以看作是中国社会化媒体的开端。20年来，社会化媒体的用户规模正在趋于稳定，使用程度加深，使用黏性增强。2012年底，我国博客和个人空间用户达3.72亿，微博用户3.09亿，其中手机微博用户2.02亿，社交网站用户2.75亿，约六成用户每天都要访问社交网站，其中38.2%的用户每天访问多次，20.3%的用户每天至少访问一次。互联网用户社会化平台的访问时长显著超越新闻资讯，社会化平台应用成为黏性最高的互联网应用，占据了用户41%的上网时间。社会化媒体的黏着度、参与度远远高于其他网络媒体，如图5—4。

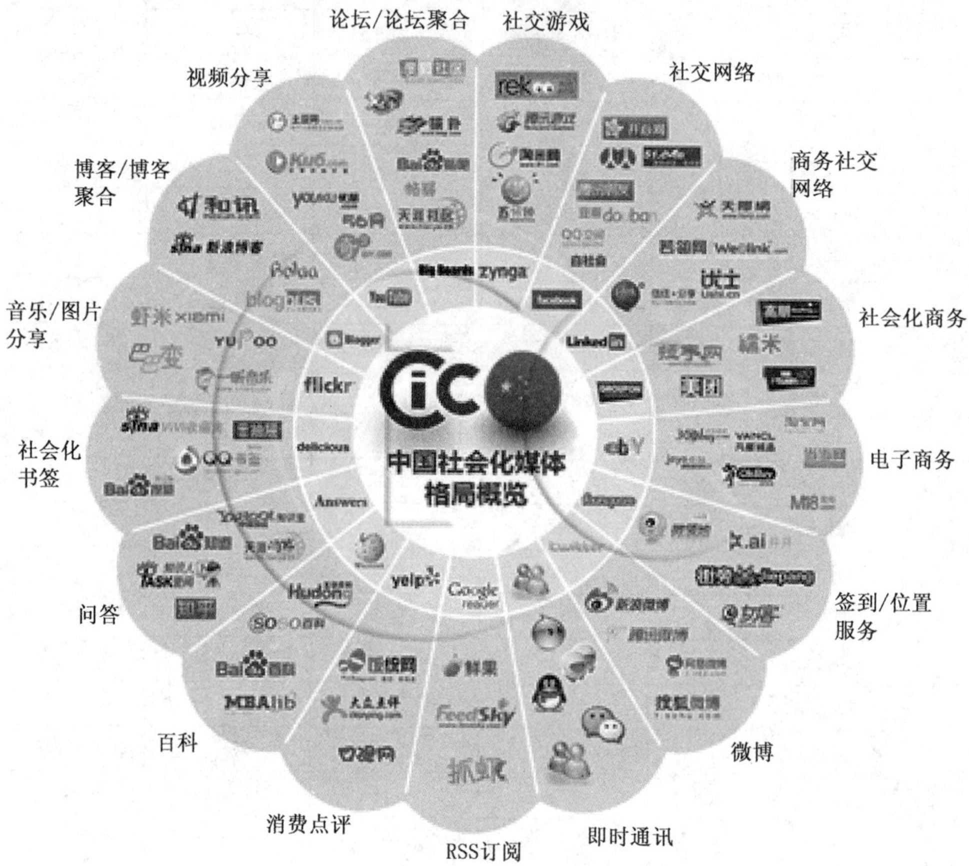

图5—4　中国社会化媒体格局

随着社会化媒体的迅猛发展和用户数量剧增，企业开始重视社会化媒体的传播优势。与传统媒体营销相比，社会化媒体打破了企业与消费者之间的信息鸿沟，消费者能够深度参与，主动发布、传播信息。由此，企业推出了社会化广告，即将品牌信息以视频或其他具有互动性的形式表现出来，并加入社会化媒体功能的广告，如分享、收听、邀请，以及SNS植入式广告等。从传播效果看，社会化广告的有效性是普通展示类的11倍。2010年，美国脸谱广告投放费达到90亿美元，占社会化媒体广告费53%，2011年，百事可乐首次将广告转向社会化媒体投入，不再在全美橄榄球上投入广告。研究发现，从参与度、曝光成本等指标来看，社会化媒体广告传播效果仅次于关键词搜索，分别为普通网络展示类广告的11倍和富媒体广告的2倍，见表5－2。

与此同时，企业运用社会化媒体开展品牌传播并获得成功的案例与日俱增。2009年，巴宝莉(Burberry)推出向品牌经典标志风衣致敬的社交网站 artofthetrench.com。在网站上，消费者分享自己与风衣的故事和图像，以及对于巴宝莉风衣和穿上它的不同看法。网站浏览者除了能选出最喜爱的相片评论，还能转载至其社交网站（包括 Facebook 和 Twitter）分享观点，甚至可将精选相片上传至网站，共建一个全球性的反映个人风衣风格的图像库。活动推广后，在 Facebook 上巴宝莉获得了1000多万粉丝，Twitter 上的粉丝达到70万。Dior 在中国的开心网上进行了全球广告中国首发，吸引了超过63万用户访问，在苹果的 App Store 里，用户甚至已经可以下载古琦(Gucci)、华伦天奴(Valentino)、香奈儿(Chanel)、蒂芙尼(Tiffany)等品牌的应用软件。

表5－2　社会化广告的效果

付费关键字搜索	12.2
社交活动	11.4
富媒体	5.3
展示类广告	1.0

来源：eMarketer，2012年1—12月，美国 appssavvy 公司社交媒体调研

目前，企业对社会化媒体的应用，根据互动程度从低到高可分为三个层次：第一层次是广播式应用，主要包括展示类广告和植入式广告，互动程度较低；第二层次是参与式应用，通过设立品牌账户和设置话题与活动吸引用户参与，互动程度较高；第三层次是商务式应用，企业品牌传播可深入社交媒体和电子商务平台，最大化地实现与用户的互动，见表5－3。

表5－3　企业应用社会化媒体案例

层　次	类　型	应　用	案　例
广播式	展示广告	传统硬广告与网站服务	新浪微博"推荐功能"与必胜客硬广告
	植入广告	品牌内容植入	LG冰激凌手机植入"爱情公寓"网站
参与式	品牌账户	设立官方主页	宜家家居官方微博
	话题活动	设置话题或活动	《失恋33天》微博营销
商务式	社交媒体	社会化媒体开展商务活动	人人网成立团购网站"糯米团"
	电子商务	电子商务网站的社交平台	凡客诚品社区营销平台"凡客达人"

来源：《媒介》杂志

二、社会化媒体重构仪式空间

1.颠覆经典信息传播模式

"传播"含有多重含义。彼得斯梳理了传播一词的来源，最初的拉丁语将之解释为告知、分享、使之共同等。17世纪，随着西方国家公路、铁道等交通系统的长足发展，传播成

为运输(Transportation)的同义词。17—19世纪,传播的含义既包括交通也包含符号的交流,直到20世纪,传播才从交通和沟通设施的语义中独立出来,形成了传递、仪式和交换[①]等意义。大众传播是“由专业化的机构和技术组成,利用技术设备为大量的、异质的、广泛分散的受众来传播象征性内容的活动。”[②]在大众传播发展的过程中,模式作为“对真实世界理论化和简约化的一种表达方式”[③],对于传播学理论建构和了解复杂的传播过程具有重要意义。

经典的传播模式在大众传播时代经历了线性模式、控制论模式、社会系统模式三个阶段。拉斯韦尔的5W模型和申农—韦弗模式是线性模式的代表,以直线型、单向型为基本特征,缺点是忽视了反馈环节以及社会对传播过程的制约。控制论模式以奥斯古德—施拉姆的传播模式为代表,“反馈”机制的引入使传播从“单向直线式”转变为“双向循环式”,从而更加客观与准确地反映了现实的传播过程。社会系统模式以赖利夫妇模式和马莱茨克模式为代表,解决了传播和条件问题。然而这些传播模式都没有改变传者为中心、传播互动性以及媒体的中介本质。传播依然是由信息发出者主导而非接收者反馈、分享、互动、参与的过程,“传播”等同于“传递”。

与传统媒体相比,网络数字媒体具有海量信息存储与传输、传播空间无限延伸和无限互连性的优势,基于web2.0的社会化媒体为网络用户提供了“可读、可写、可交互”的接触方式,从信息生产、信息接收以及传播过程彻底颠覆了传统媒体以传者为中心的线性模式,宣告个体性互动模式的来临。参与传播的个人或组织都可拥有话语权并成为传者,能够主动创作和发布传播信息,对传播的信息内容又相互影响和控制。在这一过程中,以社会化媒体作为传播中介,由网络化用户群体发起和参与的传播模式得以形成。[④]意义分享、参与互动、用户生产与个性化传播成为主流方式,传播不仅仅是信息的传递,更是一种“仪式”。

2.构建新型媒介仪式空间

从传播的发展历史看,传播技术的创新并没有成为社会形式转变的动因,但传播技术对传播过程产生了巨大影响,其中最显著的是对构成传媒业发展要素的各种传播资源——媒介组织、媒介用户、媒介生产等的影响。社会化媒体构建了与传统媒体迥然不同的信息生产体系,对于媒介仪式空间的重构主要体现在如下方面:

(1)从传播者到“共有媒体”系统

社会化媒体对于仪式空间的重构首先是对传播者权威身份的改变:传播主体权威地位被消解,信息生产主体打破唯一性,建立“三位一体”新型媒介系统。

第一,传播者权威地位的消解。大众媒体最为显著的特征是“一对多”的单向、大众

---

① 吴飞:《社会传播网络分析——传播学研究的新进路》,《中国人民大学学报》2007年第4期。

② 〔荷〕丹尼斯·麦奎尔著:《大众传播理论》(第5版),崔保国译,清华大学出版社2010年版,第46页。

③ 〔美〕沃纳·赛佛林等著:《传播理论:起源、方法与应用》,郭镇之等译,华夏出版社2000年版,第44页。

④ 何威:《网众传播——一种基于数字媒体、网络化用户和中国社会的范式》,清华大学出版社2011年版,第20页。

化传播,信息传播者与接收者泾渭分明,传播者比接收者具有更高权威、地位和专业性,呈现鲜明的"媒介中心"特征。数字传播技术的融合与优化,导致互联网"去中心化"和"分裂"特征日趋明显,"主体被多重化和去中心化导致在时间和空间上脱离了原位"①。传播主体的消解打破了从事信息生产专业媒介机构的高度权威性,继而形成了网络用户"去中心化"思维。社会化媒体用户不再只是信息的接收者,同时也是信息的生产者和消费者。

第二,信息生产主体唯一性的改变。大众媒体的信息生产由专业化的媒介体系控制,传媒机构作为专业媒体组织拥有制度化的职业能力,是信息与娱乐的主要提供者,为受众制造与传播符号性内容。在互联网时代,信息生产机制发生了重大变化,网络不被任何单一团体所拥有、控制或组织管理,而仅仅以相互的协议为基础②。网络除关注信息的生产与分配外,还关注信息的处理、交换与储存,网络的运作也不同于大众媒体的专业化和行政上的组织性。例如,社会化媒体机构"只搭台不唱戏",并不从事信息的生产与发布,而是采取用户自制内容(User Generate Content,UGC)的方式直接参与信息生产与发布。

第三,"三位一体"媒介系统的形成。大众媒体的核心竞争力在于信息的生产与发布,通过吸引受众付费订阅、观看或者以免费的内容吸引大量受众,再将转变为商品的受众"二次售卖"给广告主盈利。信息生产、销售与消费是高度分化和自成体系的。web1.0时代的网络媒体在某种程度上只是大众媒体的延伸,其信息生产与传播观念停留在"扩大传播范围、增加受众规模和传播的全球性"传统模式,依然遵循"大规模传播、单向流动、不对等的关系以及标准化的内容"的传播原则。社会化媒体构建了以数字技术为基础、三位一体(制作者、销售者、消费者)的"共有媒体"系统。这种新型媒介系统消解了传统信息中介的媒介系统,体现出超文本、多媒体、互动性的特征,也是对传播关系的一种全新构型,制作者、销售者、消费者的概念界限不再泾渭分明,共同加入到媒介的生产体系中,最终导致媒介经营方式、广告投放与传播方式发生巨变。

(2)从传播媒介到交互式信息平台

大众传播时代的媒介被视为信息传播的渠道和中介。依据使用媒介的差异,如家庭之内或家庭之外,个人使用或经验分享,公共使用或是私人用途,互动还是非互动,麦奎尔将媒介分成四类:第一类是人际传播媒介,如电话、电子邮件等传播个人化、易逝性信息的媒介。第二类是互动操作系统,如电脑游戏、视觉及虚拟装置等具有互动性的媒介。第三类是信息搜索媒介,如互联网满足用户获取海量信息的需求。第四类是集体参与式媒介,如网络、电话会议等用于共享和交换信息、观念、经验的媒介。基于web2.0技术的社会化媒体具有强大的连通性,将上述多种媒介融合至互通的网络平台,形成了整合众多媒介

① 〔美〕马克·波斯特著:《第二媒介时代》,范静哗译,南京大学出版社2000年版,第35页。
② 〔荷〕丹尼斯·麦奎尔著:《大众传播理论》(第5版),崔保国译,清华大学出版社2010年版,第30—32页。

资源，可直接“检索”“对话”“分享”“聚合”的信息平台，从而改变了媒介的“中介”和“渠道”属性。这种“共聚”式“网络交互式平台”，以互联网为载体，彰显并运用具有新媒体交互特性的手段，激发受众主动性和参与感，最终实现传播、营销、沟通等目标①。

随着三网融合的推进和传媒业数字化延伸，网络融合、业务融合与终端融合全面推进，未来网络信息平台将围绕目标受众形成个人信息平台、家庭信息平台和社区信息平台②。媒介信息平台的形成将重组媒体资源，创造新的信息沟通方式，“混媒”终端成为受众接收信息的重要媒体介质。这种“智能的、能够同时承载多种媒体业务的媒体介质”③，强调个性化、互动性和主动参与的媒介使用方式，加剧了受众碎片化与传播碎片化，提高了消费者聚合与覆盖的成本，促使营销传播方式发生改变。同时，混媒终端改变了传统媒介的内容生产方式与集成方式，广告主通过以往的营销与传播体系已无法控制和捕捉消费者的信息需求。建立基于消费者人口信息和用户行为、喜好的海量数据库，成为广告主开展精准营销、引导消费者参与信息沟通的重要途径。

(3)从传播内容到用户创造与分享

从传播内容的生产机制看，大众传播的内容由专业媒体机构创造与生产，大众传播的符号化内容或信息是能够以同样方式重复使用的典型的标准化“产品”。媒体信息内容成为媒介市场的交换价值与媒介消费者使用价值合二为一的产物。大众传播的信息内容成为一种商品，也是与其他形式传播内容的差异所在。互联网的出现和社会化媒体的兴起，从根本上改变了传播内容由专业人士独创的历史：消极的受众变为主动的媒介用户，直接参与信息的创造与分享并将原创的内容通过社会化媒体平台进行展示。在广告领域，随着社交媒体、电子商务平台和企业网站等信息交互平台以及地理位置服务(LBS)等移动互联网软件的兴起，消费者在信息内容的影响力日益强大，网络口碑成为企业品牌传播必须重视的因素。

从传播内容的类型看，大众媒体所传播的信息以“流逝型”信息为主，即媒体所承载的信息转瞬即逝，信息只能在固定的时空条件下接触，事后搜索或查找具有相当的难度④。社会化媒体传播的信息为“留置型”信息，这类信息可在固定地址长时间存在，信息使用者能够运用搜索引擎和协作过滤的方式获取信息。由于信息内容在媒介渠道相对稳定地存在，人们能够以更快的速度、更低的成本获得事物的全景，并建构和完善自己的知识体系。

从传播内容的流动方式看，大众媒体内容从媒介生产机构向受众“一对多”式流动，社会化媒体则以人为传播主体，实行“节点”(Humanode)式传播。每一个通过社会化媒体采取互动方式接收和发送信息的网络用户都是传播的“节点”，他们是网络信息的传播

---

① 寇紫遐、张金海：《互联网交互式信息平台营销传播探析》，《新闻界》2010年第6期。

② 丁俊杰、王昕：《媒体新生态环境中的广告传播思想展望》，《新闻前哨》2011年第1期。

③ 黄升民、刘珊：《三网融合下的“全媒体营销”建构》，《现代传播》2011年第2期。

④ 段晶晶：《新媒体与知识的社会构建辨识框架——解读基于关系属性的传播特征》，《现代传播》2012年第11期。

者、接收者和再次传播者,在以"节点"为主体的传播态势下,传播者与信息接受者具有平等地位,二者间的转换极为容易。同时,节点是参与信息互动的用户与呈现给其他用户的信息的结合体。"节点"既是参与信息互动的用户,也是与用户捆绑在一起的一体化信息。在社会化媒体双向传播的过程中,用户既是节点的实体,以自己的自主性和创造性激活每一个节点;同时又是节点信息的重要组成部分,通过与其他节点的互动生产新的信息[①]。根据麦克卢汉"媒介使用者即信息"的观点,发布信息的用户本身也是媒介的内容。通过节点式传播,用户实现了信息的自主生产与高度共享。

(4)从受众到互动参与式用户

信息接收者始终是传播学研究的重要内容,这一概念经历了大众、受众、分众、网众等演变。社会化媒体时代,信息接收者不再是被动的受众,而成为积极参与互动的网络化用户。

大众传播是针对大规模群体所展开的信息传播活动。"大众"最初指平常人或普通群众,通常被认为未受教育、无知且可能是不理智、不驯服的集合体。受众研究始自20世纪下半叶,受众被看作是分布广阔、互不相识、松散的集合体以及被动的旁观者,缺乏反馈和参与的机会。这种将受众作为客体的研究思路,强调对受众数量的掌握和媒介效果的研究,"魔弹论"即是典型的代表理论。斯麦兹的"受众商品论"从媒介以及媒介产业的角度研究受众,受众被看作个别消费者的集合体并形成相应的受众市场,这种思路常常用于广告主对于消费者市场的开发。由于受众彼此之间没有共享的认同,因此受众市场的形成是短暂的。将信息接收者看作大众和受众的观点,都将传播过程看作是具有控制或影响目的的信号或信息传递的过程。

20世纪中期以后,"积极的受众"理论受到关注,受众被视为具有选择性的群体,能够选择性接收、选择性理解和选择性使用信息。他们也因此成为具有主动性或动机性的媒介使用者和消费者,能够掌控自己的媒介经验而非被动的接收者。关于受众的研究,美国的经验研究范式经历了从"人民的选择"到"使用与满足",从"受众控制"向"受众自主"的理论转移。英国文化研究则以霍尔的编码—解码理论开创受众研究的新思路,强调以诠释观念来研究受众,信息接受者的主体性得到重视。

20世纪末期,随着信息社会的兴起,数字新媒体弥补了传统媒体形式的不足,为受众提供了更多信息传播与接收的机会。各种互联网应用软件提供的信息选择、信息发布与信息生产、信息过滤机制,使得接触媒介和使用媒介的区别日益明显。在用户创造内容(UGC)和用户生产内容(UCC)的社会化媒体时代,"一对多"的大众传播模式被彻底颠覆,受众变得更加具有自主性、选择性和个人化,不再是媒介信息的被动接收者,而是各类新媒体的使用者和网络化用户。这些网络化用户形成的"网众"群体反映了一种新型的人际关系:网众之间真实存在着各种个体互动关系,网众群体是跨越生活现状而存在

① 喻国明:《嵌套性:一种关于微博价值本质的探讨》,《新闻与写作》2011年第8期。

的，以松散而动态的方式随着互动过程不断变化和发展。[①] 从受众到网络化用户概念的发展，体现出数字新媒体下人与人、人与媒介之间的关系模式的变迁，由此形成新的受众研究取向与理论范式。

碎片化形象描绘了当前中国社会的传播语境。碎片化涉及受众碎片化和媒介碎片化。中国社会分化及社会分层结构的碎片化是受众碎片化的社会动因。通常认为，人均收入在1000—3000美元时，社会处于传统社会向现代社会过渡的阶段。过渡期的一个基本特征就是社会的"碎片化"，传统的社会关系、市场结构及社会观念的整一性被瓦解。媒介资讯生产能力的提高和媒介资源的极大丰富是受众碎片化的技术动因。数字技术使受众越来越分化，互联网的海量信息、海量传播加剧了受众的碎片化。受众碎片化伴随着媒介内容的碎片化，一方面，传统媒介的市场份额不断收缩，单个媒介的话语权威和效能不断降低；另一方面，随着传播渠道的激增和海量信息的堆积，媒介内容呈现碎片化趋势，而以网络化、数字化为代表的新兴媒体技术加速了内容碎片化的进程。在碎片化传播环境下，传统大众媒体广告风光不再，广告所针对的大众消费者难以寻觅。如何将分散的、碎片化的消费者重新聚合，成为广告传播的重点和难点。web2.0的崛起以及各种互联网新应用的出现，将分离的受众重新聚合起来。个人、家庭和社区三个网络交互式传播平台，分别针对移动用户、家庭群体和社区群体开展广告传播，依托网络数据库开展精准营销，实现与目标消费者有效的沟通。

综上，社会化媒体建构了新的受众网络；社会化媒体实现了信息分享；社会化媒体代表着碎片化传播，上述变革重构了广告传播的仪式空间，广告仪式传播模式面临新的变革与升级。

第二节　社会化媒体促成广告仪式传播升级

互动仪式得以发生，首先需具备组成要素和起始条件，其次通过互动仪式流程得到互动仪式结果，情感能量最大化是互动仪式的最终目标。互动仪式理论界定了互动仪式的起始条件：第一，两个或两个以上的人聚集在同一场所，仪式参与者通过身体在场而互相影响。第二，对局外人设定了界限，可知参与者和被排除者。第三，人们关注共同的对象或活动，通过相互传达该关注焦点，而彼此知道了关注焦点。第四，分享共同的情绪或情感体验。[②]

参与者亲身在场是互动仪式的必要条件。仪式本质上是一个身体经历的过程，柯林斯认为，电话和电视可以传达声音和影响，但不能有效地举行正式仪式，因为参与者的身

---

① 何威：《网众传播——一种基于数字媒体、网络化用户和中国社会的范式》，清华大学出版社2011年版，第17页。

② 〔美〕兰德尔·柯林斯著：《互动仪式链》，林聚任、王鹏、宋丽君译，商务印书馆2009年版，第86页。

体和情感互动需要在互动仪式的过程中获得。互动仪式理论提出时,基于 web2.0 的互联网应用尚未开展,柯林斯只是展望了远程媒介的发展可能造成较低强度的互动仪式。如今,随着社会化媒体的普及与发展,高度的互动仪式是否能够发生?新的媒介形态和传播方式是否会形成新的广告互动仪式?这是本章重点探讨的问题。

一、社会化媒体提供互动仪式必要条件

在数字技术时代,“人们通过网络技术,在与人互动的过程中获得彼此想要的东西而不再通过企业这种传统渠道获得。”[①]对于广告业来说,互动成为消费者重要的信息获取渠道。社会化媒体的发展,为广告互动仪式的发生开辟了一条充满无限可能的路径,广告传播渐渐具备了互动仪式的组成要素,形成了互动仪式的流程,产生了互动仪式结果。

1.从身体在场到用户共在

群体身体的共在是互动仪式发生的先决条件之一。柯林斯在探讨电话和电视无法举行正式仪式时,着重强调了群体的非亲身在场使个体之间的情感能量无法即时反馈,也承认“大规模的、相对正式的仪式相比小规模的自然仪式而言,远程的交流效果会更好一些。这似乎是因为大规模的仪式是运用已建立的符号,通过先前互动仪式链的不断重复建立起来的。相对非个人化的仪式在大的群体中表达成员身份,其中只有一部分曾经在同一地点聚集过;所以,远距离的交流让人有属于更大群体的感觉。但是这只有在个人至少是间断性地、与拥有共同崇拜符号的其他成员接触时才是有效的。而且远程传播必须传递观众的参与热情,而不只是领导者和表演者的信息。”[②],也就是说,远程参与互动性差、参与感不强,所以互动仪式格外强调群体“亲身在场”。这就给广告互动仪式带来了一个难题:广告传播的群体如何实现亲身在场?

社会化媒体解决了这一难题,亲“身”在场中的“身”扩展为个体在参与互动仪式时,通过虚拟账号在线实现用户在场。社会化媒体拥有海量用户,满足了两个或两个以上的人聚集在同一场所。用户在注册社会化媒体之后,通过登录和使用即可会产生群体聚集。以社会化媒体为中介所形成的“网众”,在素不相识的陌生人之间会产生一种“弱联接”,“每个网络化用户同时身处多个子网络中。这些子网络围绕着某种认同(identity)、粉丝(fandom)或共同兴趣与利益(common interest),在人与人之间的信息交流与互动中建立起来并不断发展,具备开放性和动态性。”[③]这种“弱联接”和“子网络”即互动仪式中的群体聚集。

---

① 〔美〕查伦·李、乔希·贝诺夫著:《公众风潮:互联网海啸》,陈宋卓涵译,机械工业出版社 2010 年版,第 1 页。

② 〔美〕兰德尔·柯林斯著:《互动仪式链》,林聚任、王鹏、宋丽君译,商务印书馆 2009 年版,第 104 页。

③ 熊澄宇、金兼斌:《新媒体研究前沿》,清华大学出版社 2012 年版,第 131 页。

2.互相关注、小组制度等对局外人设限

社会化媒体用户之间的互相关注、分组和关键词搜索等制度，使群体对局外人设定界限，仪式参与者可以知道谁在参加，而谁被排除在外。

以微博为例，群体聚集之后，用户基于相近价值观或相同爱好等产生的互相关注和设置浏览权限等行为，会渐渐划清群体范围，同时对局外人设限，形成依托于社会化媒体的社会网络。不同的群体之间，可能会产生一些流行语或群体“暗语”，只有相同群体中的成员才能互相理解和交流。如网络上的二次元语言，“2333”被用来指代“捶地大笑”，不经常观看动漫、使用SNS和BBS的人很难理解该群体的流行语，甚至会觉得无法交流沟通；某明星的粉丝会赋予偶像一些昵称或特殊指代，非该明星的粉丝也会对这些名词云里雾里，不知所谓，而这些行为都基于该群体成员之间的互相关注和交流。另外，用户在浏览个人页面时，也会对所接收到的UGC(用户创造内容)进行有选择地打开查看，自愿打开UGC的用户成为一种群体聚集，未详细查看该UGC的用户则被排除在外。

3.从地域限制到超越时空关注

满足了亲身在场和对局外人设限后，互动仪式进入下一环节：群体共同关注和相互传达关注焦点。与传统媒体相比，社会化媒体为仪式参与者创造了无时无刻、无处不在的关注机制。

首先，社会化媒体跨时空的传播优势，使得仪式参与者能够以低成本获取关注信息。与传统媒体相比，社会化媒体提供的关注点跨越时间和地域限制，最大化地满足了仪式参与者对关注焦点的需求，而传统媒体基于时间或空间的偏向，具有鲜明的地域特征或时间特征，这种天然的地理阻隔或时间不同步导致人们获取远距离关注的难度和成本的增加。社会化媒体克服了时间和空间传播偏向的特质，提高了参与者获取关注的便利性，降低了获取关注信息的成本。同时，社会化媒体超越时空的相互关注使人们更容易形成网络中共有的群体身份，取得共同的群体成员身份符号从而获情感满足。

其次，社会化媒体便于仪式参与者形成共同关注的焦点。互动群体对于仪式事件的关注，社会化媒体的@、转发、跟帖等功能，使人们将其注意力集中在共同的对象或活动上，并通过相互传达该关注焦点，让彼此知道关注的焦点；社会化媒体中当@、转发、跟帖时可以对原内容进行点评，使人们有了分享共同的情绪或情感体验的可能。

4.分享共同情绪和情感体验的过程

子网络成员在互相关注和有选择地打开UGC(用户生产内容)之后，一旦发生共同关心的事件如日常的群体关注事件，给予群体一定的情感刺激，这种情感刺激可能是某群体成员发布或转载的内容，那么其余群体成员就可能大量转发或对该事件进行评价，抒发情感和交流观点。当群体将注意力集中于共同的对象或活动的过程中，分享共同情绪和情感体验，对共同事件的评价和情感在群体成员中累积到一定程度时，导致了集体

兴奋,仪式结果就在群体成员中产生了。

社会化媒体信息流动以"节点"为信息源,通过信息过滤机制,每一个社会化媒体使用者都可以有选择地"聚合"(arreegate)信息源,再汇聚成个性化定制的信息"流"(flow)。这种信息聚合的方式,实现了碎片化内容的聚合。通过共享信息内容,消费者参与信息沟通并实现情感交流与互动。据美国 Razorfish 公司的研究结果,97%的消费者曾上网搜索过品牌信息,70%的消费者在网上阅读品牌的博客,67%的消费者在网上观看品牌广告,65%的消费者上网玩品牌互动游戏,40%的消费者加品牌为博客好友,26%的消费者在 Twitter 上成为品牌粉丝。[①] 充分体现出消费者在信息聚合与信息流动过程中参与品牌建设、广告传播的主动性。

至此,广告互动仪式的构成条件归纳如下:用户依托社会化媒体实现从身体在场到用户共在的转变;用户之间的互相关注、分组和关键词搜索等制度,使群体对局外人设定界限;社会化媒体实现了超越时空的相互关注;节点共享信息,消费者分享共同的情绪和情感体验。

二、广告仪式传播演进路径

广告互动仪式传播模式是随着媒介与技术发展而演进的。

1.信息传递模式(AIDMA)

最初的广告传播是基本无仪式参与感的单向传播,广告主和广告公司传递信息,消费者被动的接收,这个时期的代表广告媒介是传统报刊、广播和电视。正是由于这种传播如此单向,才会在研究传播效果初期出现"枪弹论""皮下注射论"等受众理论。消费者虽然在接受广告信息之后也有其自身反馈,但是这种反馈无法与信息传播者进行沟通交流。这个时期的广告传播模式基本如图 5—5 所示的简单传递。

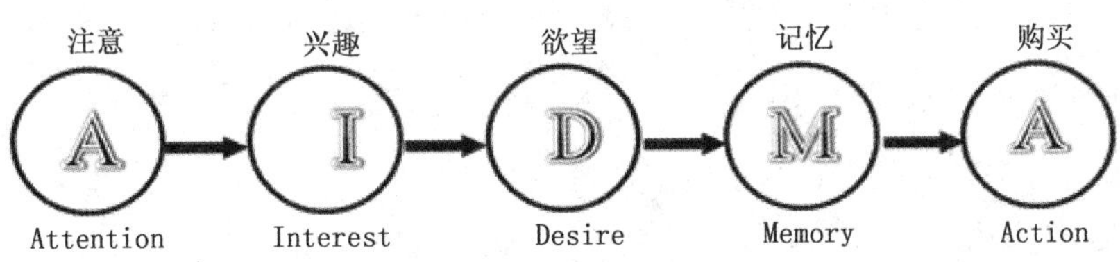

图 5—5　信息传递 AIDMA 模式

广告传播在这一模式下是简单粗暴的,广告主和广告经营者合力完成的表演试图引起消费者的购买行为(Action),消费者既无法及时反馈,也不参与传播过程。

① 沈虹:《互动网络营销传播的创意研究》,《广告大观理论版》2011 年第 11 期。

2 .传递与仪式组合模式(AISAS)

到麦克卢汉时代,虽然电子计算机还未迅速发展,但他已经极具前瞻性地提出“电子媒介是中枢神经系统的延伸。此前的一切媒介尤其是西方的拼音文字和机械媒介是分裂切割、线性思维、偏重视觉、强调专门化的。这样的人是被分割肢解、残缺不全的人。电子媒介使人整合,回归整体思维的前印刷时代。这就叫做重新部落化的过程。这是一个更高层次的全面发展的人。”[①]这在某种程度上和柯林斯的观点不谋而合。在进入网络时代以后,这种延伸更为明显,广告受众在广告传播的世界取得了一定话语权。他们可以利用网络搜寻自己感兴趣的产品信息、分享产品信息、分享自己喜欢的广告影片,受众取得了前所未有的主动权。在这个时期,虽然广告受众的互动由于技术限制仍然有所延迟,仪式感也略有缺失,但由于共同的媒介事件引起注意(Attention),广告信息或影片带来短暂情感刺激,引发了情感共鸣或具备了使用体验,所以虽然互动仪式的要素没有得到完全满足,广告传播模式仍然可以被一分为二地看作部分的传递和部分的仪式参与。即广告传播的 AISAS 模式,如图 5－6。

图 5－6 传递与仪式组合 AISAS 模式

广告信息传递 →受众在网络世界互动→受众取得相互关注焦点和共享的情感状态→反馈强化→取得广告互动仪式结果。从搜索(Search)到共享(Share)的部分即可参与的广告互动仪式,必须发生在互动性和即时性比较强的媒体上。柯林斯进行电话、电视及早期个人电脑是否能有效取得互动仪式效果的论证时,即处于该阶段。所以他论述当中的上述媒体无法取得强仪式效果,也是基于媒介条件无法达到如今高度的基础上的。

3.高度参与的仪式模式(SIPS)

技术和媒介的发展是广告互动仪式日趋完整的助推力,智能手机、平板电脑、越来越便携的个人电脑;论坛(BBS)、社交网络(SNS)、博客、播客;用户创造内容(UGC)……固然现在的技术手段还无法实现柯林斯所假设的“将来的电子媒体被设计成可以模拟人们的生理方面,以实现互动仪式的运转。互动仪式可建立起高水平的关注焦点和情感连带;可以想象将来的通讯设备能够尝试着通过神经系统收发信号,而这些信号能够增强共享的体验。”[②]但在如今的技术条件下,实时互动已经成为现实,人们的日常交流很大程度上倚重上述手段,互动仪式的要素日趋完善。可以说,所谓“亲身在场”已经借由技术

① 〔加〕马歇尔・麦克卢汉著:《理解媒介——论人的延伸》,何道宽译,译林出版社 2011 年版,第 11 页。

② 〔美〕兰德尔・柯林斯著:《互动仪式链》,林聚任、王鹏、宋丽君译,商务印书馆 2009 年版,第 105 页。

手段实现了除生理意义上的“身体”之外全部的“亲身在场”。社会化媒体的出现为广告互动仪式的发生提供了新的时空条件。

“一切技术都是肉体和神经系统增加力量和速度的延伸。”①这种高度仪式参与的场所不再是传统意义上的时空场地,身体共在也不再是真实的身体共在,但是发生中个体的互相影响、对局外人的设限、关注点的集中乃至分享的情感体验都是真实存在的。广告主和广告经营者引导广告互动仪式的发生,与消费者产生共鸣(Sympathize),经过确认(Identify)和参与(Participate),最后进行共享和扩散(Share&Spread)。在这个时期,广告呈现高度的互动仪式模式,如图 5—7。

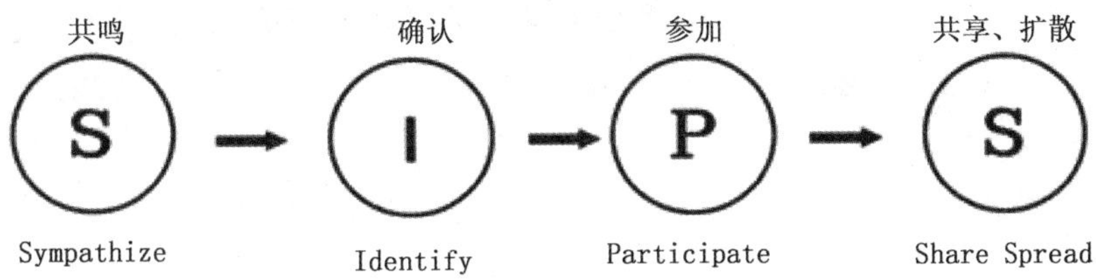

图 5—7　高度参与 SIPS 模式

三、广告互动仪式主体身份转变

1.媒体:传播介质转向共享情感的虚拟平台

综合来看,传统媒体和社会化媒体在广告互动仪式的发生中缺一不可,传统媒体经过多年对于符号资本塑造的实践,已经有成熟的运作体系,社会化媒体虽产生时间较短但发展极快,且功能日趋完善,作为互动平台的功能也基本成熟,能够完成在线与线下整合营销与仪式传播的全部过程。

柯林斯曾经设想通过远程收发神经系统信号可以更逼真地模拟“亲身在场”,成为中枢神经系统真正的延伸,但目前的技术条件并不能完全实现。社会化媒体凭借无可比拟的互动性,是当前广告互动仪式传播的最佳场所。

互动仪式主要建立在共同在场的情况下,这种互动在广告传播中必须借助媒介技术支持,媒介是广告实现互动仪式的传播平台,媒介的偏向形成不同的时空导致信息的延迟或滞后。处于社会化媒体的互动群体,尽管可能会延迟信息接收,但只要事件或话题热度未过,群体就还处在共同在场的时间线中。应用于广告仪式传播,共同在场就不需要局限于同一个时间点,而是可以扩展到同一时间线,将传播的时间拉长。如果社会化媒体中的话题维持较高的参与度,如转发、评论、论坛帖子置顶或靠前页,群体就能持续聚集并分享共同的情感体验。

从传播与接收平台来看,从单一的 PC 媒介向手机媒体、户外媒体等跨媒体传播,信息

① 〔加〕马歇尔・麦克卢汉著:《理解媒介——论人的延伸》,何道宽译,译林出版社 2011 年版,第 111 页。

沟通传播已经逐渐趋近于任何人(Anyone)、任何时间(Anytime)、任何地方(Anywhere)和任何方式(Anyway)的理想场景,这使网络用户的共在和聚集越来越容易。社会化媒体不再只是信息传递的中介工具,社会化媒体成为互动仪式发生的虚拟平台,只要具备接入社会化媒体的硬件条件,用户可以在固定终端和移动终端之间自由选择,用户的共在和聚集变得轻而易举。

除社会化媒体之外,其他数字新媒体也有可能成为广告互动仪式的载体。以户外(OOH)媒体为例,家门外的一切都可以成为广告载体,只要有消费者出现的地方,广告主和广告经营者都可以利用各种人群聚集,迅速吸引人群眼球。感兴趣的受众被吸引进入群体场所聚集,尔后通过营销活动,引起广告受众的集体兴奋,最后得到互动仪式的结果。这种互动仪式,组成要素更加充分、仪式过程更加完整、得到的结果也更加直观,所以几乎完全是传统意义上的互动仪式,与以社会媒体为平台发生的互动仪式相比,这种广告互动仪式的组织难度大、投入成本高、时间也更难以把握。

2.广告主和广告经营者:传播主体转向仪式引导者

在传统传播模式下,广告主和广告经营者主要作为传播者出现,即使在广告互动仪式初具规模的AISAS模式中,广告主和广告经营者也并不介入消费者的信息分享,只作为传播主体传递广告信息。

社会化媒体出现和发展为广告互动仪式的发生提供了可能性和时空条件,广告主和广告经营者不再只是传播主体,借由社会化媒体搭建的互动平台,他们发起广告互动仪式,并与消费者共同参与完成仪式,如图5—8。

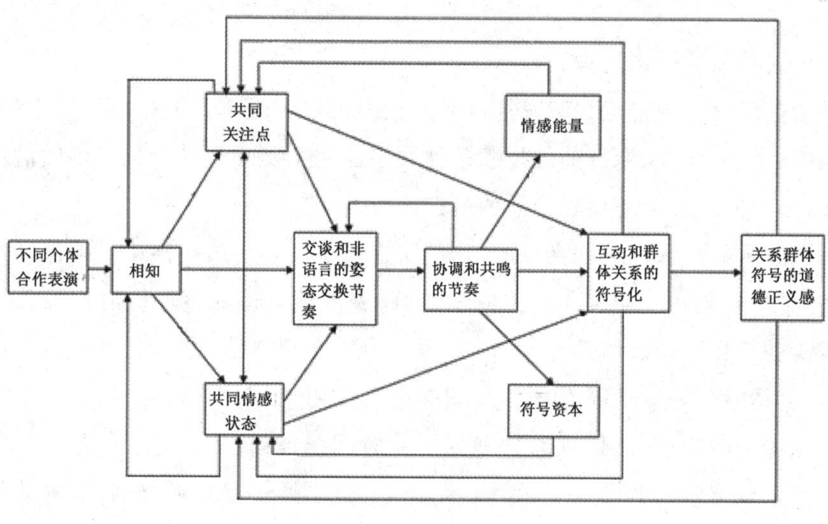

图5—8 互动仪式模型①

① 〔美〕乔纳森·特纳著:《社会学理论的结构》,邱泽奇、张茂元等译,华夏出版社2001年版,第106页。

互动仪式模式中的每一个个体都投身于场景之中,将可利用的最优符号资本和情感能量全部交付使用。将广告主和广告经营者与消费者分别看作不同的整体,他们合作表演,以达成“相知”,广告主和广告经营者基于理性考虑引导并参与广告互动仪式,消费者也出于理性追寻情感能量,他们必须利用相通的符号资本来完成互动。麦克卢汉认为广告的作用就是洗脑并猛攻消费者的无意识,利用公众的头脑榨取利润,若以积极的观点来审视这种批判,在社会化媒体所搭建的互动仪式平台之上,广告主和广告经营者获得了可与消费者合作完成整个广告互动仪式的机会,消费者的无意识参与可能产生意料之中的仪式效果。

从戈夫曼的“拟剧”理论出发,在传统媒体的广告传播过程中,广告主作为表演“后台”委托广告经营者对产品或服务进行“前台”展示,广告主的全部目的即能够使“情景定义”经过广告经营者的印象管理成功被消费者接受。在这个时期,广告主和广告经营者协作完成的表演面对的是一群面无表情、无法立即反馈的消费者,前期调研和后期反馈都无法弥补即时信息的缺失。广告主和广告经营者作为编码者,无法控制消费者对只读文本的解码,可能与初衷相悖产生“对抗的符码”。

社会化媒体使广告主和广告经营者只在共鸣(Sympathize)阶段发挥主要作用,文本变得开放和可写,消费者一经确认(Identify),会主动参与广告的互动仪式,广告主和广告经营者与消费者共同编码。在线互动仪式成为可能之后,广告主和广告经营者强调引导者身份,力求使消费者产生共鸣,强化符号资本,符号在传达的过程中不易扭曲,并使营销活动产生长尾效应。在传播过程中,避免信息的强行灌输和硬销售式广告,因为强制性信息只会导致失败的、空洞的、强迫的仪式效果。

3.消费者:信息接收者转向仪式参与者

依托社会化媒体,消费者在广告传播模式中的角色转向最富变革性,从接收者到参与者,消费者不只是从消极受众到积极受众的转变,随着信息来源的多样化,他们甚至不再只是“受”众。在传统广告传播模式中,消费者接收信息,波德里亚认为他们购买商品是在追寻广告主和广告经营者所创造的象征意义。在广告互动仪式成为可能之后,消费者可以通过在线的方式,以“节点”的身份参与创造象征意义。通过数字在线,消费者实现了从信息接收者到兼具传播者和反馈者的角色转变,成为社会化媒体创造或使用用户创造内容(UGC)和消费者创造媒体(CGM)中的仪式参与者。

广告互动仪式中的消费者并非信息的“靶子”那么简单,作为“情感迷狂者”的消费者仍然存在潜在的理性,衡量投入成本以获取较高的情感能量。消费者一旦对广告主和广告经营者所传递的信息产生共鸣(Sympathize),继而得到确认(Identify),就会如前文所述,参与编码过程,并即时反馈,成为对“表演”有所回应的“观众”,甚至直接参与“表演”。

广告互动仪式的成功与否主要依赖消费者的参与程度,消费者的能动性是广告互动仪式中的情感能量能否有效转化、持续转换的最重要条件。在广告互动仪式的过程中,消费者不仅与企业合作完成表演，消费者之间也合作进行表演，消费者与企业的"相知"植根于企业传递的符号资本所引起的消费者共鸣（Sympathize），消费者之间的"相知"则植根于个体的聚集、对彼此身份的确认、共同的关注点以及分享共同情绪和情感体验的过程。

第三节　符号与情感：互动仪式传播的两种要素

柯林斯在论述互动仪式理论时引入了一个重要概念：互动仪式市场。他认为，社会交往不但存在物质市场、婚姻市场等，也存在一个人们"际遇"的互动市场。由于互动仪式涉及互动双方的资源、地位、交换等因素，人们对互动中的时间、能量、符号资本和其他可供应用的资源进行评估，并选择那些能够最大程度增进情感礼仪的方式，使互动具有市场性特征。在互动仪式市场存在两种资源：符号资本和情感能量。互动仪式中，不仅物质资本和符号资本是一种成本，情感能量本身也是一种成本，个体在互动中所获得的情感回报受这两种重要因素的限制。

一、符号资本是互动仪式参与者沟通的媒介

1.符号资本产生符号权力

人类创造了符号，又生活在符号的世界之中，符号始终伴随着人类世界的演进。德国哲学家卡西尔将符号定义为"人类的意义世界之一部分"[①]；施拉姆认为"无论人们怎样称谓符号，符号总归是传播的元素——能够释读出'意义'的元素"。

符号资本是是互动仪式市场的关键要素，是参与互动仪式的成员之间沟通的媒介。"符号资本"（symbolic capital）由布尔迪厄首先提出，在论及"场域"理论时，布迪厄提出了资本的四种形式：经济资本、文化资本、社会资本和符号资本，其中经济资本是基础性的资本类型，产生于经济领域；文化资本包括通过教育传递的各种知识，具体体现为身体化的文化资本、客观化的文化资本和制度化的文化资本；社会资本由与人们有价值的社会关系构成，社会资本需与经济资本、文化资本、符号资本等在场域中一起作用才有效；符号资本也称象征资本，用以表示礼仪、声誉、威望等象征性现象[②]。符号资本的功能可以概括为"产生符号权力、赋予被认可者以社会地位和社会身份以及资本的再生产与转换功能[③]"。

符号权力是通过符号资本的占有取得支配社会资源和他人行为的象征权力，拥有符号资本可以获得社会和他人的欣赏、尊重、敬意等。在互动仪式市场，符号资本是代表个

---

① 〔德〕卡西尔著：《人论》，甘阳译，上海译文出版社1985年版，第145页。

② 宫留记：《布迪厄的社会实践理论》，2007年南京师范大学博士论文，第71页。

③ 袁靖华：《大众传媒的符号救济与新生代农民工的城市融入——基于符号资本的视角》，《新闻与传播研究》2011年第1期。

人、群体或机构的符号权力,符号不仅仅是意义与沟通的工具,它更是一种权力技术的工具。“符号体系作为一种沟通工具,具有被塑造结构和塑造结构的权力。”[①]前者代表生产与再生产符号和符号体系的权力,后者则体现为符号生产和再生产社会秩序的功能。

2.符号资本是获取象征地位的特殊资本形式

互动仪式中的符号资本包括一般化的符号资本和特殊化的符号资本。一般化的符号资本代表非个人符号的一般资源,如知识、权威、地位等;特定的符号资本指个人对他人身份、地位与声望的记忆[②]。

符号资本涉及对声望、名声、奉献或者荣誉的积累,从而赋予资本拥有者以象征地位。符号资本是特定场域中个体或群体被认可并获取象征地位的特殊资本形式,这种特殊资本形式使得符号权力得以合法化。符号资本是一种被承认的经济资本或政治资本,可见符号资本也是一种信誉资本,这种信誉能够在一定程度上实现经济利润。换言之,符号资本是一种“神化”资本,符号资本含有使物或人“神圣化”的能力,并从中体现价值与获得利润。

符号资本体现为无形性、非物质化,来自其他个体、组织机构或群体的主观认可和主观感知,符号资本通过他人的承认、顺从甚至信仰来影响他人的行为与思想以获得对现实进行构建的权力,个体拥有的其他资本形式一旦被社会认可,就能生成符号资本,即符号资本是源于其他资本的成功使用而产生的符号效应。

3.符号资本匹配是互动仪式成功的关键

在互动仪式市场中,拥有符号资本的群体掌握着符号权力。掌握符号资本的人们可保持在仪式活动中的核心地位,反之,则被排除在仪式之外。从游戏、娱乐等集体参与的自然仪式,到政治活动、教堂典礼等正式仪式,个体均需要事先储备丰富的符号资本,否则无法深度参与、获得情感共鸣,即无法取得对互动仪式至为重要的成员身份感。

“符号是社会整合的最好工具,有利于社会秩序的再生产”。[③] 符号权力使得共同体能够就世界的重要意义问题达成共识,有助于再造社会秩序,确定社会空间。它通过构建世界来确定、改造世界观,甚至改造世界本身。仪式的功能在于提供共同体验的瞬间,激发、增强或重塑成员的集体意识和认同,促使其在信仰、情感和意愿上的高度一致,从而将个体整合到社会全体之中,维持并强化既有的社会秩序。[④]可见,仪式通过符号资本创造符号权力得以实现,符号资本在发挥其“社会整合”的工具性时,取得了互动仪式成员的身份感,产生了集体情感共鸣,实现了共同信仰的表征。

---

① 〔法〕皮埃尔·布迪厄著:《论符号权力》,吴飞译,辽宁大学出版社 1999 年版,第 51 页。
② 〔美〕兰德尔·柯林斯著:《互动仪式链》,林聚任、王鹏、宋丽君译,商务印书馆 2009 年版,第 6 页。
③ 〔法〕皮埃尔·布迪厄著:《论符号权力》,吴飞译、辽宁大学出版社 1999 年版,第 60 页。
④ 吴晓群:《古希腊仪式文化研究》,上海社会科学院出版社 2000 年版,第 3 页。

4.品牌形象:广告互动仪式的符号资本

广告互动仪式的符号资本集中体现为品牌形象。品牌的符号资本能够建构消费社会的信仰与观点,形塑消费者的价值观并影响其消费行为,最终通过对意义的控制和意识形态的操纵,实现社会控制的目的。

广告互动仪式中的符号资本同样包括一般化符号资本和特定的符号资本。其中一般化符号资本体现为品牌历史、品牌地位、品牌理念、品牌文化以及品牌本身的功能和带给消费者的利益。由于产品本身的一般化符号资本只有经过消费者的"解码"方能得到理解,企业常常借助其自身的符号资本加以佐证,如企业的科研实力、文化历史、员工素质、专家实力等,这些符号资本经常用于地产、保健品、化妆品、科技创新产品及高档产品广告,作为广告诉求的重点借此突出品牌形象。特定的符号资本指的是品牌知名度、品牌美誉度、品牌忠诚度以及品牌的各种荣誉、声望等。广告市场普遍存在"经济不对称"现象,消费者由于不易知晓和掌握社会资本和文化资本,倾向于依据"声望""荣誉"等象征性的符号资本对产品和服务做出评价和判断,以决定是否产生购买行为。这就涉及对品牌声誉的一些评价,品牌声誉是企业过去所获得的各种声望和证明,如"知名品牌""消费者信得过品牌""品牌 500 强"等头衔。品牌是建立和增强消费者信任的重要方式,品牌声誉是企业获得消费者好感与品牌忠诚的重要符号资本。

品牌学家大卫·艾格认为:"品牌就是符号,一个成功的符号能够整合并强化品牌的认同,并且让消费者对于这个品牌的认同更加印象深刻。我这里所指的'符号',包括了任何能代表这个品牌认同的东西与做法。"[①]品牌被看作与消费者进行沟通的一种代码,它以浓缩的信息和非个人性的"符号"整合和强化消费者对品牌的认同。根据菲利普·科特勒的定义:"品牌是一个名称、术语、标志、符号、图案等因素的组合,用以对产品进行识别。品牌是企业提供给消费者一系列有关产品特点、服务或利益的允诺。建立品牌能够增加产品的价值。"[②]品牌被看作是具有识别功能,将产品进行区分的有效工具,是一种承诺和保证,也具有安全功能;同时,品牌是一种能够增加商品价值的无形资产。

品牌是企业参与市场竞争的有力武器,是企业生存和发展的有力保障。强势品牌拥有强大的市场地位和高度的权威性,品牌持久的号召力、忠诚度和美誉度是企业财富增长的源泉。品牌是消费者进行质量感知、服务产品挑选、信息搜寻与评价的重要依据,品牌是为顾客创造并传递价值,为顾客提供心理满足的形象符号。

品牌是产品的符号化,是产品一系列功能性和情感性价值的集合。消费者对品牌的形象一般由两种途径获得:一是消费者直接使用产品带来的直观感受;二是企业品牌形象的建设。良好的品牌形象能够增加产品的价值,形成品牌忠诚。品牌忠诚是品牌建设的关键所在,消费的文化意义、象征意义一般都以品牌作为载体,品牌在目标消费者心目

---

① 〔美〕大卫·艾格著:《品牌经营法则》,沈云骢、汤宗勋译,内蒙古人民出版社 1999 年版,第 54 页。

② 〔美〕菲利普·科特勒著:《市场营销导论》,俞利军译,华夏出版社 2001 年版,第 212—213 页。

中建立美誉度是企业塑造符号资本的关键。良好的品牌形象会使消费者有进入广告互动仪式的欲望,企业所塑造的符号资本有了流向消费者的可能,符号资本的匹配更加容易,广告互动仪式的流程更加顺利。

广告是对品牌的长期投资,是品牌形象管理的重要工具。通过广告互动仪式,强化品牌的符号资本即建立良好的品牌形象,以实现符号资本从企业到消费者的流动,进而产生情感能量增加所带来的收益,这种收益体现了科特勒所说的产品价值的增加,即提高品牌知名度与品牌美誉度。

二、情感能量最大化是互动仪式的理性选择

互动仪式是关于情境的理论,这一理论源自涂尔干和戈夫曼对于仪式情感生成机制的论述。

情感是人类最基本的支撑力量和创造力量,也是人类互动交流的符号象征和社会交流的工具。古典社会学家与当代社会学家在其理论建构中都曾提及情感。涂尔干曾分析过宗教式情感对群体团结的作用;韦伯在分析科层制时曾将行动类型归纳为四种,其中之一就是情感行动。科层制发展得越完善,就越容易去除个人的情感因素;霍曼斯将情感视为一种可以用来交换的社会资源;戈夫曼分析了互动中的"面子"与羞耻感,将其作为的情感要素。

关于情感,社会学家从多个角度做了定义,多数是指情感的组成要素,如戈登把情感定义为感觉、表现性姿势和文化意义的一种从社会角度被建构的模式,该模式是围绕着与另一个人的某种关系加以组织的。霍克希尔德认为情感是一个映像、一种思考、一段记忆与身体的合作——一种个体所意识到的合作。学者王鹏、侯钧生认为,情感通常包括几个成分:身体和生理感觉的变化;姿势和表情的展现;对背景或情境刺激的评价;文化与社会标签[①]。

1.情感来源于仪式群体选择与创造

肯普尔指出,绝大多数的人类情感都源于真实的、期望的、想象的或回忆的社会关系的结果。情感的本质特性是社会性和互动性,即情感并非自然产生,而是在互动中人们通过主动选择和创造,并通过特定的行为和符号来表现、传达和显示的。

情感学家诺尔曼·丹森认为,情感互动是互动参与者通过相互作用所产生的情感转让,一方情不自禁进入对方感受和意向性感受状态的过程。[②] 情感互动是一个相互作用的过程,将两个或两个以上的人结合在一个共同和共享的情感体验领域之中。情感互动强调双向性、互动性、共享性,具有如下特征:共有感或感受的共同性;伙伴感;情感感染;

---

① 王鹏、侯钧生:《情感社会学:研究的现状与趋势》,《社会》2005年第4期。

② 〔美〕诺尔曼·丹森著:《情感论》,魏中军、孙安迹译,辽宁人民出版社1989年版,第203页。

情感同一以及共享的情感性等。人们参与仪式的过程也是一个情感互动的经历，获得了自己和他人所持有的情感意义和情感价值，如关爱、同情、尊重与真诚等美好的情感。获得美好情感的人们，“通过使自己和他人参与并受制于情感性，他们与其所在的社会秩序结成一种社会契约”，形成美好的情感世界。

2.情感能量驱动群体仪式团结

个体在仪式参与中有着强烈的情感意味。斯特赖克在解释情感定位理论时指出，情感是人们在微观社会角色扮演的重要驱动力。个体扮演的角色受到积极情感的促进时会加强对这一身份的投入。在互动仪式中，参与互动的个体如能得到积极的情感回应，产生强烈的成员身份感进而增加形塑后续角色演出的机会。情感是人们角色演出恰当与否的“晴雨表”，能够告知人们“表演”是否恰当，当一个人和他人的角色演出与其文化价值、情境定义或身份确认不吻合的时候，消极的情感反应会把这一不恰当识别出来。相反，角色演出恰当则会体现出积极的情感。因此，情感能够促使人们按照与规范期望、情境定义、文化价值和成员身份感一致的方向扮演角色，当个体扮演的角色被接受时，他会感受到兴奋、激动和自豪的积极情感，反之则体验到恼怒、羞耻和负疚等消极情感，导致其改变角色演出，选择更恰当的方式表现这一角色的身份。

仪式能够放大最初的情感，也能够将初始的情感转变为情感能量。在互动仪式中，高度的情感能量能够产生涂尔干所指的群体仪式团结。情感能量是一种长期的情感基调、一种激情、一种个人的力量、一种社会联系的感应和产生互动的意愿，也就是涂尔干所提到的“道德力量”。情感能量是一个统一体，情感流动是一个从高端的自信、热情和良好的自我感觉经过中间状态，最后到达低端的沮丧、原创性的缺乏和消极的自我感受的过程。情感能量的高低取决于仪式群体对于团结的感受。

3.情感能量匹配度决定互动仪式效果

情感能量是互动仪式的核心组成要素和结果，是个体参与互动仪式的重要驱动力。情感能量是否匹配直接关系到情感流动的方向与符号资源的分配。情感能量高的个体对社会互动充满自信，受到互动情境的限制较少因而获得更多的机会以积累符号资本。他们期望支配互动，并期望符号资本被他人所欣赏。情感能量居于中间的个体常常能够根据情境，服从符号资本储备丰富的个体以换取新的符号资本，这种交换能使其情感获得一定的补充。相反，情感能量过低的个体往往无法进入仪式，也难以获得新的符号储备。通过这种交换，符号资本的资源分配与情感能量的流动方式发生了变化。在广告互动仪式中，作为仪式发起者和仪式引导者的广告主和经营者，掌握消费者的符号资本与与情感能量的状态，了解消费者对于品牌符号资本贮备的情况，可以对互动仪式传播效果做出一定的分析与预测。

通常来说，情感能量均衡且都居高位的人经常无法和谐相处。理由是情感能量高的双方都倾向于成为被关注的焦点，习惯于成为控制互动仪式的一方。这就出现了一个现象,即情感能量较高的人往往选择那些自身最有可能成为关注中心的聚会,而避免与具有同等情感优势的人聚会。

互动仪式是否成功取决于实际上有多少关注和情绪感染的发生,取决于参与者重视符号的程度。成功的仪式会产生独特的集体情感,使仪式参与者感受到团结的感觉和热情,产生群体成员共有的身份感。

4.情感能量源于消费者需求满足

消费者基于对情感能量的理性追寻参与广告互动仪式,情感能量的获得是消费者参与广告互动仪式的最重要原因。马斯洛在《人类激励理论》中提出需求层级理论(Maslow's hierarchy of needs):生理需求、安全需求、情感和归属需求,尊重需求以及自我实现需求。互动仪式的参与者能够从满足需求的过程中获得正性情感——即情感能量,他将普遍的人类情感需要概括为五种:①证明自我需要;②获益交换需要;③群体归属需要;④信任需要;⑤确定性需要。[①] 其中关于个人情感的需求占据了需求层级的高层。

作为仪式发起者和引导者,广告主和广告经营者在互动仪式中能够体验一部分正性情感,由于互动仪式的成功取决于参与者情感能量的匹配度,因此,强化消费者的情感能量,使其在互动中更大程度收获正性情感,从而与广告主、广告经营者体验的正性情感相匹配是广告传播取得成功的关键所在。因此,广告互动仪式中消费者情感能量的取得重点在于满足下述情感需求:

(1)消费者自我证明

互动仪式从根本来说是一个借由符号和情境来寻求情感能量的互动过程。在互动过程中,个体能够收获他人的关注、成为焦点、受到肯定。广告互动仪式中的消费者以虚拟身份共在,与其他消费者和广告主等发生人际互动。当互动双方进入共通的互动情境之中,并有匹配的符号资本,可以顺利呈现消费者的角色身份(role-identity)和情境身份(situational-identity),并在人际互动中收获愉悦的情感,情感能量丰富的消费者可在仪式中获取较高的情感回报,以实现自我证明。

互动是个体展示面子、寻求保护面子和维护面子的过程。根据戈夫曼的解释,"面子"即个人所宣称的积极社会价值;在特定互动中得到他人的承认。这种"自我尊重"是互动仪式中的关键规则。消费社会中的消费者从他人的角度获得所谓身份或者"面子",其首要来源并不是他们的工作类型,而是他们所展示和消费的符号和意义。消费者通过对不同产品的消费来建构自己的社会身份,在与近似消费群体互动的过程中寻求和发现自我的身份,在经验分享的过程中将自己碎片化的感受变为连贯一致的体验。这一点在社会化媒体中尤其明显,某些品牌一夜之间成为消费群的首选,充分体现了自我身份在群体中认同的实现过程。

---

① 〔美〕乔纳森·特纳著:《人类情感:社会学的理论》,孙俊才、文军译,东方出版社 2009 年版,第 91 页。

(2)企业与消费者获益交换

所有的互动都包括资源交换。在广告互动仪式中,广告主和广告经营者扮演着仪式发起者和引导者的角色,他们之所以精心营造场景、创造符号吸引消费者参与互动,根本原因在于他们可以从互动中获取资源,这种资源获取或获益不只包括经济利益,还体现在理性追求情感能量的成功——通常表现为消费者对于品牌的认同和忠诚,消费者的认同反作用于企业,促动其更加积极地发展品牌。另外,消费者的短期情感能量还可能转化为长期情感能量,形成正性情感储备,便于企业开展下一次广告互动仪式。

消费者则能够从广告互动仪式中收获他人的关注、对自我身份的确认以及对品牌的信赖感,感受到愉悦、欢欣和安全感。在参与广告互动仪式前,消费者会对该互动有所期望,如果期望得到满足并收获了更大的积极情感,将驱动他们再次参加广告互动仪式,形成互动仪式链。

(3)阶层归属感

互动仪式导致的结果包含群体团结,即一种成员身份的感觉。特纳所强调的群体归属在广告互动仪式中一般体现为归属于某阶层,这和群体团结类似。

传统的社会阶层研究历来是社会学的主题。社会分层研究主要来自马克思主义学派和韦伯学派。马克思根据对生产资料的占有来划分社会阶层;韦伯则根据财富、声望和权力的指标进行划分。美国社会学家格伦斯基在其经典著作《社会分层》中谈道:社会分层并不是现代社会的产物,社会分层现象贯穿整个人类历史。从社会学的角度看,只要存在不平等的社会因素,就会产生社会分层现象。社会分层源于客观意义上的社会不平等因素,因此必然会对大众生活带来深刻的影响,其中大众生活方式、消费模式、兴趣、态度与性格等方面集中体现其所处的社会阶层。

社会阶层对于消费的划分是显著的。1899 年,制度经济学家凡勃伦在《有闲阶层论》一书中论述了消费对于有闲阶层的身份指认作用,将消费纳入社会分层研究。然而凡勃伦并没有以消费划分阶级,有闲阶级的炫富性消费只是对其富有程度的展示。波德里亚在《消费社会》中提出了较凡勃伦更为深刻的观点,他认为"一旦人们进行消费,那就绝不是孤立的行动('孤立'只是消费者的幻觉,而幻觉受到所有关于消费的意识形态话语的精心维护),人们就进入了一个全面的编码价值生产交换体系中。在那里,所有的消费者都不自主地相牵连。"[①]由此,属于同一阶层的消费者们互相牵连,因此获取了阶层归属感。

"广告的窍门和战略性价值就在于此:通过他者激起每个人对物化社会神话的欲望。它从不与单个人说话,而是在区分性的关系中瞄准他,好似要捕获其"深层的"动机。它的行为方式总是富有戏剧性的,也就是说,它总是在阅读和解释的过程,在创建过程中,

① 〔法〕让·波德里亚著:《消费社会》,刘成富等译,南京大学出版社 2001 年版,第 70 页。

把亲近的人、团体及整个等级社会召唤到一起。”[①]广告互动仪式就发挥着这种把“亲近的人、团体及整个等级社会召唤到一起”的功能，消费者在参与广告互动仪式时，与其余消费者相互牵连，这种阶层归属感让消费者找到属于自己的社会定位。

(4)追随流行

特纳认为，参与互动的人们需要感受到：①为了互动，他们共享一个共同的世界；②他们所知觉到的情境正如情境所展示出来的一样；③他们假定在互动过程中现实具有固定的特征，并把这些相关的需要状态称之为“真实需要”，互动的参加者必须感受到他们正在体验和共享一个共同的现实世界。体现在消费行为中，就是消费者对流行的追随。

在广告互动仪式中，消费者形成了更多寻求同类团结的爱好，并且被激发去重复这一互动过程以形成互动仪式链。广告互动仪式是通过消费者情感能量的生产，以及创造代表消费群体成员身份的符号而实现的。消费者通过相通的表意符号来确认他们与其他消费群体处于共同的现实世界，如果消费者无法参与流行话题的讨论，就会产生对现实的不安全感，与身处同一阶层或关系网的其他消费者无法共享共同的现实世界，会导致他们尽力追赶流行。如果相关产品或诉求点处于流行期，消费者会因为追随流行而参与广告互动仪式，以获取“真实”。这种对流行的追随，能够促成涂尔干所说的团结，即消费者因体验到自豪感进而获得满意的社会自我。

---

① 〔法〕让·波德里亚著：《消费社会》，刘成富等译，南京大学出版社2001年版，第217页。

第六章　情感共享:广告互动仪式传播模式

第一节　场景:广告互动仪式传播环境

广告互动仪式生成之后,在广告主和广告经营者的引导下,仪式条件具备、仪式过程顺畅,群体的"集体兴奋"水到渠成则产生理想的仪式效果,广告主和广告经营者所传递的情感能量传递给消费者,并转化为消费者内化的思维和认知。广告互动仪式并不能形成即时的商业效益,但在企业经营层面,能扩大品牌影响力,使品牌影响力成为"正性情感";在社会文化层面,广告不再局限于商业活动的范畴,成为社会文化不可或缺的组成部分。广告互动仪式的过程中存在一些可控因素,广告主和广告经营者如能善加利用并积极引导,将在仪式过程中最大限度地创造情感能量,使互动仪式参与者——广告主、广告经营者与消费者均可从中获益。

一、场景理论的时代发展

系统地论述场景理论的是美国学者约书亚·梅罗维茨,他综合了麦克卢汉的媒介理论和社会学家戈夫曼的"情境理论"(也称"场景主义"),对媒介特征与日常社会行为之间的关系进行了探索。形成了一个有特色的媒介理论:媒介情境论。

梅罗维茨认为,媒介的变化必然导致社会环境的变化,进而决定人的行为。电子传播媒介对社会的影响很大,它削弱了自然场所与社会"场所"之间的紧密联系,重新组织了社会环境,使得由社会情境决定的社会行为产生相应的变化。"电子媒介最根本的不是通过其内容来影响我们,而是通过改变社会生活的'场景地理'来产生影响"①。

根据麦克卢汉"媒介即讯息"的观点,即媒介并非仅仅是两个或者两个以上环境中的

---

① 〔美〕约书亚·梅罗维茨著:《消失的地域:电子媒介对社会行为的影响》,肖志军译,清华大学出版社2002年版,第6页。

人们传播信息的工具，其本身即是环境。梅罗维茨认为，媒介的形态比其传递的内容更重要，一种新媒介的出现会引发社会变化传播形式的转变是对社会变化产生作用的极其重要的因素，这一因素在现实发展中却普遍受到忽略。然而，麦克卢汉的媒介理论难以解释和分析电子媒介对人们社会行为带来的各种影响。为此，梅罗维茨提出，媒介研究可以从戈夫曼的"情境论"的视角展开，以此考察传播媒介、情境以及行为之间的关系。

戈夫曼的场景主义认为，所有的社会角色的行为都是在一定的场景内进行的恰当的表演。人们在物质场所的交往和互动，会根据所处情境的变化随时调整自己的行为，特定情境中的行为可分为暴露在观众视野中的"前台"区域与限制观众和局外人窥探的"后台"部分。居于前台的表演者按照其对角色的理解和理想的状态进行活动，居于后台的表演者处于松懈的状态。二者之间有"幕布"相隔，即界限明确，社会角色的后台空间越大、越隐秘，则该角色的权威感越强。戈夫曼的场景主义可用于分析人们的社会角色及行为规范，对于扮演不同角色的表演者来说，面对不同观众需要展示出不同的自我，任何能够改变社会舞台结构的因素或者影响社会观众重组的因素都会对社会行为有很大的影响，因此，媒介、场景和行为之间存在高度的关联与互动关系。

由于戈夫曼主要使用静态的分析方法，研究局限于人们面对面的交流，忽视了人们通过媒介发生的相互作用。为此，梅罗维茨提出了媒介研究的新思路：新媒介——新场景——新行为，探讨"社会场景塑造社会行为的方式"[①]。其核心论点是：第一，场景应该被视为信息系统。媒介形成的信息环境与人们行为所在的自然环境同样重要，对于人们交往的性质起决定作用的并不是物质场地本身，而是信息流动的模式。第二，场景与场景的区别在于界限，每种独特的行为需要一种独特的媒介场景。第三，电子媒介促成了许多旧场景的融合。一方面，电子传播媒介的广泛应用打破了旧有的场景界限，形成旧有的不同场景的合并；另一方面，电子媒介的普及使得有关场景的一些旧有方式产生新的分离。

依据交往媒介的不同，梅罗维茨将信息获取的模式区分为印刷场景与电子场景系统。在作为信息系统的电子场景里，人们交往的媒介，由戈夫曼所探讨的面对面的物质地点变为了虚拟的媒介。梅罗维茨的研究主要聚焦于电视对社会行为造成的影响研究，但是场景理论的本质适用于网络媒体兴盛的今天，新媒体环境下场景的特点可以归纳为场景融合加速、场景区隔模糊、情境更为真实。互联网的即时性、双向互动性传播使得"时间消灭了空间"，媒介生态的场景得以重构，场景营销中的受众角色和传播行为都发生了革命性的变化。

---

① 〔美〕约书亚·梅罗维茨著：《消失的地域：电子媒介对社会行为的影响》，肖志军译，清华大学出版社 2002 年版，第 12 页。

二、场景营销:广告仪式传播的焦点

场景,指的是一套人们居于某个场合所共同遵守的行为模式。在某个场景中的行为方式可归纳为三种:几乎总是发生的事;几乎从不发生的行为以及有时发生的行为。将一个场景与另一个场景区分开来的正是不同场景中人们不同的表现行为。场景中都存在一个基本框架,在这个基本框架中,人们表演适合场景的行为,隐藏与场景不符合的行为。

场景以及场景中的角色是相对稳定的。其暂时的打破会导致角色迷惑和混乱,而永久或长期的打破则会导致新的行为模式的诞生,由此产生新的场景。随着互联网的发展,场景的界限差距在缩小,媒介融合带来了场景的融合,传统的媒介情境发生了巨大的变化,传统媒介形成的"前台"与"后台"的界限逐渐模糊,社交媒体产生了场景融合的"中区"行为,观众、表演者、脚本和场景随时可能发生转换,场景中原有的客体可能成为主体,后台信息随时可能暴露在前台中。尤其是移动时代的到来,场景正在成为移动互联网的新入口。

1.场景成为移动互联网新入口

移动互联网网造就了新的信息系统,由此引发了媒介情境的巨大变化。美国科技创新领域知名记者罗伯特·斯考伯在《即将到来的场景时代》一书中提出:未来 25 年,互联网将进入新时代——场景时代。与以往传统媒体时代争夺受众关注、互联网争夺流量和入口所不同的是,移动互联网时代争夺的是场景。场景业务在近年来已被全球的互联网和科技界广泛关注,谁能占据场景,谁就能真正赢得未来。移动互联网时代,场景的意义极大增强,"用时间消灭空间"已经成为现实,高速与超大流量的信息使地域文化笼罩下的传统人文意识走向整合。

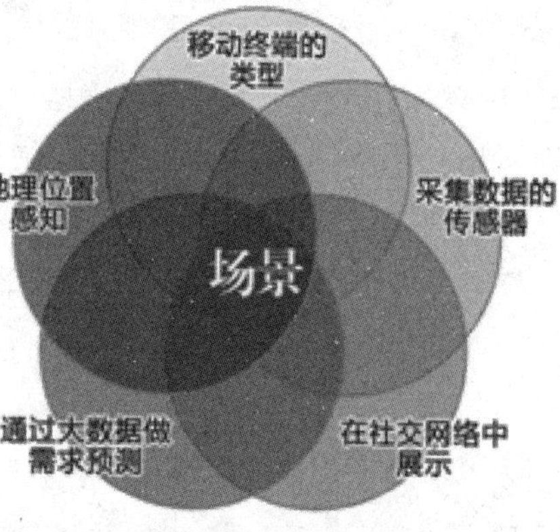

图 6—1　场景时代的五种技术力量

场景时代的五种技术力量:大数据、移动设备、社交媒体、传感器和定位系统将重构传播生态,创建全新的营销与商业模式,如图 6—1。[①] 微信与嘀嘀打车的合作体现了腾讯公司对用户支付场景争夺;收购大众点评网则是腾讯进入生活消费场景的体现;腾讯入股京东是双方携手进入移动场景的案例;几家互联网公司的浏览器大战,争夺的还是场景。可以说,未来移动互联网竞争的核心是场景,谁能占据场景,就能赢得未来竞争的领先地位。

① 谭天:《从渠道争夺到终端制胜,从受众场景到用户场景》,《新闻记者》2015 年第 4 期。

移动互联时代的信息流动模式和场景转换，带来了媒体、用户与企业社会行为的转变。“场景成为了继内容、形式、社交之后媒体的另一种核心要素。空间与环境、实时状态、生活惯性、社交氛围是构成场景的四个基本要素。当移动媒体在内容媒体、关系媒体、服务媒体三个方向上拓展时，它的主要任务就是完成信息流、关系流与服务流的形成与组织。此时，场景本身可能成为移动媒体的新入口。”①

移动互联网背景下，媒体融合从渠道争夺转变为终端融合，而终端与用户接入的关键在于场景。以场景触发(Scene Touch)为基础的场景时代已经来临。如何围绕着场景来构建新的营销策略和商业体系，成为探讨广告互动仪式传播模式中一个重要的课题。

2.场景构建对广告仪式传播的必要性

以传播产品属性，强化品牌功能为主的广告，在海量广告信息中因其创意平平难以获得消费者的青睐。然而，广告主和广告经营者并没有从根本上解决消费者被动接收广告强制性传播的问题，而是通过增加投放量以及加大插播广告的方式强制消费者接收信息。在移动互联网时代，品牌的传播模式正在遭受一场前所未有的革命。在媒体众多、消费者被高度分散的时代，品牌如何有效传播才能让消费者印象深刻，并且不断累积品牌资产成为广告仪式传播的重要课题与焦点。

新媒体环境不仅使得受众群体变得日益个性化，更重要的是，受众扮演的不再是只能观看“前台”表演的观众，受众既是前台的表演者，又是后台的导演，既能构建场景，又能灵活应用场景。同时，新媒介的产生，使文化地域的界限逐渐模糊，促成了社会传播方式的变革，也促使多种场景迅速走向融合，能够实现信息共享的开放、平等的文化环境应运而生。

移动互联时代消费者生活形态明显发生了变化。第一，消费者随时随地可以享用的移动互联网，注意力被分散，移动终端链接其他终端的需求加强。第二，消费者快速穿梭于各个场所和空间，单一媒体很难覆盖目标消费者。第三，无论是智能终端、广告媒体平台还是消费终端，都在产生大量的消费行为数据，这些数据成为企业了解消费者更加精准的工具。第四，消费者消费行为从理性准备到实时的场景触发②。

在这种传播大环境下，广告主和广告经营者实现有效的广告传播的效果，尤其是移动终端的消费者的影响，首先要为受众营造一个能够被情感染的场景，使终端受众自觉在营造的场景中进行“表演”，在这个场景中释放个人情感。目前，在国内移动互联网占据领先地位的，无一不是构建场景的先行者。场景设计可以从三个方面切入：满足欲望、响应需求、创造价值，即人性、社会和文化三个层面③。比如滴滴公司和快的公司的竞争，在本质上是阿里和腾讯在营造支付场景上的角力，他们为出租车的运营者和终端的消费者共同搭建了一个“表演”的“舞台”，即营造出一个支付场景，使出租车司机和消费者能够共同在这个场景

① 彭兰：《场景：移动时代媒体的新要素》，《新闻记者》2015年第3期。

② 肖明超：《品牌营销进化的三大方向：场景爆破、移动互联与大数据整合》，《广告人》2014年第7期。

③ 谭天：《从渠道争夺到终端制胜，从受众场景到用户场景》，《新闻记者》2015年第4期。

中主动完成各自的角色扮演。再比如,小米在建立自己智能硬件帝国时,也是构建了一个用户能用小米手机进行各种小米系列产品(比如电视等)操作的场景。

由于每天接受海量信息的消费者,其消费行为并非是计划和静止的,在碎片化的媒体接触中,很多消费行为会由于特定品牌设定的广告、体验或者互动的场景而触发。正如梅罗维茨所说,新场景的构建能够引起人们新行为的产生,广告仪式传播应更加重视场景的构建,给个性化的受众一个沟通情感、激发能量的情境,以此作为广告传播活动的场景,让受众或消费者主动参与进广告仪式。广告如何"场景化"以及如何实现内容与场景的匹配,成为所有的品牌都需要面对的问题。

3.场景想象构建传播内容

场景营销(Scene Marketing)就是在销售过程中,运用生动形象的语言给顾客描绘一幅使用产品后带来的美好图像,激起顾客对这幅图的向往,并有效刺激顾客购买欲望的手段。场景营销是以心灵的对话和生活情景的体验来达到营销的目的。场景营销的基本的假设是,消费者在其日常生活中的某个"相似的瞬间",更容易接受相同的宣传,而无论其年龄、性别、收入等,这和传统的目标消费市场理论相抵触。

可见,场景不仅仅是广告载体和方式的问题,更重要的是,通过场景想象构建的品牌传播内容。首先,要能够制造出让消费者关注的内容话题,将广告变成话题性的内容,植入到消费者的场景中,改变以往生硬地推广广告传播的方式。其次,在广告和营销平台上,与移动互联网进行强链接,激发消费行为的产生。如同互联网公司抢占入口一样,广告应尽力抢占品牌在移动互联网的入口,即能够带来消费者即时行为的入口。再次,以平台战略的营销战略,实现大数据整合。这里既要重视互联网营销平台的大数据功能,如搜索、微博、微信、电商、移动广告等互联网应用的大数据功能,也要重视实体营销渠道的大数据价值,实现线上线下的入口、终端的协同作用,通过场景化、内容化、娱乐化等实现传播内容的构建。

三、情境沟通:场景构建的方式

仪式是一种传播活动,广告仪式传播的发生依赖于一定的情境和媒介环境。仪式所处的情境包括仪式发生的时间、空间、文化等多种要素,仪式传播作为一种文化展演,其特定的情境影响决定着人类传播活动的行为与结果,这也是戈夫曼在"拟剧论"中重点强调的"前台"与"后台",即作为一种文化展演的仪式其所处的情境以及仪式传播所建构的仪式情境决定着仪式传播功能的实现。

1.仿真场景与仪式共时:在线与线下共组情境

(1)情境复现强化情感能量

霍曼斯在阐述交换理论时,曾提出六个基本的行为选择关系命题:成功命题、强化命题、价值命题、距离命题、期望命题和选择命题。广告传播的基本社会行为选择功能也相应包含六个方面:目标激励、情境强化、价值表述、距离调控、期望维持以及方向选择。其中情境强化就是广告通过有效的信息重复,不断复现广告所设定的某一美好情境,以此深化消费者曾经的经历或渴望经历的梦想,最终强化其可能产生的方向性、情境式的行为动机与信息。广告互动仪式传播的过程,也是参与者通过信息交换与共享信仰,通过情境建构与情境复现的方式,在高度的互动仪式过程中强化符号资本、增强消费者身份认同感,最终实现情感能量交换的过程。

(2)场景的真实性是仪式传播的重要条件

约书亚·梅罗维茨对于场景在传播活动中的重要性给予充分的阐释:传播活动中,每一种特定的场景都有具体的规则和角色,每一种独特的行为都需要一种特殊的场景。行为与场景是相互协调、相互适应的。"场景为不同的参与者规定和排除了不同的角色,人们适应社会生活的方式之一是学习文化中的场景定义。"①这里的场景就是仪式传播所强调的情境。人类传播行为在某种意义上是情境的产物,人们在传播活动中总是努力使特定行为与动态情境保持一致,从而前后一贯地演好某个规定的角色。

仪式情境是仪式参与者重温共有经验和记忆、形成集体情感的重要环节。完整的仪式是发生在特定时间、环境和场景中的一系列规范性、程序化、重复性的行为。仪式体现的是人们对世界的理解和看法,它往往与信仰相结合并渗透在人们的日常生活中。纵观我们生活中各种仪式的例子,仪式所处场景与所用道具、物体都有不同的象征意义。仪式的展演往往发生在特定的富有象征意义的时空,以形成一个神圣的仪式情境,从而激起仪式参与者对某种情感和意义的共享,在一定程度上达到仪式展演的目的。特纳强调不同的文化产生了不同的信仰,但象征符号最终还是把这些不同的所指联系在一起,象征符号存在于多种仪式之中,仪式分析必须置于一定的场景中进行。②

场景主义者的代表戈夫曼揭示了人际交流需要在不同场景下用不同话语表达不同的情感,但是他并没有从深层阐释场景对于传播的重要性。事实上,现代媒介化社会,媒介所造成的信息环境比通常所指的物质场所更重要。电子媒介跨越了以物质场所为基础的场景界限和定义,重新构建了新的媒介社会场景。早期的传播模式忽视了传播活动所处的场景。进入数字媒体时代,场景分析应摒弃社会场景仅仅在固定时间和地点发生的人际传播的观念,将超越地域形成的信息系统的场景纳入传播场景的研究。以电视媒体为例,电视促成不同情境的合并,以及接受情境的顺序和群体的改变,原来的私人情境并入公共情境,人将成为处于公共观察的"透明人"。

(3)在线仪式与线下仪式共组媒介场景

传统的互动仪式,符号储备是个体参与群体互动的前提条件,在广告互动仪式市场,

① 〔美〕约书亚·梅罗维茨著:《消失的地域:电子媒介对社会行为的影响》,肖志军译,清华大学出版社2002年版,第21页。

② 周晓燕:《解读仪式中的象征符号》,《文山学院学报》2012年第4期。

符号塑造一般依托传统媒体传播产品和服务信息。在社会化媒体时代，传统媒体基于长期形成的公信力，其商品和服务更容易被塑造为互动仪式中的“神圣物”并巩固符号资本。广告互动仪式可将传统媒体和社会化媒体进行在线与线下联动，线下利用大众媒体传递品牌理念、塑造品牌形象，在线搭建平台供消费者参与，线下与线上共同组成仪式情境，以期取得更好的仪式效果。

线下仪式方面，电视媒体观众无法直接与角色交流，互动仪式主要集中于消费者的自我互动——霍顿和沃尔将这种互动归为“类社交互动”，这种远距离的仪式可以提供共享的情感、团结以及对象征性符号的尊重。[①]这种线下场景设置往往表现为利用传统媒体(如电视广告)，为广告主和广告经营者提供更大的操控场景的可能性，他们作为表演的“虔信者”(sincere)，需要“相信自己表演所呈现的印象”，舞台设置(setting)和符号装备(sign-equipment)均需要精心安排，对于品牌理念的笃信是广告主和广告经营者传递的正性能量真实可信的前提。

在线仪式场景设置方面，由于企业运用社会化媒体尚不成熟，媒体上建构的虚拟平台仍然不够丰富，声、影、像和文字虽然可以结合，但难以使消费者有更为真实的体验。目前具备广告互动仪式形态的营销活动的在线互动场景仅仅为互动提供了一个平台，场景设置大部分只在文字内容上给予了消费者较大的自由，消费者更加深层次的高度互动还需得到进一步的满足，为此，广告主和广告经营者应尽可能地提供社会化媒体技术，使互动仪式拥有更生动的场景条件。

(4)合理安排仪式时间以延伸仪式共时性

数字媒介时代通过速度极大地压缩了空间和距离，将世界变成似乎非常“狭小”的地球村，还具有碎片性、无序性和个人性等特点，进一步颠覆了人们对时间形态的传统认识，造成了时间刻度、时间顺序和时间呈现的扭曲。

在线互动仪式与传统互动仪式相比，区别之一在于时间线被拉长，群体原本在相同的时空条件下共同参与仪式，而在线互动仪式的时间线更长、空间也更大。时间线的增长为互动仪式的发生提供了更加自由和便利的条件，但由于时间线难于把握，导致一部分消费者错失参与机会，无法与广告主和其他消费者产生高度互动。为此，广告主和广告经营者应该在仪式中选好时间点，把握好发生时间，使广告互动仪式的范围尽可能扩大的同时，不会失去共时性，否则集体兴奋的强度不够，也难以产生情感能量。

2.依据媒介时空偏向构建真实仪式情境

媒介不仅仅是两个或多个环境之间传递信息的渠道，而且也是一种环境，当媒介以仪式的元素介入之后，对仪式展演本身及仪式的效果都会产生影响。

媒介的时空特性决定媒介功能。伊尼斯将媒介划分为“空间偏向”和“时间偏向”的媒介。倚重时间的媒介，如象形文字、汉字、羊皮纸、书籍等，其性质耐久，易于长期保存但难于

① 〔美〕兰德尔·柯林斯著:《互动仪式链》，林聚任、王鹏、宋丽君译，商务印书馆2009年版，第95页。

运输,有利于帝国的持久稳定;倚重空间的媒介,耐久性逊色,质地比较轻且更为适合广袤地区的治理和贸易,如机械印刷的拼音文字、莎草纸等,有利于帝国的扩张,但常常难以持久稳定。[①] 伊尼斯将电报和广播归于倚重空间的媒介,电视媒体具有轻便性,且传播内容难以保存,所以归为倚重空间的媒介。网络具备跨越空间传播的空间媒介偏向特质,同时兼具海量信息查找与保存便利的时间媒介偏向特性,因而成为对时间与空间均有所偏向的媒介。传播活动的成功,应克服媒介的偏向,既不过分倚重时间,也不过分倚重空间。

偏倚时间的媒介所传播的仪式性内容更加神圣、抽象,更具严肃性和权威性。但由于空间距离造成的难接近性,受众在仪式中以接收者而非建构者身份出现。偏倚空间的媒介为仪式的形成创造了条件,受众个性化的媒介使用行为消解了仪式的神圣性、权威性与抽象性。相对于印刷媒介,电子媒介受众的卷入度和参与程度更高。网络媒介的受众在仪式中则摆脱了单一的仪式内容解读者和接收者的身份,获得了充分的情感表达和高度卷入的机会,成为仪式的参与者甚至建构者。网络受众不再满足于接受仪式的教化,在互动参与的过程中建构属于自己的仪式,实现自我情感满足并自我赋予仪式意义。

为此,仪式情境的建构应根据不同媒介的时空偏向做出不同的选择,偏重空间的媒体适合针对更大范围的消费者进行传播。电视等传统大众媒体面对的消费者更加广泛,但是互动性不完整,在唤醒消费者正性情感方面,能在短期内能达到目的为最佳,所以一般选用具有代表性的符号。发生于电视等大众媒体之上的前期互动仪式主要体现"主观性",即"描述了由接收者已经形成的需要和价值观所导致的影响,接收者所受影响的程度主要以接收者自己的动机、需要和希望来加以说明",表现形式一般是在强调情感诉求的基础之上,徐徐表达企业所希望传递的理念,期待消费者自行做出良好的理解。在表现力度上切忌强行灌输以至形成强迫的仪式,因为"强迫的仪式是消耗而不是创造情感能量。多次参与强迫性仪式的经历会让个体产生对这些仪式情境的厌烦……"[②],这也要求现今电视广告必须着力摆脱以"硬销售"为宗旨,以信息传递为主的"推"式传播方式,树立以情感营销为导向、以互动参与为主的仪式传播思想。

网络媒体对时间和空间均有偏向,其全面性使不同形式的媒介内容有了存在的时空场景。在基于网络媒体形成的完整的广告互动仪式中,网络媒体是仪式发生的主要场地,由于其时间和空间有共同的偏向性,可以承载企业所渴望传递的各种媒介内容,值得注意的是,网络媒体上的消费者的参与互动需要企业的引导,所以在文本和影像的使用上适当增加号召性是必要的。

目前的技术对于仪式空间的建构仍有局限性,身临其境的互动在网络平台上尚未得到实现,在现有的技术条件下,尽可能利用文字、声、光、影、像等各种表现方式营造更为真实的仪式情境也是广告互动仪式亟待解决的重要问题。

---

① 〔加〕哈罗德·伊尼斯著:《传播的偏向》,何道宽译,中国人民大学出版社2003年版,第27页。

② 〔美〕兰德尔·柯林斯著:《互动仪式链》,林聚任、王鹏、宋丽君译,商务印书馆2009年版,第93页。

第二节　广告互动仪式传播途径

一、情感共享彰显传播力量

1.“给予的表达”式品牌印象管理

戈夫曼在“拟剧论”中将表演者成功塑造一个角色称为印象管理，在广告互动仪式中，广告主和广告经营者通过印象管理，塑造良好的品牌形象以获取符号资本，从而得以成功引导广告互动仪式的发生。

从戈夫曼的理论出发，企业塑造品牌形象即采取行动来表达(Express)自己，使消费者接受他造成的印象(Impressed)。这种表达包括两种不同的符号活动，给予(Gives)的表达和流露(Gives off)出来的表达，在传统的广告传播中，企业通常给予消费者一定的信息以表达自我，这种“给予的表达”仅仅能够传递表达所使用的符号附着的众所周知的信息，含有一定的硬性传播意味，消费者选择接收与否。而流露出来的表达被看作是“某些原因导致的”，表象背后有真实的原因在支撑，更为可靠，广告互动仪式中的企业印象管理应该是流露出来的表达。由于“个体倾向于根据在场的其他人所给出的有关过去与将来的印象来看待他们”，消费者容易受企业品牌塑造的影响，且“他人给出的印象往往被看作他们含蓄地表达的要求和允诺，而要求和允诺通常带有道德特征”——企业给出的印象饱含道德特征，消费者可能会以这些印象来“核对”企业的表现是否符合品牌形象，企业与消费者之间就建立了一种亲密的表演者和观看者的关系。

在印象管理的过程中，企业有可能出现差错，如戈夫曼所说的“自我产生的整个机制有点笨拙”，广告主和广告经营者的“共谋”可能会暴露。梅罗维茨认为，表演后台空间越大、越隐秘，角色则准备越充分，越有权威感；反之，后台的空间越狭窄、越开放，角色则越无法做额外准备，也越不具有权威感。广告主表演后台的适度开放可以给予消费者一定程度上的参与感，开放程度需要小心斟酌。

但是“添加一些适当的润滑剂，印象就会顺利从中产生出来”，在广告互动仪式中，场景的建构、符号的共创、正性能量的唤醒和媒体的选择都可以看作使企业印象顺利产生的“润滑剂”，企业通过“富有表现力地维持”其想要展示给消费者的“情境定义”而“流露”品牌形象，这种品牌形象更有说服力，更“发自表演者体内”。

2.高度关注的“强联系”与平等对话的沟通方式

柯林斯在探讨为何互动仪式需要亲身在场时认为，“高度的相互关注是亲身在场所能创造的重要互动仪式先决条件”。马克·格兰诺维特的弱连接理论指出，传统社会中稳定而传播范围有限的社会认知是“强连接”(Strong Ties)；而更为广泛却肤浅的社会认知是“弱连接”(Weak Ties),“弱连接”虽然不如“强连接”那么坚固,却有着极快的、可能具有低成本和高效能的传播效率,网络时代普遍存在这种“弱连接”。同时格兰诺维特从四个维度来测量关系的强弱:互动的频率、情感强度、亲密关系和互惠交换。通过对关系强弱的界定,格兰诺维特提出强关系是群体内部连接的纽带,而弱关系则是群体之间的纽带。群体内部由于身份地位的相同性,导致信息的重叠;而由弱关系联系着不同的群体则掌握着不同的信息,弱关系充当着信息桥的作用。[①] 故而网络时代的群体之间虽然一般处于“弱连接”状态,由弱关系充当信息桥,但是发生仪式的群体内部的纽带应该是强关系。

企业与消费者之间的“强联系”在仪式中表现为高度的相互关注。据统计,随着社会化媒体的普及,企业与消费者之间的“强联系”式互动非常明显。据新浪微博统计,目前已有3.25亿用户关注企业微博账号,平均每个用户关注8个账号。每月平均超过1000万用户参与企业微博互动,企业账号平均每天收到1500万个转发、私信和评论,粉丝活跃度很高。47%的企业微博每天都会更新内容,其中14%的企业会与用户进行互动,8%实现了与用户私信沟通。

企业与消费者的高度相互关注,需要企业选择在消费者中拥有话语权的“意见领袖”加以关注、进行互动,并引导消费者与企业关注共同的对象或活动,这是为了与消费者之间形成共有的行动和意识,以获取共有的情感,这种企业与消费者的相互关注可以提高共有情感的表达;共有的情感又可以增强互动仪式中消费者和企业互为主体性的感受。在这种情况下,企业与消费者共同关注的东西就成为了群体的符号,这些符号的象征意义附着于产品或服务之上,产品或服务成为象征物。

社会化媒体环境为消费者提供了比以往更为公平、公开、透明的话语环境,这必然使话语权由传播者为中心转向以传播者与受众共为中心,广告主不再是唯一的话语主导,必须转变话语方式才能重新被社会化的媒体环境接受。广告主在这种相对平等的“两个中心”的社会化媒体环境中塑造品牌,以平等互动的方式取代过去“宣讲”“广播”模式,积极主动地参与到社会化媒体的群体中去,由“对他们说”(talk to them)改变为“与他们交谈”(talk with them),才有可能被社会化媒体中的受众重新接受。吸引消费者主动参与仪式传播,是广告主在社会化媒体环境中生存的新方式,以非正式的语气和方式邀请社会化媒体消费者参与品牌活动,以平易近人的对话方式和轻松幽默的语言吸引目标消费群体积极参与品牌的话题讨论,可以释放消费者对品牌的正面感情能量,从而提高品牌的知名度和美誉度。消费者相互了解和情感高涨的体验被提升,是提高群体象征、群体认同的标志。

消费者之间的相互关注取决于自身社会关系和爱好等形成的社交子网络,日本电通公司将社会化媒体环境下形成的“共振型的消费者”称为“镜众”。“镜众”是对社会化媒

---

① 吴飞:《社会传播网络分析——传播学研究的新进路》,《中国人民大学学报》2007年第4期。

体时代消费者聚合现象的形象描述。“镜众”们心中有一面朝向他人的镜子,当遇到与自己相近的需求、爱好、心情时,就予以吸收并咀嚼混合,然后将这种心情与他人互相反射和共振,形成新的热潮。这种“共振型的消费者”形成的高度相互关注和高度情感连带,在很大程度上提高了群体团结和情感共鸣,有利于仪式群体形成共有的成员身份感。

3.唤醒正性情感实现广告主与广告经营者“相知”

麦奎尔认为在传播中信源与接收者之间有五种关系模式:第一种是奖赏,有赖于接收者从信息中获得的满足,如享受或有用的意见;第二种是强制,依赖某些不服从带来的消极性后果,在大众传播中并不常见;第三种是参考,由于传播者的吸引力或威望使接收者认同此人,并且基于情感的理由而愿意受到影响;第四种是正当性,影响之所以会被接受,假定传播者具有强大的、预期中能够得到追随或尊敬的资格,可能发生在权威信息由相关领袖传递的情况下;第五种是专家,接收者将知识归因于来源或传播者时所起的作用,新闻和广告经常邀请专家来从事解释、评论或认同的工作。其中,“奖赏”、“参考”和“正当性”表达了信源与信息接收者之间的三种积极关系,合乎广告互动仪式的特征,当消费者处于这三种关系模式下,能够体验并收获较为积极的情感。

在社会化媒体中正确使用奖励机制是提高消费者积极性、唤醒受众情感快速而有效的方法。社会化媒体下,传统媒体中广告主、广告经营者对消费者或广告受众“命令式”的指引已经不再起作用,消费者掌握充分的权力选择是否与广告主产生互动。广告主与广告经营者的“共谋”需要通过消费者之间的互动和相互影响而实现,即通过消费者之间的“共振”完成对企业或者品牌的关注、接受和维护,并在这个基础上对企业或者品牌提出建议,传播者尝试接受、改变并给予奖励,让消费者感觉他们是品牌的参与者而不是旁观者,在广告活动中有“被需要的”价值,这种高度参与和互动将强化消费者的成员身份感,加快了消费者与仪式发起者——广告主和广告经营者“相知”的进程。

韦伯认为,普遍意义上人的社会行为由四种“理想类型”整合而成:目的合理的行为、价值合理的行为、传统行为和情感行为。其中情感行为表达出社会化的人们在与社会互动的过程中,自发产生的缺乏合规则性的理性自我的情感倾向性行为。由于情感因素对于消费者心理形成具有重要的作用,因此,在适当情形下诱发情感行为十分必要。情感和传播行为之间有着天然的连带关系,传播是实现情感交融和理解的重要路径。情感交流和情感感染是人类传播活动中的关键一环,情感的契合程度在一定意义上决定了传播成败。[①] 沃伦·韦弗认为,传播就是“一个心灵影响另一个心灵的全部程序”。广告互动仪式与一般广告营销互动最大的区别之一就是以情感唤醒为目标,对情感能量的追求即是消费者参与广告互动仪式的最终目的。“积极情感变得强烈,主要是由于互动仪式中感染性的积累。这是一种伴有热情、高兴与幽默的情形,所有这些都是作为成功仪式的

① 邵培仁:《媒介理论前瞻》,浙江大学出版社2012年版,第131页。

结果在社会情境中建立起来的。"[①]发生于大众媒体之上的前期仪式——电视广告播放等,能够唤起消费者短暂的正性情感,诉求点的选择至关重要,即使以理性诉求为主,仍然需要对建立品牌形象有清醒的认知和目标。由于"这种类型的积极情感爆发产生的效果是相对短暂的",而广告互动仪式形成循环的链条,依靠单一仪式唤起的短暂正性情感不足以使品牌形象内化为消费者思维。而长期稳定的情感能量"发生在先前的情感能量基线上:对于一个要建立这种和谐关系的群体而言,其成员需要预先拥有某些具有积极吸引力的符号,由此这些符号才会成为举行成功仪式的要素。因此先前情感能量的积累成为能在情境中建立积极情感的必要因素之一。"广告互动链条的形成给予消费者参与创造并积极使用象征性符号的可能,符号资本的储备又为下一次互动仪式的顺利发生创造条件,形成良性循环。

二、符号互动创建品牌

1.品牌形象成为消费者内化的符号与思维

广告中符号资本的塑造直接为广告互动仪式发生中的符号资源匹配服务,从互动仪式发生的先决条件到产生仪式结果,符号资本参与互动仪式发生的全过程,企业对品牌塑造的全部努力旨在使良好的品牌形象成为消费者"内化的符号和思维"。

第一,在互动仪式中着力塑造"神圣物"。涂尔干将事物分为神圣和世俗两类。这种分类并非根据事物本身的任何内在特性,而是基于人们对于这些事物的态度。也就是说,神圣事物是以"一种特殊尊崇态度区分出来的事物",神圣物具有特别的品质或特殊的力量。人与神圣事物之间需抱有一种郑重和恭谨的特别态度。神圣事物之所以成为神圣,是因为人们不以功利主义的方式去对待它们,并不是因为它们本身的固有特性适应于某种目的。具体来说,"神圣物"是使成员感到自己与集体相关的标志或其他的代表物(形象化图标、文字、姿势)。仪式中充满集体团结感的人格外尊重并捍卫符号所代表的神圣物。

广告互动仪式中的产品即"神圣物"。就内在特性而言,任何事物都可以成为神圣事物,只要人们相信它是神圣的,使之神圣起来的是人的信仰。[②] 神圣事物对于消费者利益的重要性不是内在的,而是象征性的。通过对产品象征意义的占有,消费者获得对某阶层的归属感,而阶层归属感是消费者参与广告互动仪式可获得的积极情感能量之一。企业在塑造符号资本时,首先应该考虑对产品本身意义的创建,当产品成为"神圣物",消费者就会主动捍卫品牌的神圣性和权威性,防止品牌受到诋毁者的侵害。塑造"神圣物"首先需要对产品制造的工艺、性能和品质进行提升;其次需要赋予产品某种象征意义。

---

① 〔美〕兰德尔·柯林斯著:《互动仪式链》,林聚任、王鹏、宋丽君译,商务印书馆2009年版,第182页。

② 〔美〕塔尔科特·帕森斯著:《社会行动的结构》,张明德、夏遇南、彭刚译,译林出版社2003年版,第461—463页。

第二，强调消费者本位，发挥情感驱动力的作用。随着产品的日益同质化，通过产品功能的展示和诉诸理性的营销活动说服消费者已经越来越艰难，情感在营销活动中的力量更大、辐射的时间更长。柯林斯认为“每一个情境，当展现本身的情感与符号资源时，与其相遇的人能否相互协调配合，在很大程度上决定了互动仪式是成功还是不成功。”[①] 消费者是广告互动仪式的参与者，符号资本的塑造理应以消费者为本，数字化背景下消费者的角色发生了变革性的转向，国外有研究表明，情感才是驱动营销活动的主要动力，情感涉入(Emotional Engagement)是非常必要的，广告主和广告经营者为了达到与消费者的“相知”状态，唯有诉诸情感。

第三，将单一互动仪式塑造成互动仪式链，注重广告互动仪式的承接性。互动仪式不是孤立的存在，柯林斯认为“个体在机遇中所使用的符号储备在很大程度上来源于其先前的互动仪式链。”[②]当广告互动仪式形成链条，消费者会获得更丰富的符号资本储备，如果一次广告互动仪式的结果反馈能够影响到随后的广告互动仪式，经历过一次广告互动仪式并获得积极情感能量的消费者会期望能参加下一次，他们因此“拥有了使自己回忆起过去仪式的认知方法”，“以及一系列象征或象征性行动的条目”，在下一次的广告互动仪式中，更容易成为关注焦点，由此，广告互动仪式成为广告互动仪式链。

广告互动仪式的承接性十分重要。广告主和广告经营者在引导广告互动仪式发生时，应该着力使单一的广告互动仪式形成仪式链，并推动消费者创造新符号，使广告互动仪式的链条能够顺利循环。

第四，在会话互动中集体创造新符号。涂尔干曾强调，神圣的符号能够唤醒高度情感的力量，仪式中赋予符号以神圣力量具有重要的意义。“人们需要感受到互动中的他人和自己正在体验着一个共同的世界”[③]。人是符号和文化的动物。人创造文化的同时被文化所创造。文化表现为各种各样的符号，不论人类的器具用品、行为方式，甚至思想观念，都是一种文化符号[④]。从某种程度上看，广告文化的创造就是在互动仪式中创造符号的过程。符号的基本功能在于表征，人们创造符号是为了传达某种意义。表征既代表着符号自身与意图和被表征物之间的复杂关系，同时与特定语境中的交流、传播、理解和解释密切相关。可见，文化的本质是借助符号表达意义的人类行为，文化的核心是意义的创造、交往、理解和解释。成功的互动仪式也是一个创造新符号的会话与交流过程，互动仪式参与者达到了高度的相互关注与情感连带。会话与交流会产生新的观点与见解，或发明新的用语、开创时髦词语、值得回忆的俏皮话、值得再流传的笑话。如果际遇能使人们或参与者互相了解达到了一个新的高度，际遇事件本身也可以成为符号资源。广告

---

① 〔美〕兰德尔·柯林斯著：《互动仪式链》，林聚任、王鹏、宋丽君译，商务印书馆 2009 年版，第 174 页。

② 同上，第 214 页。

③ 〔美〕乔纳森·特纳著：《人类情感：社会学的理论》，孙俊才、文军译，东方出版社 2009 年版，第 108－109 页。

④ 〔美〕道格拉斯·凯尔纳著：《媒体文化——介于现代与后现代之间的文化研究、认同性与政治》，丁宁译，商务印书馆 2004 年，总序第 1 页。

互动仪式创造上述"新符号",不仅意味着此次广告互动仪式的成功,而且可以生产更丰富的符号资源,以备下次广告互动仪式的使用。

2.消费者共创象征符号

现代社会,消费已经成为"一种符号的系统化"操控活动,人们消费的并非仅仅是物品,而且是表达意义的符号。"要成为消费的对象,物品必须是符号"。仪式除表演性外还具备象征性,特纳将仪式符号的特点归纳为:浓缩、一个支配性象征符号是迥然不同的各个所指的统一体、意义的两极性。① 仪式本身就是一个象征性系统,构成仪式的诸多要素均附着特定意义,仪式通过象征符号传达了极其丰富的内涵。

在传统的商业营销活动中,对符号的运用已臻成熟,象征性符号一般由仪式引导者即企业进行创造并传达给消费者。但是在简单传递已经失去效果的社会化媒体时代,这种象征性意义的简单表达已经不足以吸引消费者。

在广告互动仪式中,企业符号资本的积累对唤起消费者情感能量颇具意义,高度的情感连带——集体兴奋是一个短暂的过程。团结与情感状态能持续多久取决于短期情感向长期情感的转换,也就是取决于情感能再次唤起它们符号中的储备状况。并且,这些象征性符号不能单纯由企业传递给消费者,因为在互动仪式过程中,"连带程度越高,团结与身份感就越强;主动参与所达到的连带高度也要高于被动参与所达到的程度。"② 符号一旦由企业和消费者合作创造,消费者的主动参与使其与企业的连带程度更高,群体团结感增强。互动仪式中,"符号与情感能量丰富的人,更容易对会话感到厌倦和不满足"。③ 消费者如果可以参与仪式中的符号创造,很大程度可以消解这种厌倦和不满足,因为消费者可以自主追寻渴望得到的象征意义,自主参与创造的象征性符号也更容易被消费者理解和接受。

3.消费者参与品牌定义

传统媒体下,品牌内涵的创建由广告主自主完成,仅代表广告主的文化属性和理念,产品投入市场后,消费者只能被动地选择接受或者拒绝,喜爱或者厌恶,广告主和消费者之间的互动程度非常低。基于 web2.0 的社会化媒体改变了传播者、传播渠道和受众之间的关系,传者和受者之间的界限越来越模糊,传播者不再是品牌故事的创造者和宣讲者,社会化媒体中的受众也不再是完全被动的消费者,由传统媒体传播中的"容器人""单面人"逐渐转变为与广告主共同参与品牌定义的"社会人"。比如,瑞典著名的家居品牌宜家家居在社会化媒体上举办"天才设计"大赛,吸引受众(消费者)参与宜家的多媒体家居方案设计,胜出者不仅获得 2500 欧元的奖金奖励,更为重要的是将获奖者的作品投入

---

① 〔英〕维克多·特纳著:《象征之林:恩登布人仪式散论》,赵玉燕、欧阳敏、徐洪峰译,商务印书馆 2006 年版,第 20、27、28 页。

② 〔美〕兰德尔·柯林斯著:《互动仪式链》,林聚任、王鹏、宋丽君译,商务印书馆 2009 年版,第 128—129 页。

③ 同上,第 213 页。

实际生产并投放市场。这种基于新媒体的营销方式使消费者切实参与品牌的设计和品牌形象的构建，极大地唤醒了消费者正面、积极的情感，使得消费者踊跃参与企业的品牌定义，打上了消费者自身文化属性烙印的“符号资本”，赋予了企业和品牌新的情感能量。

鼓励消费者参与品牌定义，要求企业充分掌握消费者动向，为其量身定做广告信息，将每一个消费者视为一个品牌，开展个性化、精准化传播。社会化媒体环境提供了消费者从“分化”到“重聚”的平台，消费者的信息与需求越来越“可知”与“透明”，可通过海量数据库的分析与挖掘得到消费者的价值与行为。针对消费者“有效诉求的终极，将是在个人周围环绕着对于一个世界的反映，这个世界是专门为他们创造的，或者，至少是为像他们一样的人创造的”[①]，这也是国家广告研究院在《中国精众营销发展报告》中所定义的“精众”群体，这个群体不同于大众营销时代依据人口、地理等传统统计指标所细分的消费群体，而是在 web2.0 时代，以社会化媒体为传播平台，基于近似的文化价值观、消费需求和行为方式等重新聚合、具有精选、精致、精英、精明特征的高价值消费群体。由消费者参与品牌定义、创造品牌内涵、阐述品牌价值成为增强品牌与消费者互动，让品牌融入消费者生活的重要途径。正如约瑟夫·洛塔所言，“品牌的新定义，代表消费者的一组需求，每一个消费者都成为了一个品牌，品牌是通过我们独一无二的需求和优先考虑的事物而获得定义的，事实上，在美国有 2.6 亿个品牌（与美国人口相似）”[②]。这种将品牌重新定义为个人的方式，充分体现出消费者参与品牌定义、共创品牌符号的理念。

4.广告创意实现符号资本对称

符号资本是互动仪式市场的关键资源。只有符号资本对称，才能引起受众的关注和互动，达到塑造品牌形象的效果。

社会化媒体时代，网络用户面对海量信息显得无所适从，长篇累牍的信息内容极大地挑战他们的阅读耐心，用户亟须从社会化媒体快速平台中快速阅读并获取精准信息，而社会化媒体也在迎合网络用户的阅读习惯，例如微博只允许用户编辑不超过 140 个字的信息。在这种媒体环境中，企业应力求使用简单凝练的语言形式表达最能引起关注和互动、消费者感觉最有价值、最生动的企业或者品牌信息。在广告创意方面，应突出几个方面：

(1)模糊诉求

Alterian 在 2010 年发表的《危机中的品牌》中描述了这种品牌传播的危机：在对 1000 名英国和美国成年人的调查中显示，只有 5%的受访者相信产品广告，8%信任公司的宣传。这表明，传统媒体下，过于强调产品相关性的功利性产品广告已经不再被消费者认可。传统媒体下的广告创意诉求要求明确广告和产品的关联性，认为这样才能达到广告效果，但是事实证明，目的性过于明显的广告已经越来越不能赢得消费者的信任。

---

① 〔美〕约瑟夫·塔洛著：《分割美国——广告主与新媒介世界》，洪兵译，华夏出版社 2003 年版，第 153 页。

② 同上。

社会化媒体中的广告，消费者有充分的权力选择是否点击观看，是否与品牌发生互动。因为消费群体的紧密联系特征，他们对明显的商业宣传具有更强的防御能力，广告主应力求引发消费者持续的兴趣并持续抓住其眼球，引起其自身的群体互动以达到传播效果。

(2)增加故事性

增加广告的故事性已经不是一个新鲜话题，传统媒体的广告也有此要求，但是在社会化媒体环境下，对广告的互动要求更为明显，要产生持续、长久的关注，新媒体中对其广告的故事性提出了更高的要求。传统媒体下，广告仪式的故事性受到传播媒体的限制，纸媒不容易连续、清晰地表达故事的连续性，电视媒体作为稀缺资源，价格昂贵，选择做故事性广告的广告主有限。但是在新媒体环境下，一方面广告播出成本降低，为故事性广告的连续播出提供了良好的平台，另一方面，增加广告的故事性才能引起受众的长期关注、讨论和互动。本书第七章案例腾讯《弹指间心无间》系列广告三部曲即为运用故事策略获得成功的案例。

(3)去“神秘化”的明星效应

广告中的明星效应也不是一个新鲜话题，传统媒体广告中对明星代言已经运用到极致，甚至越来越被消费者怀疑和摒弃。但是在社会化媒体环境中，因为交流平台的改变，明星效应由原来的“广告主——广告公司——明星——消费者”的模式转变为“明星——消费者”模式，消费者可以在社会化媒体(如微博)上真正实现与明星进行“人际交流”和实时互动，明星不再是神秘和不可见的，受众与明星的距离拉近，模式化和生硬的广告语变为轻松幽默的随意“聊天”互动，这种方式让受众感觉新鲜、兴奋和有趣，从而不断吸引受众去与明星互动。在这样的话语环境中，明星代言的广告效果增强，例如明星吃饭的餐厅、使用的生活用具、经常出入的商场、穿戴的品牌都在无形中影响着消费者的消费倾向。在社会化媒体上揭开神秘面纱的明星代言，成为广告主进行广告活动的有力手段。

第七章　神话宪章:广告仪式传播的目标

第一节　广告仪式传播事例

腾讯公司成立于1998年,历经15年的创新与发展,作为中国最大的互联网综合服务公司之一,腾讯也是用户数量规模最大的互联网企业。腾讯公司旗下拥有众多的媒体平台及产品——QQ、门户、微博、视频、微信等,“用户为先”是腾讯品牌一贯坚持的经营理念。随着媒介技术的发展不断推陈出新,腾讯在中国市场的脚步始终不停,用户黏性是同类品牌难以企及的。

2009年,腾讯公司在成立10周年之际,首次推出腾讯品牌电视广告——《在线精彩生活更精彩》,广告片凸显腾讯核心品牌理念,将“沟通”这种人的最基本需求,与腾讯的核心产品联系在一起,广告语“当你我只是相隔弹指间”充满感性,从沟通工具变成了陪伴用户多年的老友,腾讯的企业形象变得温柔可亲。2011年,腾讯公司成立12周年,经历过一个轮回之后,让腾讯“陪伴”印象成为品牌最重要的诉求,“弹指间三部曲”——亲情篇电视广告应运而生并获得极好反响。

社会化媒体使得在线广告的互动仪式成为可能,作为高度互动的互联网传播平台,腾讯引导用户参与广告互动仪式具有得天独厚的便利条件。2013年1月,腾讯公司开辟专题网页开展在线广告传播活动,腾讯提供的仪式场景整合了亲情、友情、爱情“弹指间三部曲”系列电视广告,以“跨出一步,爱更清晰,弹指间,心无间”为主题,“开展在线仪式与线下仪式的全面传播活动。

一、广告互动仪式传播主题设立

互动仪式时间:2013年1月30日—2月28日。

互动仪式空间:腾讯此次活动主题为“跨出一步,爱更清晰”,仪式空间包含在线和线下,线下仪式利用投放“弹指间三部曲”电视广告来实现,在线仪式由腾讯搭建网络平台,以设置四个专题板块的方式推出一系列活动。

(1)活动主题"跨出一步,爱更清晰"。

(2)活动介绍:成立14年来,腾讯一直在您身边,让沟通更便捷,帮助您和生命中最重要的人架起心灵沟通的桥梁。让爱在弹指间传递,经营爱情,以行动为爱人创造惊喜和浪漫,在社会中传递爱的正能量。

(3)参与方式:

①用户登录QQ号码即可参与互动;

②用户观看视频,编辑想说的话发送微博@好友,分享给好友;

③用户可点击"领取爱的信物"即可获得领奖机会;

④用户可以DIY各种惊喜,弹指间将爱送给Ta。点击"让沟通更有惊喜"区域参与8种互动方式,挑选惊喜,送出感动。

(4)奖励机制——活动板块:

①"弹指间三部曲":无论亲情、友情还是爱情,我们都一直在你身边。弹指间,让心的沟通更无间;

②爱的惊喜:DIY各种惊喜,送给你爱的人;享受弹指间的奇妙互动吧!轻轻一点,给Ta一个惊喜、一份礼物,唤起爱的正能量,找回那久违已久的爱的心跳;

③爱的正能量:让我们一起见证QQ沟通的奇迹;

跨出一步,让爱清晰,让爱的正能量传递全中国。你,在经营爱情的路上吗?

④微博话题——#沟通让爱更清晰#

沟通架起人与人之间心灵的桥梁,沟通,让爱更有力量!情意正浓,表达正当时。

二、完整搭建互动仪式情境

"跨出一步,爱更清晰"在线活动的举办,基于"弹指间三部曲"广告片所累积的影响力和用户好感,2011年中央电视台春晚前腾讯投放60秒TVC广告—《弹指间三部曲之亲情篇》获得了广泛好评。广告突出了在中国最传统的节日春节,海外游子与家人的亲情故事。广告突出腾讯公司的品牌形象,有意淡化商业意味,投放时间选在春晚前一刻千金的黄金时段,就是为了使用户卸下防备的心理,避免反感情绪。同时,在节日仪式的背景下,广告传达了人世间最积极的正面情感——亲情,可谓应时应景。随后,腾讯推出了第二部情感电视广告《弹指间三部曲之兄弟篇》。

2013年,腾讯在中央电视台春晚前投放了三部曲之三——《弹指间三部曲之爱情篇》。75秒电视广告并没有强调产品和企业元素,相反,广告片场景搭建得极其巧妙,从音乐、布景到道具无一不为情节服务,广告片以真实感人的细节使观众相信这是一个真实的故事,极尽可能地构建完整的仪式情境。

三部广告片分别讲述了亲情、友情、爱情为主题的情感故事,腾讯对用户的"相伴"成为三部广告片中对企业的最显著诉求。”弹指间三部曲”的创作团队——北京精信广告有限公司执行创意总监余子筠先生对于三部广告片的核心创意理念做出解释：

> 腾讯的核心创意是传达“沟通能够拉近人与人之间的关系”，情感是串联故事的核心。作为整体策划，故事的核心元素从一而终，观众可以从广告片中看到自己生活的投射，故事显得真实可亲。场景的选取为故事的主旨服务，人物对白日常化、通俗化，以独白的方式增加故事的真实感。同时重要道具的选择恰如其分，如《亲情篇》中母亲使用的缝纫机将观众带回90年代，《友情篇》中主人公报考空军身处的教室，《爱情篇》中北方家庭过年吃团圆饭使用的并不考究的桌椅，广告片以强烈的时代感贯穿故事始终，真实再现腾讯公司产品的人性化特点，以及从沟通工具成为“陪伴者”的演变。（根据访谈记录整理）

广告公司对故事真实性的着力刻画，其实是对仪式场景真实性的追求，“拟剧论”强调真实性是表演得以成功的关键，在此次线下联合营销活动中，广告片的真实性是打动用户的基础，当企业与用户、用户彼此之间共享了这种情感状态，互动仪式的先决条件才得以完备。

腾讯的网页是线上互动仪式的重要场景，以“跨出一步，爱更清晰”为活动主题，活动主要分四个板块：弹指间三部曲、爱的惊喜、爱的正能量、微博话题。用户可选择预先设计的仪式活动参与全部或部分环节，“弹指间三部曲”是整个互动仪式的基石，被唤醒正性情感的用户在最后参与微博话题，如图7—1。

图7—1 腾讯在线仪式场景

三、沟通为基调的情感互动

“弹指间三部曲”作为单独的线下仪式,在仪式感极其强烈的中央电视台春晚前不仅恰到好处地参与了中国最传统的节日仪式,而且还传达和塑造了腾讯的符号资本,腾讯最显著的品牌理念即“以用户价值为依归”。由于用户多为一般大众,三部曲不约而同地选择了普通人生活中的平凡事件作为故事主体,腾讯在大众生活中的作用被抽象化,它不再是企业或者产品,而是大众生活中的最基本需求——“沟通”的代名词,使用腾讯产品意味着多重正性情感——更良好的情感状态、更和谐的沟通体验。广告创意人员认为:

> “亲情篇”最核心的元素就是每个人心底想要跟他人沟通的渴望,如母亲想要跟子女沟通的渴望,这方面创意人员深有同感。(根据访谈记录整理)

这些正性情感可能成为用户内化的品牌符号资本,线下与在线互动仪式形成链条,情感能量顺利循环。

如果说线下的广告片是以消费者为本位,创意人员的精心策划巧妙迎合了消费者情感,那么在线活动几乎完全依赖消费者的情感触发。广告片选取了人类三种基本情感为主题,活动参与者在观看电视广告后,通过转发网络视频、参与微博话题、评论和转发微博等形式参与活动。以“沟通让爱更清晰”为话题的在线活动主题包含正性情感——“爱”,腾讯在线活动并不强调具体产品,转发话题在于强调消费者对于正性能量的追求,当营销活动的重点不在于“销”,用户会轻易卸下心防;重点在于“爱”则显得更加温柔感性,企业逐利的本质不再引发用户反感,反而获得了与用户沟通和交流感情的机会。

四、聚集、参与、关注、共享

观众通过电视媒体无法实现与企业或其他观众的直接互动,电视广告只是在线互动仪式前期触发用户共享情感状态的工具。社会化媒体为广告互动仪式提供了发生的可能,作为互联网企业,腾讯创造仪式空间具有天然的优势,“跨出一步爱更清晰”在线活动作为广告互动仪式虽然并非完善,却是将营销活动与情感积极结合的有益尝试。此次广告互动仪式的主要构成要素包括以下几点。

第一,用户在线仪式的聚集。社会化媒体时代,用户身处子网络即群体聚集,作为“节点”接收和传播信息。在本次活动中,腾讯微博的用户形成群体聚集,他们使用的产品本身即为仪式发起者,用户身处的子网络即“腾讯微博”,腾讯的优势不言而喻,这也是仪式得以顺利实施的原因之一。如果进一步缩小该网络的范围,看过电视广告的观众、此后参与活动的用户也可以形成群体聚集。

第二,仪式参与者资质。群体聚集的同时,互动仪式完成了对参与者的筛选,观看电视广告是参与者的必备条件,进入仪式的用户必定对三部曲电视广告有所感触。若只是观看电视广告而毫无触动,用户不会参与互动;若只是观看电视广告,情感能量有所激发,但是不愿参与互动,用户就不具备参与仪式的资质;只有观看电视广告,正性情感能量被激发,并愿意参与互动的用户才具备参与互动仪式的资质。

第三,仪式参与者相互关注。互动仪式的参与者互相关注包括:用户对腾讯企业的关注;用户之间的相互关注。用户对腾讯企业的关注使用户与企业的注意力集中于相同的对象,用户之间的相互关注使情感状态有了传播的可能。腾讯电视广告是企业吸引关注的工具之一,大众媒体在仪式中的作用需得到高度重视,用户之间的关注主要依托人际或群体交往,而用户对企业的关注主要来自于企业自身符号资本,即品牌形象的塑造。

第四,共享情感状态。共享情感状态是互动仪式得以顺利发生的重要原因,子网络的聚集可以松散、参与者筛选可以不严格、互相关注可以不紧密,但共享的情感状态直接导致仪式结果。结合本次互动仪式,用户对电视广告或转发话题的共鸣,是用户参与互动仪式的直接原因,对正性能量的追求使用户共享相同的情感状态,用户与企业、用户与用户被“沟通”“爱”等关键词联接起来,当这种情感状态累积到一定程度时,互动仪式结果才有产生的可能。

五、沟通让爱更清晰

为期一个月的腾讯广告互动仪式取得了良好的传播效果。从品牌形象的强化到正性情感的唤起,从参与者互动的程度到消费者的品牌认同,均能通过网络统计数据加以体现,见表 7—1。

本次在线仪式共设置了四个板块,其中消费者参与互动的三个板块分别为:爱的惊喜、爱的正能量和微博话题——#沟通让爱更清晰#。

1.爱的惊喜

表 7—1 “爱的惊喜”参与情况

用户来源	人数
易迅网	63 401
腾讯微博	45 603
QQ 团购	52 805
QQ show	85 749
QQ 音乐	44 859
QQ 空间	70 851
财付通	42 960
QQ 会员	100 777

2.“爱的正能量”

参与活动人数为 2 043 759 ,还有 44 000 人通过腾讯旗下 QQ 秀、财付通、QQ 音乐、腾讯微博、QQ 团购等腾讯产品赠送礼物(如图 7—2)。

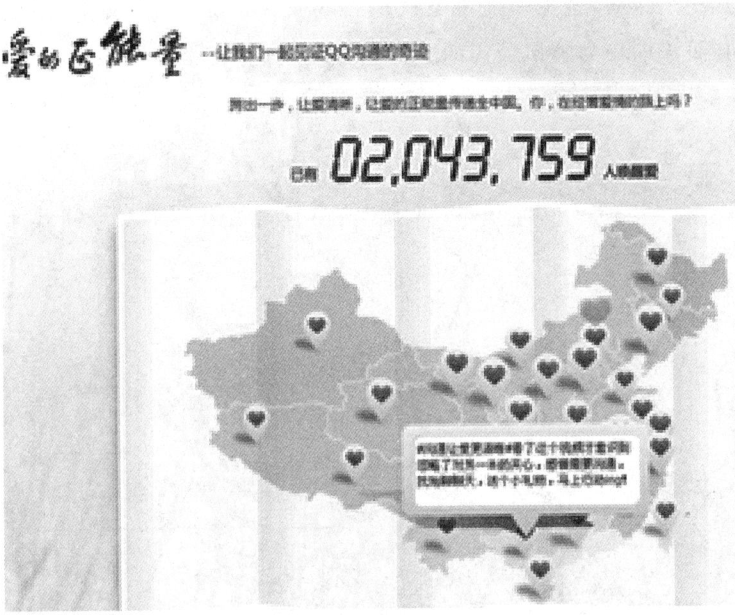

图 7—2　互动仪式效果之一参与度

3.微博话题——♯沟通让爱更清晰♯

微博话题是用户参与互动仪式最直接也最集中的方式,本次活动主要以腾讯微博为用户聚集方式,开展了为期一个月的仪式传播活动。根据腾讯空间搜索结果,以“沟通让爱更清晰”为关键词,共获得相关结果 68 559 629 条,活动仅仅一个月就获得了相当高的关注度(如图 7—3)。

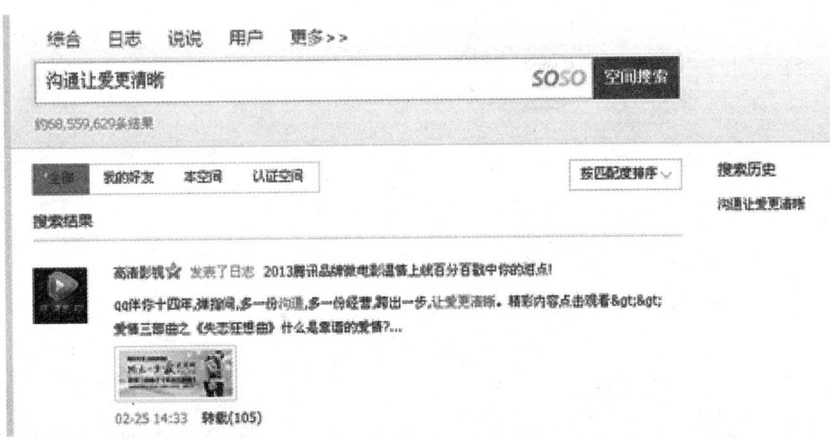

图 7—3　互动仪式效果之一微博话题参与

4.广告仪式传播关注度

以“弹指间心无间”为关键词，在百度指数搜索得到用户对于该话题关注度的趋势图，其中2013年2月2日关注度达到最高峰值。从关注用户分布地区可知，北京地区受关注度最高，其次是深圳，这也印证了电视广告场景设置为“北方春节”所引起的情感共鸣和群体认同，而深圳作为腾讯公司的总部所在地，自然也是本次仪式传播的重点地区，如图7—4，图7—5。

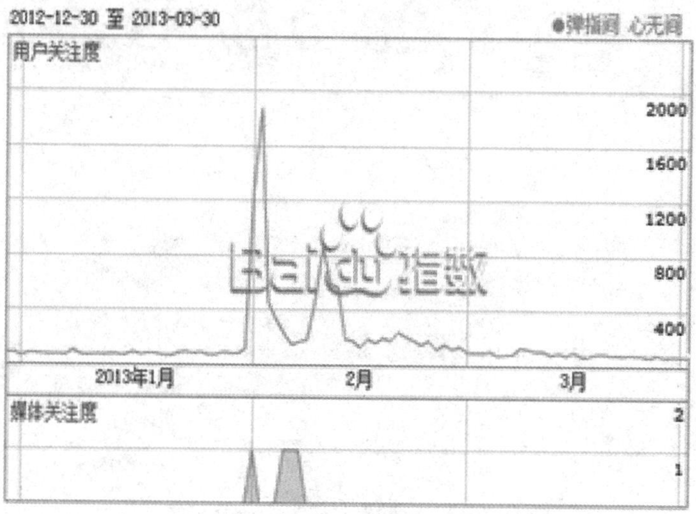

图7—4 仪式传播关注度

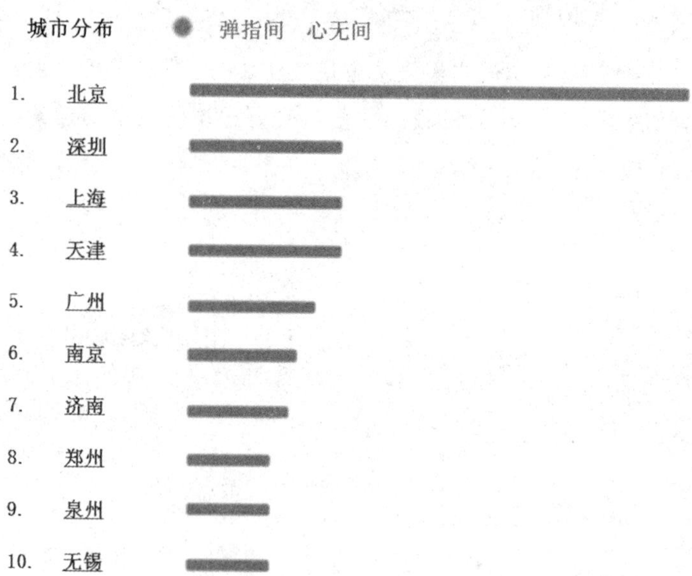

图7—5 仪式参与者地区

从职业分布来看，IT与教育位列前两名，这与2013年“爱情篇”中所传播的微信产品使用者基本吻合，微信用户以学生为主体占64%，IT行业和白领阶层分别占据16.32%

和 11.49%,如图 7－6。

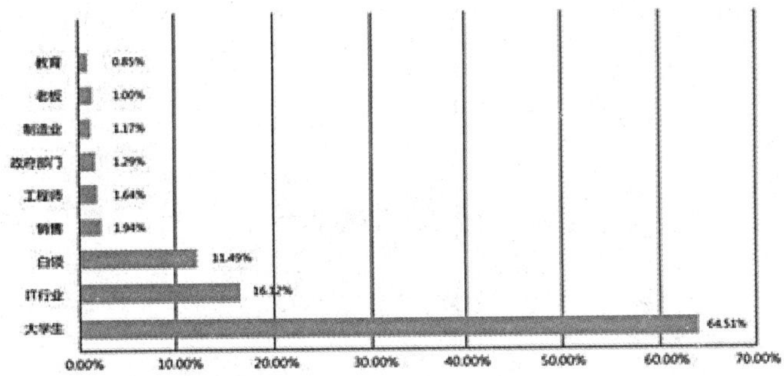

图 7－6　微信产品用户分布

从仪式参与者年龄分布来看,20－29 岁之间最多,其次是 30－39 岁。“爱情篇”广告诉求对象多为微信使用者,据腾讯官方统计,微信产品的男性使用者占 63%,20－30 岁之间的重度使用者占 74%(如图 7－7 和图 7－8),从传播效果看统计数据符合腾讯产品的重度消费者使用特征。创意总监余子筠在深度访谈时谈及广告仪式传播的效果:“爱情篇”给 28 岁以上用户的共鸣更深。

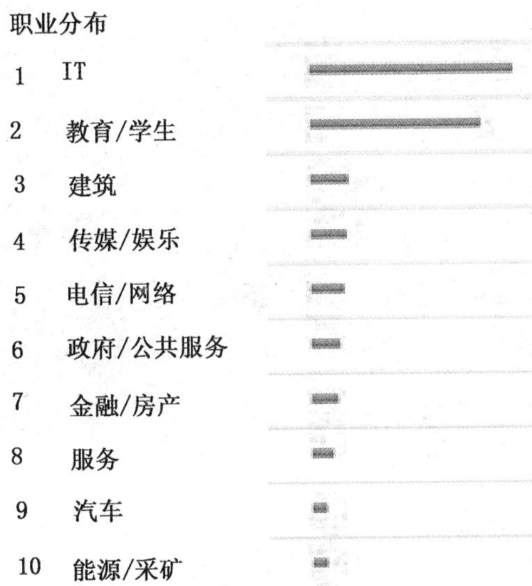

图 7－7　仪式参与者职业与学历分布

图 7－8　仪式参与者年龄及性别

附录Ⅰ:腾讯"弹指间"系列广告

1.弹指间—亲情篇

角色:母子

背景音乐:《但愿人长久》

文案

(独白)她,是我最亲近的人,但也许正因为相距太近,反而有了距离。

【敲门声】儿子:按这里。

母亲:嗯?

【敲门声】儿子不耐烦的叹气。

(独白)那个时候,我好想逃开,我终于实现了这个愿望。

工人:你输入你儿子的账号吧。

母新:唉,哎呀!

【QQ 上线提示音】

(独白)有一天,她竟然在 QQ 上出现,当与她相隔在地球两端,我才逐渐读懂生活、读懂她,对她的思念因为距离而不断放大;对她的偏见,因为距离而消失不见。

母亲:哎呀,儿子,他们都来啦! 天气冷了你自己身体注意点!

父亲:儿子,爸爸……爸爸亲手做的饺子。

母亲:明年一定得回来啊。

儿子:知道。

(独白)距离远了,心却近了,爱突然变得清晰,唠叨变得动听,不论母亲离我有多远,弹指间,我觉得,她就在身边。

十二年相伴,腾讯。

亲情篇仪式文本分析

序号	场景内容	情境、道具符号	音响符号	行为符号	表情符号
场景 1	日常生活,儿子展现出对母亲的不耐烦	缝纫机、儿子的裤子,电视遥控器	(歌曲《但愿人长久》的音乐贯穿整个广告仪式)	母亲给儿子缝裤子,母亲两次敲门,儿子摆弄着遥控器	母亲缝好裤子后的欣喜,儿子开门时的厌烦和母亲的失落,母亲敲门时的期待和儿子的不耐烦
场景 2	机场送别,儿子对母爱的抗拒	来往的外国旅客,亲戚们送给儿子的礼物	机场播送广播的声音	亲戚们挥手送别,母亲伸手欲抚摸儿子的脸,儿子拨开母亲的手	儿子的抗拒和母亲的伤心
场景 3	家里,母亲在工作人员的帮助下学习使用 QQ	白天与夜晚室内光线的变化		工作人员的指导,母亲吃力的敲击键盘,母亲学会使用 QQ 之后的双手交握	母亲学会使用 QQ 后高兴的表情
场景 4	大学图书馆,儿子对母亲出现在 QQ 上感到惊喜	QQ“我的好友”界面,书架、书、电脑、台灯、名人半身雕像、学习的学生	QQ 上线提醒的声音		同学们的惊奇和儿子的惊喜
场景 5	纽约街头,儿子送外卖,体会生活艰辛	外国警察,纽约出租车,袋子上的“I love NY”文字		男孩匆忙地奔跑,飞快地骑着自行车	
场景 6	纽约地铁车厢,儿子打工后累得睡着	另一位看似孤单的乘客	轰隆隆的地铁运行的声音 车厢里忽明忽暗的灯光	儿子疲惫的半躺在座椅上	
场景 7	家里,母亲边查字典边敲打键盘,十分吃力;但想到儿子,母亲感到欣慰	字典、写着儿子 QQ 号的纸条、QQ 界面		母亲边念着字母边用手指敲击键盘,母亲疲劳地敲打肩膀	母亲吃力和劳累的表情,看到儿子 QQ 号码时欣慰的表情
场景 8	纽约路边的长椅,儿子回想母亲机场送别时的情景,思念母亲	大桥、长椅,积雪 儿子口中吐出的白气			
场景 9	纽约街头,儿子骑车送外卖,不慎被出租车门碰到摔倒,外卖撒了一地 夜晚的路灯,洒满地的中国菜	夜晚的路灯,纽约出租车,洒满地的中国菜	儿子被车门撞到时“啊”的叫声		
场景 10	春节,手受伤的儿子与父母视频,母亲嘱咐儿子明年春节要回家	墙上的福字,亲戚们和满桌的饭菜,父亲手中的饺子		儿子将受伤的手藏在桌下	儿子的感动和思念
场景 11	纽约办公室,儿子生日,母亲发来 QQ 消息庆祝	身着西装的工作人员,QQ 界面	响起的电话铃声、QQ 消息提醒的声音		母亲和儿子脸上的笑容

2.弹指间—爱情篇

角色:夫妻

背景音乐:《有多少爱可以重来》

文案

男:“车坏了,修车的不知道什么时候才能来。”

女:“这没关系呀,这样我们有很多很多时间,可以聊很多很多天啊。”

男:“只要你喜欢,我可以一直陪你聊,聊很久很久的。现在可以,以后也可以。”

店长:“关门了啊!”

男:“关门啦?(对女)怎么啦?”

女:“这个椅子缺角。”

男:“我看看,我看看。”

店老板:“哪有这么多可聊的啊?”

女:“该走了吧?”

男:“再聊一会吧,好吗?”

(旁白)曾经以为聊不完的,终于还是聊完了。

女:“你说什么?”

男:“什么?”

(旁白)有些话,以为不说,才是体谅,可是相安是否真的无事。当沉默放大了距离,争吵反而令人怀念。

男:“哥们找我出去喝一杯,对不起。”

微信:不是哥们,是想跟你去老地方聊聊。

男:“还记得我们……”

女:“当然记得,只是,我以为你忘记了。”

女:“该走了吧?”

男:“再聊一会吧!好么?”

(旁白)有些话,说了,才明白。

(男旁白)只要你喜欢,我可以一直陪你聊下去。现在可以,以后也可以。

爱情篇仪式文本分析

序号	场景内容	情境、道具符号	音响符号	行为符号	表情符号
场景 1	公路上,丈夫默默开着车,妻子望向窗外,陷入回忆	公路两旁的白杨树,行驶中的汽车	(歌曲《有多少爱可以重来》整个广告仪式)汽车飞驰而过的声音	妻子望向窗外、又望向正在开车的丈夫	妻子脸上若有所思的表情
场景 2	(回忆)半路车坏了,两人在车里等待修车人到来。多了聊天的时间,等待也变得幸福	空中飞扬的雪花,坏掉冒烟的汽车		妻子幸福地靠在丈夫的怀里	两个人脸上幸福甜蜜的表情
场景 3	(回忆)恋爱时,两人常去一家小店聊天直到打烊。小店打烊后两人坐在门口的板凳上继续聊着不愿分离。板凳缺角,丈夫就用纸垫上	小店老板,熄掉的店招牌,店门口的板凳,垫凳腿的纸片	板凳晃动的吱嘎声;两人聊天时的笑声;小店老板"哪有那么多可聊的呀!"	妻子坐在缺角的板凳上差点摔倒;丈夫急忙扶住;丈夫给板凳垫上纸片;两人坐在板凳上握住的双手	两人聊天时开心的表情
场景 4	(回忆)恋爱时,两人各自回到家中,通过QQ聊天、倾诉感情	QQ聊天界面	QQ消息提醒的声音;敲击键盘的声音		两人用QQ聊天时脸上幸福、甜蜜的表情
场景 5	公路上,妻子以为丈夫跟自己说话,丈夫却回答没有				丈夫回答时的漫不经心;妻子转过头时的失落
场景 6	(回忆)婚后两个人的交流越来越少,各做各的事,就连睡觉也是背对着背	书、电脑,沙发,床,河边的树林	丈夫敲击键盘的声音	两个人背对背坐在沙发上;妻子默默地望向工作中的丈夫;两个人背对背睡在床上	妻子望向丈夫时的落寞
场景 7	家门口,车终于到达父母家。丈夫从车里拿出礼品径自走上台阶,妻子在身后小步追赶	飘扬的雪花,红色的福字和对联,礼品	亲戚们迎接夫妇两人的声音	丈夫下车之后径自走上台阶;妻子在丈夫身后小跑着追赶	
场景 8	父母家里,一家人热闹地围坐在桌旁,举杯时丈夫接到工作电话走到一旁,妻子看着父母和年轻的恋人之间有说有笑的样子感慨万千,起身去厨房端饺子。	红色的中国结,满桌的饭菜,亲戚们,从美国办公室打来的电话	亲人们的欢声笑语;碰杯的声音;电话铃声;丈夫与美国办公室的英语对话	丈夫起身离去;妻子望着丈夫;老夫妻相互夹菜;年轻夫妻相互打闹;妻子起身去厨房	妻子望着丈夫起身离去的怅然若失;老夫妻和年轻夫妻脸上幸福的表情;妻子望着亲戚们时的羡慕表情
场景 9	父母家里,丈夫接完电话回到桌旁,看椅子不稳便用纸垫上。父亲的一句话让他想起了往事,回头望向在厨房忙活的妻子	缺角的椅子,垫椅子的纸片	丈夫与美国办公室的英文对话;椅子发出的嘎吱声;父亲"哪有那么多可聊的!"	丈夫坐在椅子上不稳地晃动;丈夫将纸片垫在椅子脚;丈夫望向厨房里的妻子	丈夫听到父亲的话之后充满回忆和深思的神色

续表

序号	场景内容	情境、道具符号	音响符号	行为符号	表情符号
场景10	家里，丈夫借口与朋友喝酒，起身离开时撞到端饺子回来的妻子，丈夫对妻子说“对不起”，妻子沉默不语	妻子手中的饺子		丈夫起身与妻子相撞	妻子听到丈夫要离开时的无奈；两人相撞时的生疏和尴尬；妻子听到丈夫道歉时的苦笑
场景11	家里，妻子看着有说有笑的家人，此时丈夫发来微信约妻子到曾经约会的老地方聊聊，妻子看着在外面等候的丈夫，也下了楼	微信聊天界面；天空飘扬的雪花	微信消息提醒的声音	丈夫在窗外等待妻子时冷得搓手；两人的相互凝视	丈夫和妻子相互凝视时的深情
场景12	老地方，两人默默走到曾经约会的小店，妻子转身欲离去的时候，丈夫搬出当年两人坐过的板凳挽留，妻子十分感动，两人又开始了交流	飘扬的雪花；破旧的小店，歪掉的招牌；破碎的玻璃；红色的对联；灯笼；门口的板凳	《有多少爱可以重来》的歌曲响起	丈夫拿出小板凳拍掉上面的积雪	丈夫的慌乱与恳切；妻子转头回望时眼含着泪

3.弹指间—兄弟篇

角色：朋友

背景音乐：《海阔天空》

文案

为什么我们会是兄弟？因为大家的梦都长着一对翅膀，谁都不知道天高地厚。

那年，没一个人飞起来，各自奔天涯。多年以后发现想要起飞，克服的不光是地心引力。在这个世界上总有人提醒我，永远不要停飞。兄弟的支持变成我的坚持，我一次次迫降，就一次次被加满能量，地心引力不再大了，天也不再高了。青春呼啸而过，他们却一直在那里守护着少年的勇气。

弹指间，兄弟永远肩并肩。

兄弟篇仪式文本分析

序号	场景内容	道具符号	音响符号	行为符号	表情符号
场景 1	少年时代,主人公与好友梦想能够飞上天空	飞行员眼镜,空中的飞机,背在背后的飞机模型,"飞鹰大队"的横幅	(歌曲《海阔天空》的音乐贯穿整个广告仪式) 飞机飞过的呼啸声,骑车时兴奋的呼喊声	好友们抬头仰望天空,主人公在自行车上展开双臂做飞行状,登山时好友间的相互扶持	望向空中的向往和骑在车上御风而行的兴奋
场景 2	少年时代,好友们结伴参加飞行员选拔落选	招收飞行员的黑板报,黑板报前拥挤的同学,选拔教室里"争做祖国银鹰"的横幅;垂下的"飞鹰大队"的横幅;掉落在地上的飞机模型	飞行员体能测试中的哨声	好友们在体能考试中转圈、摔倒、相互搀扶而起;好友碰撞,主人公手中的飞机模型掉落地上	主人公望向黑板上飞行员形象时的憧憬,落选后好友们坐在台阶上无精打采的神情
场景 3	多年之后、儿时好友都已成年,主人公在天桥上摆摊卖飞机模型,遭遇混混破坏	混混,大街上来往的人群和车辆,被抛下天桥破碎的飞机模型	飞机模型从天桥上被抛下的声音;大街上嘈杂的车笛声和人声	混混将主人公的飞机模型抛下天桥;主人公在马路上将残破的飞机模型拾起	主人公望向混混的无助;混混脸上不屑和凶狠的表情;主人公走在人群中的迷茫
场景 4	主人公家中,主人公疲惫地回到家,看到儿时好友在QQ群里发的照片受到鼓舞	"飞鹰大队"横幅,QQ群里当年的照片	QQ上线提醒的声音,QQ群界面	主人公将书包摔在沙发上、颓然坐下、手捏了捏鼻梁	主人公回到家时的疲惫和颓废,看到QQ照片时的欣喜与释然
场景 5	主人公试图修好老旧的飞行玩具给小孩玩,却发生了事故	窗外的路人和看管废弃器械的老大爷,破旧的飞行玩具,大雨中打着伞、披着雨衣和奔跑躲雨的人们,玩玩具的小孩和小孩的母亲	哗哗的雨声,飞行玩具坏掉的声音和小孩子摔倒的哭声,小孩母亲的斥责声	主人公吹去飞行玩具上面的灰、用手擦了擦、骑车三轮车将它带回家,无奈地摆弄再次坏掉的飞行玩具	旁人们不解的表情,雨中主人公骑车载飞行玩具回家时的兴奋,听见小孩摔倒时的惊慌和被小孩母亲斥责时的沉默
场景 6	春节,好友通过QQ视频鼓励主人公实现建造游乐园的梦想	绽放的烟花,窗外的灯笼,毯子,香烟,昏黄的台灯,QQ视频界面,游乐场图片的杂志	窗外的鞭炮声	主人公坐在沙发上抽着烟,好友做出的飞行姿势和加油的姿势	主人公改造飞行玩具失败后的颓废,与好友视频时的开心
场景 7	主人公受到好友的鼓励,开始着手建造游乐场。几经坎坷,终于完成了梦想	老旧的游乐场设施,蒙尘的布,帮忙的工人们,施工用具,"飞鹰游乐场"的招牌,手机的微信界面	掀起盖在游乐设施上布的声音,组装游乐设施时机械的声音,工人们起哄的声音,招牌点亮时的声音,手机发微信的声音	主人公掀开覆盖着游乐设施的布料;施工以及主人公擦汗的动作,点亮"飞鹰"标识;主人公将游乐场入口拍照发微信	主人公开始施工时振奋与期待的神情;施工中遇到挫折时的不安与思考的神情,施工中辛苦的神情,游乐场建成后满足与欣慰的神情

续表

序号	场景内容	道具符号	音响符号	行为符号	表情符号
场景9	飞鹰游乐场，多年兄弟再聚首，共同分享儿时的飞行梦	摩天轮等游乐设施，"飞鹰游乐场"的招牌，翅膀状的招牌，前来玩乐的人群，飞行员眼镜	Beyond《海阔天空》歌曲的高潮唱起	兄弟们坐上飞行设施，双臂张开	兄弟没来之前主人公一脸落寞；看到兄弟前来，脸上露出欣喜的表情，大家也非常感慨；大家坐上飞行器时的兴奋和主人公感慨

附录Ⅱ：腾讯"弹指间"系列广告访谈

尊敬的余总监：

您好！本人正在撰写关于广告仪式传播的学术论文，腾讯品牌是重点讨论的成功案例。欣闻您是腾讯"弹指间"系列广告的创意总监，希望针对腾讯品牌营销与传播策略进行访问，您的支持将使本研究的论证更加充分。

本人承诺，访谈涉及内容只作为学术研究参考，所有观点均在获得您许可的情况下使用。非常感谢您的支持与帮助。

一、访谈主题：腾讯"弹指间三部曲"创意策略

二、访谈对象：精信广告有限公司执行创意总监

三、访谈时间：2013年3月4日

四、访谈题目：

1."弹指间三部曲"广告创意的核心理念是什么？是如何提取核心元素的？

2.这三部电视广告之间有什么内在的联系？三部曲是整体策划，还是在"亲情篇"获得较好反响的基础上继续进行延伸的？

3.三部电视广告主要侧重产品广告还是侧重企业形象广告？

4.三部电视广告打动受众最核心的元素和符号分别有哪些？

5.三部电视广告分别有哪些与情感有关的主要关键词？

6.三部电视广告在文案创作上有哪些异同？

7."跨出一步，爱更清晰"作为"爱情篇"的主题，是如何确定广告基调的？与以往的文案相比是基于腾讯受众的构成，还是基于微信这个新产品的目标受众的构成？

8."亲情篇"只有电视广告，"爱情篇"除了春晚前在黄金时段投放，与"亲情篇"、"友情篇"一起，组成了"弹指间三部曲"，并发起了整个线上下联动的活动，这是基于怎样的考虑？社会化媒体在这次广告活动中起到了哪些作用？

9."爱情篇"线上线下活动结束，对广告及整个活动的反应与评价如何？

五、访谈实录

笔者:腾讯品牌与精信广告公司合作自何时起?

精信广告:2010年起。合作范围除了形象广告之外,还包括微博等产品广告。

笔者:三部曲广告创意的核心理念是?

精信广告:最初设想是以QQ为主,核心即沟通能够拉近人与人之间的关系。腾讯自1998年起与消费者走过12年历程,与年轻一代一起成长。但是随着用户成长进入社会后,可能会选择MSN等作为即时通讯工具,从策略上看,腾讯需要与人建立起关系,否则与消费者的距离可能会逐渐疏远,所以需要让品牌形象更加立体化。

三部曲的电视脚本同时创作,之后经过很长时间的修改。整个系列广告力图挖掘12年腾讯用户成长、打拼、奋斗的历程。

"亲情篇"讲述了一对母子的故事,从中挖掘普通用户生活的写照以产生共鸣。在故事场景中,精心布置故事发生的房间,创意人员分享自己的经历。

情感是串联故事的核心。情感的共鸣其实并无年龄界限。如"亲情篇"中,用户可以对照自己的生活角色。"爱情篇"是创作中最大的挑战,最初的脚本是一对年轻男女在春运回家的火车上邂逅然后下车分头离开。客户之所以否决,在于担心该脚本故事结局比较开放,男女主人公可能并没有修成正果。QQ在经营初期,用户组成比较杂乱,这样的故事可能会使受众误读,对企业形象有所损害。所以最后产生的故事中爱情故事比较成熟,讲述了一对已婚夫妻在爱情淡化之后如何经营的故事,不会让用户对企业有负面联想。从受众对广告的接受效果看,"爱情篇"给予28岁以上的用户的共鸣更深,25岁以下的用户较难理解。

笔者:广告创意是否考虑产品因素?

精信广告:"亲情篇"产品因素较多,从QQ的使用场景的呈现,到标志性声音符号以及聊天窗口等,产品在广告表现中常常出现。到"兄弟篇"时,产品因素在广告中已经不多见,"爱情篇"中的产品因素更少,对于产品本身无特别强调,产品出现与剧情密不可分,而不是硬性地强行植入。品牌形象成为广告表现的重点。腾讯有信心将"弹指间心无间"打造成众所周知的品牌形象,广告不再需要强调产品的表现。

笔者:这三部电视广告之间有什么内在的联系?三部曲是整体策划,还是在"亲情篇"获得较好反响的基础上继续进行延伸的?

精信广告:三部曲是整体策划,虽然脚本有所改变,但核心元素从一而终。都是基于"沟通"这一核心创意诉求。

笔者:三部电视广告打动受众最核心的元素和符号分别有哪些?

精信广告:"亲情篇"最核心的元素是人心底想要跟人"沟通"的渴望,如母亲想要跟子女沟通的渴望,这也是创意人员的"同感"(共感)。"兄弟篇"的核心是"梦想","梦想"就像将兄弟们当年的想法封存起来的时光胶囊。很多人都不能实现梦想,真正能够实现梦想的人少之又少,很多人退而求其次选择了其他谋生方式。电视广告中的人物无法实现当飞行员的梦想，最终经营游乐场，虽然心酸，但是至少对梦想有过追求。

笔者：三部电视广告分别有哪些与情感有关的主要关键词？

精信广告："亲情篇"中："距离远了、心却近了"，"因为距离远了，唠叨变得动听"，"爱更清晰"；"兄弟篇"中：背景音乐 Beyond 的《海阔天空》，"梦想起飞"，"他们的支持变成我的坚持"；"爱情篇"中："曾经以为聊不完的，终于还是聊完了"，"再聊一会儿吧"，"哪儿有那么多可聊的"。

另外，三部曲中的歌曲——《但愿人长久》《海阔天空》《有多少爱可以重来》，都是经过精心挑选的，目的在于唤起不同年龄用户的集体回忆，找回当年的感觉。

笔者：广告创意时是否考虑了场景构建？

精信广告：三部曲对场景搭建都费了一番心思，如"爱情篇"中为了体现北方家庭团圆饭的真实性，对北方家庭团圆饭的细节进行了设计，饭桌、椅子、餐具、饭菜都精心布置，说话口音也考虑在内，以体现场景的真实性。

"亲情篇"中故事主角的上海家庭的设定，留学生在哥伦比亚大学读书的设定。哥伦比亚大学镜头由摄制团队特别取景，图书馆根据真实的哥伦比亚大学场景搭建，唐人街搭建于上海外滩之上，从霓虹灯、商店招牌到路过的车辆都极力体现真实性，甚至特别安排演员扮演路边喝热咖啡的纽约警察。

"兄弟篇"中主人公报考空军的桥段取景于 798 艺术区，场景细节力图真实，广告中的空军训练机是在查找资料以后，利用 3D 技术制作的。

笔者：广告媒体差异是否会导致广告文本使用的不同？

精信广告："跨出一步爱更清晰"是腾讯为了号召用户参与活动所使用的口号。

网络在线活动由腾讯公司自主发起，电视广告用于网上视频播出。在线活动为了唤起腾讯用户的广泛参与，需要创作具有煽动性的口号，选择了单独的广告口号"沟通让爱更清晰"。而电视广告强调"沟通"这一感性诉求，并且通篇采取情感诉求的方式，因此不宜太过于号召，宜于采取情感唤起和交流的方式娓娓道来。在线活动与线下电视广告由于传播目标不同、媒体不同，所选择的语言表达方式也有所不同。

笔者：电视广告创意出现了不同时长的版本，较长时间版本的电视广告是否作为微电影传播？

精信广告：较长的广告片可以作为微电影传播，在线活动已经体现了这一点。很多用户在参与在线活动的时候，会选择通过微博等方式将广告片"病毒式"地转发和传给其他好友观看，共同分享情感。只要能传递品牌的思想，这些传播方式都可以尝试和开展。

第二节　回归本源：象征性的文化实践活动

从古至今，仪式始终是国内外人类学、社会学的重要研究课题。早在春秋时期，中国的思想家孔子即对仪式问题进行了社会学探究，认为礼仪的重要性可从两个方面概括：一是对社会秩序至关重要，二是对于道德之形成必不可少。把仪式理论引入传播学研究始自詹姆斯·凯瑞，他创造性地从揭示传播深层次内涵的角度提出了仪式观。

本书从跨学科的交叉视角，借鉴凯瑞的仪式传播思想以及社会学、人类学仪式理论，对广告这一商业色彩浓厚的传播活动做出理论阐释，从仪式这一具有浓烈人性色彩的理论视角观照广告传播，希望能开辟广告研究的多元路径与多重视角。研究力图对广告学的理论建构提供有价值的参考，对广告的现实运作在实践层面有所启发。

第一，回归本源，实现广告传播目标。

作为原初艺术形态的广告起源于仪式，从原始广告的"集体表象"到图腾崇拜，从现代社会的"广告拜物"到品牌符号，广告本质上是一种仪式。一方面，广告与仪式同样扮演着文化的角色，另一方面，广告是文化视角下的综合性符号系统，具有仪式性、长期性和神圣性。当代广告业与其说是唯物主义的前锋代表，不如说是一种努力使人类从物质世界中解脱出来的文化力量。

然而广告天然的商业色彩与仪式的神圣性相抵触，广告的工具性分析取向导致营销传播功能被无限扩大而仪式功能被忽视与遗忘。广告被看作是营销与传播的手段。广告的营销功能被描述为企业用以告知、说服、诱导消费者的种种功利性手段，广告的传播功能被解读为促进、劝服、增强、提示等信息传递性活动。这种过度强调广告的营销与传播功能而忽视其仪式的本质，导致的强制性信息必然带来空洞的、强迫的仪式效果，广告作为仪式的权威性受到消解，广告作为仪式的神圣性难以体现，这也是广告在现代消费社会常常招致消费者反感的深层次原因。因此，重新认识广告的仪式性本质，在广告中凸显仪式功能与传播价值，既是对广告本源的回归，也是实现广告传播的最高目标，即"清晰、明确地选择和提供一种适应人类社会发展的有秩序、有意义的文化世界"的重要理念。

第二，重塑广告传播的"神圣性"以实现神话宪章。

广告是一种仪式，广告仪式是"通过具有象征意义的符号塑造仪式化的情境，使消费者借助媒介得以共同参与仪式，从而形成一种象征性的文化实践的广告活动"。广告传播是一种仪式传播，通过仪式化的运作过程实现广告的仪式功能。

涂尔干将事物分为神圣和世俗两类。广告由于本质上具有经济属性而成为一种"世俗的"仪式。神圣物具有特别的品质或特殊的力量，使成员感到自己与集体相关的标志或其他的代表物都可成为神圣物。由于在仪式中充满集体团结感的人格外尊重并捍卫符号所代表的神圣物，因此广告仪式中加强神圣物的塑造显得格外重要，这种神圣物能够促使人们不以功利主义的方式去对待它们而是报以一种郑重和恭谨的特别态度。广告仪式中的产品即"神圣物"，任何事物都具有神圣性，使之神圣起来的是消费者对于品牌的信仰与态度，这种态度使得消费者超越商品本身的价值，追求品牌附加的意义和情感价值，在这一过程中，消费者特定的价值观和世界观得到强化。消费者接受广告信息的过程是一个仪式参与过程,广告通过重复性传播增强广告仪式的神圣感和权威性,借助程序化运作获得仪式神圣的权力,在仪式中赋予符号以神圣力量,借助神圣的符号唤醒消费者的高度情感,最终实现广告的神话宪章。

第三,情感能量和符号资本驱动广告仪式传播。

社会化媒体为广告仪式传播向互动仪式升级提供了条件,仪式传播主体必须实现身份的转变:媒体从传播介质转向共享情感的虚拟平台,广告主和广告经营者从传播主体转向仪式引导者,消费者从信息接收者转向仪式参与者。

广告仪式传播通过消费者情感能量的生产,以及代表消费者群体成员身份符号的创造而实现。符号资本是仪式参与者,包括广告主、广告经营者和消费者实现沟通的媒介,情感能量则来自于消费者的需求满足,仪式从根本上来说是一个借由符号和情境来寻求情感能量的互动过程。仪式能够放大最初的情感,也能够将初始的情感转变为情感能量,高度的情感能量即可产生群体仪式的团结感。品牌的符号资本建构了消费社会的信仰与观点,形塑消费者的价值观并影响其消费行为,通过对意义的控制和意识形态的操纵,实现社会控制的目的。实现广告互动仪式的传播目标,基于品牌符号资本的形成,广告主、广告经营者与消费者情感能量的强化,仪式参与者的符号资本与情感能量相匹配。

第四,广告仪式传播模式构建的关键:场景、情感与符号。

广告仪式传播的实现,应从场景与情境建构唤醒情感、仪式传播情感共享以及借助符号互动创建品牌三个关键领域入手。

人类传播行为在某种意义上是情境的产物,完整的仪式是发生在特定时间、环境和场景中的一系列规范性、程序化、重复性的行为。场景是仪式参与者重温共有经验和记忆、形成集体情感的重要条件。情境复现能够强化情感能量,场景的真实性决定消费者是否参与仪式,在线仪式与线下仪式共组媒介场景有利于塑造和巩固神圣物的权威性,合理安排仪式时间将延伸仪式共时性。情感共享应采取"给予的表达"式品牌印象管理、高度关注的"强联系"与平等对话的话语方式以及唤醒正性情感,实现广告主与广告经营者"相知";符号互动创建品牌应使品牌成为消费者内化的思维,鼓励消费者共创象征符号并参与品牌定义,广告创意则实现符号资本对称。

本书从政治秩序、经济秩序之外的视角,即仪式秩序的视角对广告进行了一次尝试性研究,从社会学、人类学与传播学交融的角度和理论层面深化广告学研究。但由于自身学识有限,对于跨越多个学科的学术研究积累有限,加上目前对于仪式的研究成果主要来自于人类学、社会学领域,从仪式角度开展广告学研究的专门资料非常有限,因此本研究的价值更多在于将广告作为仪式进行一次独立而较为系统的研究,在广告仪式传播理论构建和研究方法上还存在一定局限性,有待未来继续补充和完善。

本书对广告仪式传播进行了界定和理论阐释,广告仪式传播的论域很宽泛,涉及广告运作中的策划、创意、表现等诸多环节,本书限于篇幅并未展开论述,后续可从这些环节入手进行细化研究,例如广告创意研究可突破以往的分类方式,依据仪式进行主题划分。此类研究将广告仪式传播理念拓展至广告实践,为广告运作提供理论指导。本书论述了数字化背景下广告仪式传播向互动仪式升级的条件与可能性,提出了构建广告互动仪式传播模式的核心领域,对于广告互动仪式传播效果未做深入论述,后续研究可以此为基础进行量化分析,进一步进行理论验证。

主要参考文献

一、译著

1.〔美〕詹姆斯·凯瑞著:《作为文化的传播》,丁未译,华夏出版社 2005 年版。
2.〔美〕杰克逊·李尔斯著:《丰裕的寓言——美国广告文化史》,任海龙译,上海人民出版 2005 年版。
3.〔美〕威廉·阿伦斯著:《当代广告学》(第 8 版),丁俊杰等译,华夏出版社 2006 年版。
4.〔法〕爱弥尔·涂尔干著:《宗教生活的基本形式》,渠东、汲喆译,上海人民出版社 2006 年版。
5.〔美〕兰德尔·柯林斯著:《互动仪式链》,林聚任、王鹏、宋丽君译,商务印书馆 2009 年版。
6.〔美〕威尔伯·施拉姆著:《传播学概论》,陈亮等译,新华出版社 1984 年版。
7.〔美〕克利福德·格尔茨著:《文化的解释》,韩莉译,译林出版社 2008 年版。
8.〔荷〕丹尼斯·麦奎尔著:《大众传播理论》(第 5 版),崔保国译,清华大学出版社 2010 年版。
9.〔英〕斯图亚特·霍尔著:《表征——文化表征与意指实践》,徐亮、陆兴华译,商务印书馆 2013 年版。
10.〔美〕乔纳森·特纳著:《社会学理论的结构》(下),邱泽奇、张茂元等译,华夏出版社 2001 年版。
11.〔美〕欧文·戈夫曼著:《日常生活中的自我呈现》,冯钢译,北京大学出版社 2008 年版。
12.〔美〕尼尔·波兹曼著:《技术垄断——文化向技术投降》,何道宽译,北京大学出版社 2007 年版。
13.〔英〕维克多·特纳著:《仪式进程:结构与反结构》,黄剑波、柳博赟译,中国人民大学出版社 2006 年版。
14.〔美〕约翰·费斯克著:《关键概念:传播与文化研究辞典》,李彬译,新华出版社 2004 年版。
15.〔英〕维克多·特纳著:《象征之林》,赵玉燕、欧阳敏、徐洪峰译,商务印书馆 2012 年版。
16.〔荷〕G.霍夫斯坦德著:《跨越合作的障碍》,尹毅夫等译,中国科学出版社 1996 年版。
17.〔美〕詹姆斯·特威切尔著:《美国的广告》,屈晓丽译,凤凰传媒出版集团 2006 年版。
18.〔美〕塔尔科特·帕森斯著:《社会行动的结构》,张明德、夏遇南、彭刚译,译林出版社 2003 年版。
19.〔法〕爱弥尔·涂尔干著:《社会分工论》,渠东译,三联书店 2000 年版。
20.〔美〕丹尼尔·戴扬、伊莱休·卡茨著:《历史的现场直播——媒介事件》,麻争旗译,北京广播学院出版社 2000 年版。
21.〔美〕沃纳·赛佛林等著:《传播理论:起源、方法与应用》,郭镇之等译,华夏出版社 2000 年版。
22.〔法〕让·波德里亚著:《消费社会》,刘成富等译,南京大学出版社 2001 年版。
23.〔美〕马克·波斯特著:《第二媒介时代》,范静哗译,南京大学出版社 2000 年版。
24.〔加〕马歇尔·麦克卢汉著:《理解媒介——论人的延伸》,何道宽译,译林出版社 2011 年版。

25.〔美〕菲利普·科特勒著:《市场营销导论》,俞利军译,华夏出版社2001年版。
26.〔美〕约书亚·梅罗维茨著:《消失的地域:电子媒介对社会行为的影响》,肖志军译,清华大学出版社2002年版。
27.〔美〕诺尔曼·丹森著:《情感论》,魏中军、孙安迹译,辽宁人民出版社1989年版。
28.〔美〕道格拉斯·凯尔纳著:《媒体文化——介于现代与后现代之间的文化研究、认同性与政治》,丁宁译,商务印书馆2004年版。
29.〔美〕乔纳森·特纳著:《人类情感:社会学的理论》,孙俊才、文军译,东方出版社2009年版。
30.〔美〕塔尔科特·帕森斯著:《社会行动的结构》,张明德、夏遇南、彭刚译,译林出版社2003年版。
31.〔加〕哈罗德·伊尼斯著:《传播的偏向》,何道宽译,中国人民大学出版社2003年版。
32.〔美〕乔治·米德著:《心灵、自我与社会》,赵月瑟译,上海译文出版社2005年版。
33.〔美〕维克多·特纳著:《象征之林:恩登布人仪式散论》,赵玉燕、欧阳敏、徐洪峰译,商务印书馆2006年版。
34.〔美〕约翰·费斯克著:《理解大众文化》,王晓珏、宋伟杰译,中央编译出版社2001年版。
35.〔英〕奥利弗·博伊德－巴雷特著:《媒介研究的进路》,汪凯、刘晓红译,新华出版社2004年版。
36.〔法〕埃里克·麦格雷著:《传播理论史:一种社会学的视角》,刘芳译,中国传媒大学出版社2009年版。
37.〔英〕诺曼·费尔克拉夫著:《话语与社会的变迁》,殷晓蓉译,华夏出版社2003年版。

二、专著

38.陈力丹、易正林编著:《传播学关键词》,北京师范大学出版社2009年版。
39.夏建中:《文化人类学理论学派——文化研究的历史》,中国人民大学出版社1997年版。
40.石义彬:《单向度内爆超真实——批判视野中的当代西方传播思想研究》,武汉大学出版社2003年版。
41.黄升民:《黄升民自选集:史与时间》,复旦大学出版社2004年版。
42.丁俊杰、初广志:《中国广告传播研究轨迹》,中国传媒大学出版社2015年版。
43.张金海:《20世纪广告传播理论研究》,武汉大学出版社2002年版。
44.周鸿雁:《隐藏的维度——詹姆斯·凯瑞仪式传播思想研究》,中国大百科全书出版社2012年版。
45.罗钢,刘向愚主编:《文化研究读本》,中国社会科学出版社2000年版。
46.熊澄宇、金兼斌:《新媒体研究前沿》,清华大学出版社2012年版。
47.程曼丽主编:《北大新闻与传播评论》,北京大学出版社2006年版。
48.喻国明等:《微博:一种新传播形态的考察——影响力模型和社会性应用》,人民日报出版社2009年版。
49.李彬:《传播符号学》,清华大学出版社2012年版。
50.郭庆光:《传播学教程》(第二版),中国人民大学出版社2011年版。
51.陈培爱、金定海编:《数字化媒体环境下的广告发展》,红旗出版社2012年版。
52.许正林、张惠辛主编:《中国广告学研究30年文选》(1978—2008),上海交通大学出版社2009年版。
53.何威:《网众传播——一种基于数字媒体、网络化用户和中国社会的范式》,清华大学出版社2011年版。

54.邹徐文:《一种大众传播模式的结构主义解读》,人民出版社 2010 年版。

55.郭于华主编:《仪式与社会变迁》,社会科学文献出版社 2000 年版。

56.姚曦、李明亮:《中国大陆广告学论文研究现状定量分析》,《新闻与传播评论》,武汉大学出版社 2004 年版。

三、英文专著

57.Carey,J.W.*Communication as culture*.Boston:Unwin Hyman,1989.

58.E.W.Rothenbuhler,*Ritual communication*:*From everyday conversation to mediated ceremony*,Sage Publications,1998.

59.Nick Couldry.*MediaRituals*:*A Critical Approach*.London and New York:Routledge,2003.

60.Catherine Bell.*Ritual*:*Perspectives and Dimensions*.Oxford University Press,1997.

61.Cele Otnes, Linda M. Scott. *Something Old*, *Something New*:*Exploring the Interaction Between Ritual and Advertising*.The Journal of Advertising,Volume XXV,Number 1,Spring 1996.

62.Timothy deWaal Malefyt,Brian Moeran.*Advertising cultures*.Oxford New York:Berg,2003.

63.Alexander .Bobby C.*Ritual and current of ritual*:*overview*.In Stephen D.Glazier(ed),Anthropology of Religion:a Handbook.Westport,CT:Greenwood Press,1997.

64.Mark Ritson.*The Social Uses of Advertising*:*An Ethnographic Study of Adolescent Advertising Audiences*.Journal of consumer researchVol.26 December,1999.

四、期刊论文

65.丁俊杰、王昕:《媒体新生态环境中的广告传播思想展望》,《新闻前哨》2011 年第 1 期。

66.黄升民、刘珊:《三网融合下的"全媒体营销"建构》,《现代传播》2011 年第 2 期。

67.彭文斌、郭建勋:《人类学视野下的仪式分类》,《民族学刊》2011 年第 1 期。

68.喻国明:《嵌套性:一种关于微博价值本质的探讨》,《新闻与写作》2011 年第 8 期。

69.陈刚:《情绪营销与娱乐营销:网民心理与创意传播管理(CCM)》,《中国广告》2009 年第 4 期。

70.王宁:《略论情感的社会方式——情感社会学研究笔记》,《社会学研究》2000 年第 4 期。

71.彭兰:《从社区到社会网络——一种互联网研究视野与方法的拓展》,《国际新闻界》2009 年第 5 期。

72.彭兆荣:《人类学仪式理论的知识谱系》,《民俗研究》2003 年第 2 期。

73.薛艺兵:《对仪式现象的人类学解释(下)》,《广西民族研究》2003 年第 3 期。

74.陈力丹:《传播是信息的传递,还是一种仪式? ——关于传播"传递观"与"仪式观"的讨论》,《国际新闻界》2008 年第 8 期。

75.郭建斌:《理解与表达:对凯利传播仪式观的解读》,《中国传播学论坛论文》2006 年。

76.吴飞:《社会传播网络分析——传播学研究的新进路》,《中国人民大学学报》2007 年第 4 期。

77.王鹏、侯钧生:《情感社会学:研究的现状与趋势》,《社会》2005 年第 4 期。

78.张兵娟:《互动仪式中的情感传播及其建构——以〈中国好声音〉为例》,《新闻爱好者》2012 年第 24 期。

79.唐乐:《广告学的核心研究问题和研究视角》,《新闻与传播研究》2009 年第 5 期。

后　记

仪式是人类最古老的社会现象之一,自19世纪以来,仪式成为西方学术界持久探讨的经典话题。传播与仪式类似,也是人类产生伊始即客观存在的社会现象。作为人类最基本的社会行为,二者具有密切的逻辑联系和同一性特征。针对这一现象,美国传播学者詹姆斯·凯瑞提出了传播的仪式观,将传播看作人们交往的仪式。另一位传播学者罗兰布勒更是明确表达了观点:“任何形式的仪式都是一种传播,换言之,传播即仪式,仪式即传播”。不言而喻,广告是一种带有浓厚的经济色彩的传播活动,本书研究的起点,正是将广告看作一种仪式,广告传播亦是一种仪式传播。

曾几何时,罗斯福总统“不当总统即为广告人”的口号那般具有煽动力,以至于引无数“广告狂人”竞折腰,投身这一富有创造性和挑战性的行业,间接推动广告业在“二战”后迅速开启了黄金时代。然而,这句理想主义的口号如今逐渐沉寂,缘于当下的广告业面临着前所未有的颠覆与挑战。众所周知,数字化浪潮与文化融合已经成为广泛存在且不断深化的全球性现象,广告业也不例外地受到这两方面的影响。正如人们所看到的,广告产业所处的环境发生了巨大变化,产业链的每个环节都受到技术、市场、文化的冲击与挑战,原有的广告价值体系与信息沟通方式面临着全面的变革与重构。这些问题的出现,不仅需要业界迅速调整思路以适应行业的发展,更需要学术界重新思考广告的传播价值、功能作用以及模式意义,并结合现实条件从理论上加以分析和阐释。

作为一名从教多年的广告专业教师,我目睹了中国广告业高歌猛进的发展,在思考广告业取得成果与面临挑战的同时,更多的是感念广告人和广告职业并未得到社会应有的尊重。“广告何以让人荣耀”?起源于仪式的广告为何会在商业化的过程中成为一种营销传播工具,是否在这一过程中忽略了广告作为仪式的传播功能与价值?假设广告传播回归初始的仪式本源,是否能重现广告的“神话宪章”,重塑广告作为仪式的神圣性与权威性,促进品牌与消费者共同建构一个共享的文化世界?之所以将广告仪式传播作为研究课题,正是尝试对上述问题做出一些思考和探索。

本书是以博士论文为基础修改完成的,成稿过程中,得到了学界和业界诸多专家、同仁的倾情支持。书稿付梓之际,在此表示真诚的感谢。首先,感谢我的导师,武汉大学新闻与传播学院石义彬教授。三年珞珈山的博士生涯,石老师的教诲令我受益无穷。无论是遇到研究的困惑,工作的挫折或写作的困境,石老师始终鼓励、指引、帮助我克服困难,成为我前行中最温暖的动力。我深深了解,学术的灵魂在于境界,品格是一种内在的力量。"桃李不言,下自成蹊",对导师的感激之情无以言表,唯有尽心尽力将您的学术与品格传承下去,像您一样成为受学生敬仰爱戴的老师。

感谢武汉大学新闻与传播学院王瀚东教授、张卓教授、姚曦教授、吕尚彬教授、刘丽群教授在博士论文开题、预答辩的建议与意见。王瀚东教授和张卓教授的提点,令我在论文写作陷入困境时顿感柳暗花明。姚曦教授对研究框架、逻辑思路和写作内容提出了宝贵的修改意见,使论文结构、体系更加完整严密。

感谢中国传媒大学丁俊杰教授、上海大学许正林教授、上海外国语大学姜智彬教授对博士论文的评阅意见,感谢上海师范大学金定海教授的肯定与鼓励,令我对这个选题的意义更有信心。几位专家关于重要观点、研究思路和案例分析等方面的宝贵建议,为书稿的完善提供了重要帮助。

感谢北京精信广告有限公司大中华区前执行创意总监余子筠先生,他在百忙中接受深度访谈,并提供了丰富的案例资料。感谢卢晓明、张璐、李亦然三位研究生搜集了大量文献资料并参与腾讯案例的深度访谈,卢晓明整理了香水广告的案例,并参与第四章初稿写作。

感谢中国传媒大学出版社以及本书的责任编辑吴磊女士的支持。从选题申报到审稿印刷,吴老师认真负责、耐心细致的敬业精神,常常令我感动与钦佩,也深感获益良多。

感谢北京工商大学艺术与传媒学院的领导和同事们的关心与帮助,与你们同行我深感荣幸。

感谢父母对我默默的支持与付出,你们永远给我最深的宽容与最无私的爱。感谢我的先生和女儿,你们的包容、鼓励与亲情是我勇敢前行的动力。

最后,本书写作参阅了国内外很多学界、业界的研究成果,一并表示感谢。由于本人学识有限,书中所论及的问题未必全面深入,谨以此抛砖引玉,希望更多专家、学者关注广告仪式传播问题。书中存在的疏漏和不足之处,敬请读者批评指正。

高丽华

2015 年 7 月 1 日

图书在版编目(CIP)数据

广告仪式传播/高丽华著. —北京:中国传媒大学出版社,2015.10
ISBN 978-7-5657-1069-8

Ⅰ.①广… Ⅱ.①高… Ⅲ.①广告学－传播学－研究
Ⅳ.①F713.80

中国版本图书馆 CIP 数据核字（2014）第 146911 号

广告仪式传播

著　　者	高丽华
责任编辑	吴　磊
责任印制	阳金洲
出 版 人	王巧林
出版发行	中国传媒大学出版社
社　　址	北京市朝阳区定福庄东街 1 号　邮编:100024
电　　话	86－10－65450528　65450532　传真:65779405
网　　址	http://www.cucp.com.cn
经　　销	全国新华书店
印　　刷	北京艺堂印刷有限公司
开　　本	787mm×1092mm　1/16
印　　张	11.25
字　　数	230 千字
版　　次	2015 年 10 月第 1 版　　2015 年 10 月第 1 次印刷
书　　号	ISBN 978-7-5657-1069-8/F・1069　　**定　　价**　56.00 元